文化
觉醒
者化

我怎么成了心理咨询师

王学富——著

全 国 百 佳 图 书 出 版 单 位
时代出版传媒股份有限公司
安徽人民出版社

**图书在版编目(CIP)数据**

文化觉醒者：我怎么成了心理咨询师 / 王学富著 . -- 合肥：安徽人民出版社 , 2024.3

ISBN 978-7-212-11577-7

Ⅰ . ①文… Ⅱ . ①王… Ⅲ . ①心理咨询 Ⅳ . ① B849.1

中国国家版本馆 CIP 数据核字 (2023) 第 248389 号

## 文化觉醒者：我怎么成了心理咨询师

WENHUA JUEXINGZHE：WO ZENME CHENGLE XINLI ZIXUNSHI

王学富　著

出 版 人：杨迎会　　选题策划：张 旻 郑世彦　　责任编辑：郑世彦　程 璇
责任印制：董 亮　　装帧设计：陈 爽

出版发行：安徽人民出版社 http://www.ahpeople.com

地　　址：合肥市政务文化新区翡翠路 1118 号出版传媒广场八楼

邮　　编：230071

电　　话：0551-63533258　0551-63533259（传真）

印　　刷：安徽联众印刷有限公司

开本：710 mm×1010 mm　1/16　　印张：19　　　字数：260 千

版次：2024 年 3 月第 1 版　　　　2024 年 3 月第 1 次印刷

ISBN 978-7-212-11577-7　　　　　　　　　　定价：68.00 元

# 自　序


　　直面心理学是一种文化分析取向的心理治疗方法，它强调的不是怎么治疗，而是谁在治疗。意思是说，在心理咨询里，治疗方法固然重要，但心理咨询师更为重要。心理咨询师不仅是一个在理论方法上受过专业训练的人，更重要的是，他生命里有丰盈的文化作为他从事治疗工作的资源。只有拥有丰盈文化的心理咨询师，他的治疗才是有生命的、有深情的、有洞见的、有深度的、有创造性的。

　　人是文化的存在，人是文化塑造的，但人并不只是文化的被动接受者，还是文化的主体。他可以反思，也可以选择文化，用更好的文化塑造自己、影响他人。在这一点上，心理咨询师需要对自己进行最好的文化反思、文化觉察、文化更新，做一个文化觉醒者。

　　直面取向的心理咨询，是跟来访者共同进行一场文化之旅，它的核心关注是：我的文化是怎么把我变成现在这个样子的。做一个心理咨询师，首先需要追问：我的文化是怎么把我变成这样一个人？他首先是"人"，然后才是"心理咨询师"，他的背后永远都是文化，他的工作是文化分析。一个文化丰盈的直面咨询师，有了文化上的觉醒，才能引导和陪伴来访者对自己进行文化追问、文化探索，然后才有文化的发现、文化的觉察，经历文化的更新。

　　本书讲的是一个直面取向的心理咨询师自身的文化经验，不是讲一个心理咨询师怎么做治疗，而是讲一个心理咨询师为什么可以做治疗。他可以做治疗，不是因为他具有一套训练出来的治疗方法，也不是因为他有多年的治疗经验，而是因为，他的生命背后有丰盈的文化资源，以及他对自己的文化进行了深刻的审视。他是一个对自己的文化进行了审视、达成了文化觉醒的心理咨询师。苏格拉底曾说："未经审视的生活是不值得过的。"同样，没有对自身文化进行过审视的心理咨询师也是不值得信任的。

本书就是我个人经历的一场文化审视与文化分析。写完之后，通读一遍，我把这本书称为我的文化自传。

# 目　录
## CONTENTS

# 第一章
# 我是咨询师

# 我怎么成了心理咨询师

按说我在这个世界可能从事任何行当，最想不到的是会成为心理咨询师。

首先，我最可能成为农民。因为我父母是农民，我成为农民是最自然不过的事。因此，我妈老了，跟我住在一起，看到我现在的生活，她时常说："八辈子也想不到。"可是，我从小到大，除了做过一些农活外，一天农民也没当过。从小读书，父母对我也没有什么期待，爷爷更不大看得上我。他的信念是：龙生龙，凤生凤，老鼠的儿子会打洞。显然，我在他眼中属于鼠类。我能上高中，是因为那年我父亲做了村干部，我被选拔读了高中。多年后跟我儿子讲起这事，儿子还跟我开了个玩笑："爸爸，说起来你还是官二代。"

但即使我上了高中，在我父母看来也不过是多养两年劳动力，最后我还是要回村当农民的。我的语文不错，数理化却都不好，又被分到一个理科班，考大学的希望为零，我也就放弃了。其间，我还差点被退学：学校挑出二十多个读书没什么希望的学生，让我们"自愿退学"。方式是，学校让我们这些学生带一封信回去给各自的家长，问问家长的意见。如果家长同意让孩子退学，孩子就可以回去了。但我心里还是想把高中读完，隐隐中似乎还有某种割舍不下的希望。我拿着学校致家长的一封信回家，对我父亲编了一个谎话："这是学校做的一个调查，考验一下家长是不是真的支持孩子读书。"父亲听后，立马签字表示坚决支持我把高中读完。

我还有可能成为木匠。因为我爷爷会做木工活。我小时候也喜欢用木头做玩具枪、大刀之类的东西，但我终没做成木匠。我儿时最好的一个同伴做了木匠，我还有点羡慕他，而他却羡慕我。

我还有可能做点小生意。因为我爷爷会修理家用纺纱织布机，但后来这种东西在乡村消失了。我爷爷还会炸油条，我父亲也学会了，在当地做油条生意。靠炸油条，我们家盖起了几间房子，还供我和弟弟妹妹读书。后来，父亲又到城里开过一个炸油条的小店铺。但这活儿我连试都没试过。

我也极有可能成为一位作家。读到高中，考大学没什么希望，我试图走另外一条路：写小说。在我们村里，有一些人喜欢读闲书，还有一两个老学究。小时候，因为有大把无所事事的时光，我就从别人那里借书来读，其中包括《西游记》《水浒传》《封神演义》等。我外婆识字，还教我读《圣经》。我小姨也喜欢读小说，我还跟她借过小说来读。我有一个姑夫会说书，他的父亲（我也叫爷爷）也会说书。在我们村里，还有长海爷讲故事。七零八杂，我算是比一般孩子多读了几本书。到了高中，我被分到理科班，数理化都不好，想来想去，考大学是绝无希望的。于是，我在上课时就暗自看小说、读诗歌，还写点诗歌和小说，然后去投稿，接到过许多退稿信。但文学的梦到现在还在继续做。

可是我竟做了老师。在两年制高中读到只剩半年的时候，我有一次在化学课上看小说，被化学老师当场抓个正着。化学老师叫齐平远，是学校的教导主任。当时，我也不知道从哪里来的胆量，竟然向齐老师解释说我适合读文科，并表示："如果读文科，我能考上大学。"齐老师瞪了我一眼，说了声："是吗？"就继续上课，不再理我。但在一个星期之后，我接到学校教务处的通知：王学富同学从理科四班调到重点文科二班（高中唯一的文科班）。半年后，这个文科班有四个同学考取学校，我是其中之一，而且总分最高。后来分数线降低，又有几个同学被录取了。我就这样进了枣阳师范学校。

师范毕业后，我被分配到鄂西北山区的一所学校教英语。一年之后，县城的一个学校校长向县教育局提出申请，要求派一名英语教师过去，并且点名要我。这个点名要我的人叫齐平志，竟是齐平远老师的哥哥。他也是一个个性独特的人。那时我刚二十岁，喜欢搞点与众不同的事，传开了，也被夸大了，名声不算太好。但齐平志老师坚持要求把我调回县城，进入他任校长的丁庄学校。可惜的是，我只在那里工作一年，并没有为丁庄学校的升学率做出什么贡献。一年后，我离开了丁庄学校，到南京读书。说起这事来，我心里是羞愧的。我来南京，是读神学。

我大概是小时候玩得太多，后来不断去读书，读的学校很多，专业也很多。我最早读师范，学的是英语；后来读电大，学了中文；再后来读神学，然后又读文学，最后出国读了心理学。我做了很久的文学梦，至今似乎还在梦中。高中写诗、写小说，到了师范也读文学作品，还到乡村收集民间故事。平常跟人说话，我就像一位作家那样，喜欢把别人说的有趣的话记下来，因此还给人造成过误解。

我外婆是基督徒，她可能是从西方传教士那里接受的基督教信仰，并在我们这个家庭里往下传，传给了她的几个女儿，包括我妈、我的几个阿姨，以及她们各自的后代。我曾在《花渐落去》里写过我的外婆。小的时候，外婆教我读《圣经》，给我讲《圣经》里的故事，在我内心播下精神信仰的种子，也铺了一点文学的底子。加上幼时读了一些中国古典小说，我的文字功底比其他同学总是好一些的。高中语文老师见我能解释一点文言文，还以为我有家学渊源呢。

我本来也可能成为牧师。20世纪80年代初，外婆订了一份刊物，叫《天风》，那是中国基督教两会的杂志。师范毕业后，我教了两年书，从《天风》上看到南京有个金陵协和神学院招生，就想报考这所学校，去修读神学。在我老家，人们不知道读神学院之后能干什么，以为毕业后要去当和尚。我有一个远房叔父，在中学做校长，算是颇有见识的人。有一年我回老家，他见到我，还过来拍拍我的肩膀，说了一番鼓励我的话："好好干，争取将来做个方丈。"我当时也没有多做解释，心里想：方丈就方丈吧。

我后来成了大学老师。1987年，我从金陵协和神学院毕业，牧师也没做成，直接考进南京大学中文系读研究生，继续追逐我的文学梦。在南大读书期间，我发表过几篇小说，《雨花》专门出了一期我的短篇小说专辑，算是对我多年前接到那么多退稿信（也包括《雨花》的退稿信）的一个补偿。编辑是薛冰老师。在南京大学读文学，并不是预备要做作家的，而是受训练做文学研究。结果作家又没做成。南大毕业后我做了大学老师，到山西财经学院教大学语文和经济应用文写作。后来，我又重返南京大学修读文学博士，毕业后又到厦门大学海外教育学院教文学、文化学、民俗学、美学、历史，几乎无所不教，其实什么都不精专。

谁曾料到，我又走上了心理咨询之路。也就是在厦门大学教书期间，我的生活发生了一个重大的变化，我竟然卷入心理咨询这个行业。我有一个新加坡的朋友，叫刘毓江，他本来是鼓励我做文学研究的，还在新加坡为我出版了一本中国现代文学研究的书。他是新加坡三一神学院基督教教育资源中心的主任，在澳大利亚迪肯大学读了哲学博士。他的博士论文是研究蒂利希（Paul Tillich）的存在主义神学、哲学，他对文化有极大的兴趣。20世纪90年代初，他跟几个朋友合办一个机构叫关怀国际，这关怀国际又在厦门办了一个心理机构，叫关怀心理辅导中心。他曾经邀请我在新加坡三一神学院做访问学者，回国后我就进了厦门大学。也是通过刘毓江的介绍，我的妻子孙闻进入厦门关怀心理辅导中心做行政工作，并在那里接受专业训练，成为关怀心理辅导机构的热线辅导员、自我成长团体带领者，后来又成了个体面谈的咨询师。我也开始参与关怀心理辅导机构，参加过新加坡专业人员的训练课程，对心理咨询产生了浓厚的兴趣。到了 1998 年，新加坡的管理者与专业人员回国，我受委托出来负责厦门关怀心理辅导中心。因为喜欢，我全面投身于此，从热线辅导做起，到团体辅导，再到个体辅导，并跟孙闻一起来管理这个机构，维持它的运营。

在厦门关怀心理辅导中心的经验对我的人生选择产生了重大影响。第一，在我尝试做个体面谈之后，我几乎无法抗拒地迷上了心理咨询。我的内心充满惊喜：世界上竟然有这样一种工作，可以通过私密的谈话对人产生重要影响。第二，我决定辞掉厦大教职，到美国接受心理学专业训练。第三，基于厦门关怀心理辅导中心的经验，我于 2002 年回国开办了南京直面心理机构。

心理咨询是一个专业，接受专业训练十分重要，需要系统学习它的理论与方法。但我永远提醒自己：心理咨询不是一门技术活儿，而是生命影响生命。因此不仅要学习心理学理论方法，更要不断探索和开启自己内在的天赋，提升自身的文化敏感与生命品质。

成为咨询师绝不容易。咨询师常常是从局限与遗憾里走来的，他时时看到自己的局限，并且感到遗憾。因为自身的局限，他在面对来访者时会感到无能为力——非常想帮助，但是做不到。甚至，咨询师是从错误里走来的——回想起来，有许多该做的没做，不该做的却做了。哪怕是一个天才的咨询师，也会经历这个充满局限与错误的过程，免不了感到遗憾。但他总会奋力，让自己成长、成熟、独立。我们生命中的天赋资源、工作中的经验积累，以及生活中的常识与洞见，都会帮助我们做得越来越好。

我开始做面谈时，有两个案例给我留下最初也是最深的印象：一个大学生遭遇了严重的情绪困扰，集中表现在跟一个同学发生冲突，时时感受到对方的威胁，使得情绪处于异常紧张的状态，想到采用极端的方式来摆脱困扰：要么把那个同学干掉，要么退学回避那个同学。他跟我谈话后，渐渐变得放松下来，甚至主动跟那个同学调和关系，最终达成和解。有一天，他打电话向我表达感谢。在电话的那一头，他说话的声音相当振奋，他说："王老师，我根本没有想到我竟能做到，太谢谢你了。"他不知道，在电话的这一头，作为一个初出茅庐的咨询师，我的激动无以言表！原来，我可以用这样的方式帮助一个人，而这对他如此重要。

另一个来访者毕业于某名牌大学，言谈举止间显出一种优雅的气质，甚至从他的衣着也可以看出他的品位。他身上有一种自然的爽朗，还让人感到颇有一种力量。他一走进面谈室，就主动跟我握手，坐下来与我谈话。但他一开口就把我这个新手咨询师吓住了，他坦率地对我说："我是 gay（男同性恋者）。对此，王老师你怎么看？"

一些年后，我翻译了一本书，叫《在生命最深处与人相遇：欧文·亚隆思想传记》，从书中知道，亚隆初出道时遇到过跟我相同的情形。当时，他在一家医院的精神科做实习医生，接待了一位来访的女性。在面谈中，对方开门见山地说"我是一个 lesbian（女同性恋者）"，亚隆完全惊呆了，他甚至没有听说过这个词——lesbian。当时他的内心很矛盾，作为一个心理咨询师，如果告诉对方自己对"lesbian"一无所知，会不会被来访者轻看和嘲笑，以致拂袖而去？但亚隆决定坦诚相告，并真诚向对方请教。结果是，他的坦诚赢得了那个女性的信任。他们进行了一场很好的谈话。也可以说，咨询师是被许多来访者训练出来的。

回头来说二十多年前的那一天，当来访者对我直言他是同性恋时，我头脑里"嗡"的一声，心里说："怎么刚刚开始做面谈，就遇到这么难啃的茬儿！"但我决定坦诚面对。我们开始谈话。我用心听他讲，时而有所回应。这场谈话总算应对过去了，而来访者说的一句话却把我惊呆了："王老师，你是我遇到的最好的心理咨询师……"后来，他竟然继续来与我谈话。其实，在那时的国内，心理咨询刚刚出现，好的咨询师并不太多。但是，在我从业的开端，不管我有多大的局限，来访者的反应激励了我，把我送上了这条未知之路。

在厦门关怀心理辅导中心做了两年面谈之后，我做出了人生中的一个重大决定：从厦大辞职，去美国读书。我的想法是，既然认定这个行业，就去接受专业训练，让自己成为一个训练有素的专业者。当时，我有一个同学在美国读书，他向一个美国教授（华人）介绍了我在中国文学与基督教文化研究领域的成果。这引起这位教授对我的兴趣，他有意邀请我去美国的一所神学研究院做访问学者。据我了解，这个叫安德沃·牛顿（Andover Newton）的神学研究院有很丰富的心理学传统资源，是西方最早发展心理学的神学院校（现已并入耶鲁大学神学院）。我转而申请跟布瑞塔·吉尔-奥斯汀（Brita Gill-Austain）教授修读心理学，又跟马克·海默（Mark Heim）教授修读神学与西方思想史。

布瑞塔（她坚持要我这样称呼她）是我的心理学导师，她对我的影响不只是她的心理学课程，更有她的人格、热情、对人的关心与欣赏，以及她那温暖却鲜明的个性。关于她，我有许多要讲的故事。其中，在她的课堂上，我分享了一个我帮助害怕毛毛虫的儿子脱敏的例子。两年之后，当我毕业回国之际，布瑞塔送我的书中竟然还有一个非常特别的礼物：一个毛毛虫玩具，可以戴在手指上玩耍！这是她送给我儿子的礼物。她竟然记得我两年前分享的故事，而且那是一件多么小的事情啊！

过了一些年，布瑞塔竟然来到南京，因为事先没有找到我的联系方式，她坐在南京的出租车上时，几乎忍不住想问司机："Do you happen to know Wang Xuefu？（你认识王学富吗？）"她竟然想在一个当时拥有八九百万人口的城市大海捞针般找一个叫王学富的人！最后，她通过我的一个在香港工作的同学联系上了我。我带上儿子跟她见了面。

跟布瑞塔学习的经历对我的专业发展十分重要。在她的帮助下，我选修了一些后来对我从业影响很大的课程，包括荣格分析心理学、家庭系统治疗、关联心理学、凯根（Robert Kegan）的自我发展心理学、儿童发展课程、教牧心理辅导等课程，其中还有存在主义哲学、神学和心理学方面的课程与阅读，如克尔凯郭尔（Soren Aabye Kierkegaard）、蒂利希、弗兰克尔（Victor Frankl）、罗洛·梅（Rollo May）等。我的硕士论文做的是恐惧研究，论文主题是超越"恐惧—逃避"机制。这篇论文得到布瑞塔的指导和赞赏，也为我后来探索与发展中国本土模式的"直面疗法"打下了基础。

2002年，我回到南京，开办南京直面心理咨询中心（后更名为南京直面心理咨询研究所），至此开始了我一生无悔的专业心理咨询与治疗之路。

许多年来，我一直问自己一个问题——至今依然在问，甚至将来还会问下去："我怎么竟然成了一个心理咨询师？"之所以一直问这个问题，就是要了解和确认我从事心理咨询的动机和根源。问着问着，我会越来越明白我为什么要做这个，以及我靠什么来做这个。这是我的文化觉察的一部分。

我选择做咨询师之后，过去的不少同学觉得莫名其妙："王学富怎么搞起这个来了？"回国后不久，我受邀在母校金陵协和神学院讲一讲心理治疗。听了我的演讲之后，有一个老同学走过来跟我握手，激动地说："王学富啊，你讲得真好！真没想到啊，二十年前我们都觉得你应该去接受心理治疗，现在你竟给我们讲心理治疗……"

这个老同学的话让我想到了两点：第一，成长永远是可能的；第二，一个人呈现的样子并不一定就是他真正的样子。这便是我从事心理咨询的两个基本理念。

在我年轻的时候，内心经历过许多冲突与挣扎，也一直在尝试与探索出一条成为自己的路。在这个过程中，我身上总有各种不堪被同学看到，他们心里说："这是个什么人啊！"有趣的是，许多年后，当我的生命经历了改变，过去的同学早已习惯原来的我，看到现在的我反以为怪，心里又说："这是个什么人啊！"他们怀念当年的我，因为那是他们熟悉的我。人们往往更喜欢熟悉的，而非更喜欢好的。一样东西是好的，却是人们不熟悉的，人们的第一反应通常是不喜欢它；一样东西是不好的，但人们熟悉它，就会说：这个好。当然，一个东西既是好的，又是熟悉的，人们会更喜欢它。我也由此洞悉了家庭代际传承的一个奥秘：孩子会不自觉从父母身上传承他们最熟悉的东西——不管那熟悉的东西是好的，还是不好的。这个洞见对于家庭教育非常重要：父母要有意识把自己身上好的东西变成孩子熟悉的东西，才便于孩子把它们传承下去。

当我越来越了解自己，我也就越来越清楚我为什么选择做一个咨询师。那些在生活中经历过很多人生的苦痛与冲突的人，他们更会被心理咨询所吸引——不管是接受心理咨询，还是从事心理咨询。作为咨询师，只有自己曾经遭受过苦痛与惶惑、冲突与挣扎，才能深深体谅来访者正在经历的苦痛与惶惑、冲突与挣扎；也因为曾经探索出一条自我疗愈、成长与实现的路，才会利用这种自然的资源铺就一条独特而有效的疗愈之道，帮助正在苦痛中探索的人们。在心理治疗领域，有一些伟大的医者就是这样走过来的，他们被称为"受伤的疗伤者"（the wounded healer）。

心理咨询算是一个职业，从业者更可以把它当成一种事业，甚至当成一种使命或召唤。当然，这当中有生存的动机，却不是核心动机。核心动机应是追求一种意义，一种更值得自己去追寻的东西，不然我们就做不好它。说得简单一点，我们爱它，我们才做它。我们不是因为缺乏物质条件而做它，而是因为，我们即使有了充足的物质条件也要做它，甚至我们可以放弃带来更优厚物质条件的工作来做它。我是在人生已经基本确定的时候被它深深吸引了，于是选择来做它。当我开始做心理咨询的时候，我把自己的生活置于一种在许多人看来相当大的不确定之中了（当时我已有相当稳定的厦大教职，也已结婚生子）。如果不是被它深深吸引，我不会做它，也不会一直做下去。

心理咨询做到深处，会涉及动机与角色问题。那么，作为咨询师，我们要了解自己的动机与角色。本来，咨询师这个身份在别人眼里就显得相当奇怪，你做心理咨询，人们不知道如何定义你。因为这是一件打破了习惯的事情。这是我国二三十年前的情况，但现在正在发生变化。一百多年前在欧洲，情况也是如此。当威尔海姆·赖希（Wilhelm Reich）读完心理学博士的时候，他对自己要不要选择走心理治疗这条路，也感到相当惶惑，不能确定下来，是弗洛伊德帮助他做出了选择。也可以说，是他"内在天性的声音"帮助他做出了选择。弗洛伊德对他说，我无法帮助你做出选择，但根据我的经验，面对重大的人生选择，你可以去倾听你内在天性的声音。当事人中心疗法的创立者罗杰斯也遇到过同样的情况。他年轻时曾向一位心理学界的前辈请教，而他得到的回答却是："不要做这个，没有什么意思。"然而，罗杰斯还是选择了这一行，并且证明这是很有意思的事。在当今中国，许多人对什么是心理咨询也说不大明白。你说你是警察，人家很清楚；你说你是大学老师，人家也很清楚。但我在二十多年前选择放弃一个清晰的身份（大学老师），选定一个模糊的身份或角色（心理咨询师），让人家不好定义我是谁、我在做什么。我有一个同学，跟我交往颇深，知我也深。许多年不联系，后来听说我在南京做心理咨询，他对人说："这个王学富一定会成为王半仙的。"我至今也不知道他说这话是赞扬我，还是嘲笑我。后来见面，我问他，他说是开玩笑的。但他觉得我会做好，所谓"王半仙"大概是说我看人、看事很准。

几年前发生了一件事，也让我啼笑皆非。我的老家湖北枣阳来了一个局长，到南京招商。通过我的一个老同学介绍，他来南京时跟我联系。我请他和随行人员吃饭。席间，他不知道该如何称呼我才好。直呼其名吧，跟我又不是同学关系，且是第一次见面，总得客气点儿。称我王总吧，也不恰当，我不是做生意的。称我王老师算恰当点儿，但老师并不算是我的职业，而且他比我年轻许多，称我老师就好像他是我的学生。称我王咨询师吧，那更显得生涩。我们谈话有点尴尬。我称他局长，这很顺当。但我身份模糊，让他颇费踌躇。后来，我们谈起心理咨询，他还打了一个比喻，但这个比喻一说出来，他立刻又觉得不太恰当。他的比喻是：现在这个时代变化真快啊，不断有新行业出现。这心理咨询呢，就像开车下高速，路边有人举着牌子为你带路。社会需要什么，就出现什么。他说得对，心理咨询是顺应时代需要出现的新行业。

说新也不新。在西方，心理咨询已经有一百多年的历史了。说得更大、更远一些，人类历史上一直有人从事这个工作，只是名字不叫心理咨询。现代意义的心理咨询在过去是由许多不同领域的人分担的，如哲学家，教育家或教师、宗教职业者（如牧师、法师、禅师）、医生、原始宗教的巫师、部落长老或族长、民间宗教的仪式师等。甚至在中国，政治工作里都覆盖了心理咨询的一部分。最早进入这行的一批心理咨询师中有些就是政工干部。

不管怎样，我万万没想到自己会进入心理咨询这一行当，并且因为喜欢它，还矢志以这个职业终老。在别人眼里，做心理咨询是很没趣的，也很累，要听别人吐苦水，可能会把自己带进去。我却沉迷其中，不觉二十年过去，从"老之将至"到"垂垂老矣"。最初从美国回来，开始做起心理咨询，又跟国外同行交往颇多，加上我个人有宗教背景，保守的人和心思重的人会对我有各种疑问。但做得久了，他们的疑虑就打消了，他们明白了："这个王学富是做专业的，他就迷恋这个。"也没有人找我的麻烦，且有更多的人赞赏和支持我做的工作。我甚至曾被评为"南京十大新兴行业青年风云人物"和"南京市新长征突击手"。不是因为别的，就是因为我较早做心理咨询。

从事这个行业的人，需要追问做这个的动机，需要了解自身的特质，需要认清自己的文化根源和资源。你对这些越熟悉，越可能做得更好、更久。因此，我一直问自己：我为什么要做这个？是为了显得我比别人更懂道理、更会讲道理吗？不是。是想证明自己比别人高明吗？不是。是因为能赚更多钱吗？不是。是因为我有打探别人隐私的癖好吗？不是。是我自己有问题却借着帮助别人来掩盖自己的问题吗？不是。是我自己的人生没有出路就把这个当成一个出路吗？不是。是我认为自己天生是大师吗？不是。是觉得这个工作更容易做吗？不是。是想用心理学来糊弄别人，满足私欲、填补内心空缺吗？不是。我们要问自己许多问题，而且必须是我们自己来做出真诚的回答。

为什么我选择成为一个心理咨询师？首先有两点：第一，我对它有兴趣。也就是说，我对人有兴趣。第二，它符合我的个性。我与之有内心的呼应。在初步验证这两点之后，我决定要去学习这个专业，想把它做得更有品质、更有效。二十多年来，我的专业实践与专业学习从未中断。我一边学，一边做；一边做，一边学。一个有品质的咨询师，也是一个成长的咨询师，他成长的方式是做一个永远的学习者。回国做了一些年后，我又到美国富勒心理研究院去学习。再过一些年，我又去赛布鲁克大学学习。我还通过与国际、国内的专业者合作，如举办会议、研讨会、培训课程、工作坊、讲座，不断得到专业的滋养。

人类做事有不同的层面，每个层面都有不同的动机。第一个层面叫职业或专业，英文叫 job，或 occupation，或 profession。它是一种基于生活必要性的选择，也就是人们所说的：你要生活，就需要有一个工作。这个层面的意义在于有用性，给你带来生存的益处。第二个层面叫事业，英文叫 enterprise，或 vocation。它是一个更深的层面，其中包含的意义有喜爱，有自我实现，因为对推动人类社会福利有所贡献，会得到认可，会给人带来一种成就感或成功感。第三个层面叫召唤或使命，英文叫 calling，或 mission。到了使命的层面，它就不再局限于追求个人意义的成功、成就，或业绩，其目标更多在于追求给人类带来福利，致力于帮助更大的人类群体提升生活品质，达到更高的精神层面。使命不一定给人带来现实意义上的利益，甚至可能让人在现实层面上做出某种牺牲。甚至，你视之为使命的东西，并不一定能得到社会认可，反而可能遭到人的误解，甚至谩骂，会让你付出生活条件的代价，乃至生命的代价。但因为你认定了它，就义不容辞。从动机来说，如果仅是一个工作，它不能真正激发你。当它成了你的事业，它才会激发你。当它成为你的使命，它就在最深处用最强劲的力量激发你。我所从事的心理咨询，在不同程度上涉及了这三个层面。但我总是有意识让自己从第一个层面走向更高的层面。

我曾说，人在这个世界上常常做的一件事，就是寻找跟自己相同的人。不管一个人有没有意识到这一点，他都在这样做。现在，我进而说一句与此大致相同的话：人也在这个世界上做另一件事，就是寻找跟自己符合的工作、事业、使命。我发现，我的生命跟心理咨询有很多、很深的契合。在我做它的时候，它不仅是一件对别人有意义的事，也会反过来增加我个人的意义感。不管我们做什么事，只有它对别人有意义，它才会大大拓展我们个人的意义。甚至，如果一件事只给我们个人带来意义，它并不是真正的意义。我跟许多来访者一起经历悲伤、愤怒、恐惧、惶惑、无助、无奈，跟他们有很多共同的感慨，也因为我能体会到自身的有限，愿意在我的工作中让生命更加谦逊。我跟来访者合作，去探索问题的根源与自身的资源，走到深处去，有所发现，获得觉察，看到希望，做出改变，这也增强了我对人的信心，让我的内心时时都有欣慰，给我带来报偿，也给我的生命带来滋润。

选择成为咨询师，不会让我变得枯竭、单调，而是让我的生命更丰富多彩。作为个人，我的人生是短暂的、有限的，但我参与了许多人的生活，我的人生也因此变得绵长而丰盈。心理咨询是一个不断探索与发现的过程，当我发现了别人，我就发现了自己。当我用欣赏的眼光看别人，我也同样欣赏了自己。当我对别人有信心，我对自己也增强了信心。我在别人身上发现的，最终成为我自己的。我的每一位来访者都是我的镜子，我从中看到我的文化、我的情感、我的经验、我的思想，以及我经历过的阻碍、我一直坚持的成长，还有我的突破和解放、我的受伤与疗愈、我的苦痛和欢喜。我帮助别人经历改变和成长，我自己也经历了改变和成长。我帮助一个个人变得丰富，也是因为他们每一个人丰富了我，我才得以用这般丰富去帮助更多的人。

就这样，我选择成为心理咨询师，义无反顾。

# 独立与自由

## ——工作的意义

我年轻的时候，有各种各样的欲望，探求人生的各种可能性——关于我要做什么、我要成为什么。直到，现在五十多岁了，我发现自己成了一位心理咨询师。一做就是二十年，便有了这样一种发自内心的感慨：我选对了。为什么选对了？我的回答是：因为我获得了独立与自由。

人之所求各有不同。从最根本上说，我追求的是独立与自由。我的工作，给我带来了独立与自由。至少，我的工作与我之所求是相符合的，它成为我追求独立与自由的一条途径，因此我说：我选对了。

我的工作不是为了跟人竞争，而是为了让人得益；不是为了显得自己成功，而是为了帮助别人变得成功。只有当别人成功了，我才相应地成功了；只有让别人变得更好，我才与好搭个边。一个咨询师了不起，是因为他帮助许多人变得了不起。因此，我的成功是以帮助别人成功为条件，我的好也是以帮助别人变好为前提。

我的工作会得到别人的感谢，但我不是为了得到感谢而工作。事实上，我的工作时常会伴随着别人的不了解、不理解、误解，还会惹人不高兴，甚至被人责怪。但我一直坚持工作，因为我知道我在做什么，以及我为什么要这么做。

我的工作本身能给我带来满足。帮助一个人找到自我、活出自我，这种满足感是难以言表的。但我不是用这个工作来满足自己，如前所述，我的工作是以满足别人为目的，别人满足了，我也得到了满足。这就如同一个被囚禁的人得到释放，只要他获得满足，帮助他打开镣铐的那个人也会分享他的满足，而且，后者的满足是自然而然的。

我的工作也让我拓展了跟世界的接触，把自己延伸到许多有需求的人那里去，也加固了我跟世界的联结，加深了我对人性的理解，使我对有限的人类充满怜悯，同时我也深深理解了自身的局限，它让我谦卑下来。

我的工作让我成了一面镜子，让别人从中看见自己。它也让别人成了我的镜子，让我从别人身上看到我自己。

我的工作使用了我生命中的许多资源，虽然我从一开始并不知道这些资源后来会被这样使用，会用在这里，会用得如此恰到好处。什么叫活得完满，就是生命资源被充分使用，用于让他人受益。

我的工作不是唯一，也不是一切，只是一万种助人的方式之一。但它却是最能实现我的价值的方式，因为它是最符合我的方式。一个人存在，就有其存在的方式；而我的工作，成了我存在的方式。

我的工作与我自己、我的生活是分不开的，我是通过它呈现了我自己，它借着我的生活体现了它本身。我的生命、我的生活都反映出它的影子，都透露出它的影响。它无处不在，不只在咨询室里。

我的工作不是一成不变的，它"随心意更新而变化"，因为我的生命和生活是一条流动的河，一直在更新之中。我的工作只是生命更新的一种表现形式。

我的工作会消耗我，但也同时滋养我。我的消耗不是为了利己，而是为了利人。我在消耗自己中滋养着别人，因为我本是受到别人的滋养而成为咨询师的。

我的工作让我得到了独立与自由，它可以提升我自己，也可以让他人受益。我不会为一些与此无关的思虑去做违背自己的事情，也不用害怕受到压制而架起过度的自我防御。

我是十字路口的一盏灯，我会照亮别人，但不是为了显示自己。别人因为有亮光，可以选择走自己的路，但也无须对这盏灯说声谢谢。我照亮，只是因为我选择成为一盏路灯。

"累不累啊，你这个工作？"别人这样问我，我也问我自己。

"累。"我这样回答别人，也这样回答自己。

但有一句话也颇能说明我的状态："累，并快乐着。"

为什么可以累又同时可以快乐呢？因为有独立与自由。

这意思是说，你选择了它，而不是被迫在做它。在做的过程中，你有自由，有创造，因此也有享受常常伴随你，虽然你会感到累。这如同一个妈妈，她在喂奶的时候，虽然营养从她的身上流了出去，她却因为养育了自己的孩子而快乐着。

就在今天，我做了四场面谈，接待了三个家庭和一个个体。到了最后一场面谈，我感到我的能量从我的身上流了出去，流到让我感到疲惫的程度。我的工作，就是让能量从生命中流出去，而这流出去的能量能够产生疗愈的功效。那是一名二十五岁的女子，她不是自愿来的，而是被劝说来的，但这成了她生命中最重要的一个时刻，她获得了一次最有意义的经验，这是她始料不及的。事实上，我不必夸大我的工作意义，但我时时意识到，在适当的时候、适当的情境下，我的工作对一个人产生了一种转机，甚至可能是命运的转机。比如这位跟我面谈的女子，按照她所描述的情况，按照她的人生走势，她会走向更深的抑郁，甚至最后会深陷其中，无法自拔。虽然她周围的人愿意帮助她，虽然她妈妈甚至愿意为她死，虽然她本人聪明，虽然她受过良好的教育……但这一切都不够抵御那伤害，不能疗愈那伤痛，无法扼制从中长出来的症状。虽然她奋力挣扎，周围人也竭力挽救，但终因方法不适当，或者不到位，或者不得要领，或者帮了倒忙，或者她的挣扎走错了方向，反而越陷越深，在症状里不能自拔。

就在这时，一场面谈发生了，如同春夜喜雨，不期而来，却让她得到了最好的滋润。最后，她有所明悟，知道自己的情形背后有怎样的根源，知道她从此可以怎样做出应对。而在她周围，那曾经是盲目的帮助，现在变成了有意识的支持。妈妈从对她的过度保护，变成基于对女儿的信任而放手。本来是母女共生体的关系，开始分离出两个决定去成长的个体。一种新的关系开始了，一种新的生活展开了。

面谈结束，她走出门时的那一声"谢谢"，是一种心灵得了释放后真心的感谢，她那明亮的笑容映照出我工作的意义。

# 先知与治疗师

## ——我的经验与感受

人生活在不同的层面。以物质为条件来划分阶级，以家庭出身与地位来定义社会身份，以学历高低来看知识水平。而我想说的是，觉知也有不同的层面，有人生活在低觉知层面，有人生活在高觉知层面。从低到高，中间还有许多不同的觉知层面。我所说的觉知，是指对自我、人性、人生、社会、文化、世界的了解与洞察。

在过去的时代，有一种人被称为先知，便是高觉知者。他们在觉知层面的顶端，而民众在由此而下的不同觉知层面，有人甚至生活在觉知的最低端，那里充满愚昧、无知，以及各种各样的恶行与灾祸。

先知出世，就是为了唤醒民众，警告人们从迷妄中悔悟，做出好的选择，不要行恶，免受灾难与毁灭。

先知常常是孤独的、痛苦的；民众常常喜欢享乐，成群结队迷恋于各种消遣。先知总是直面的；民众常是回避的。先知洞察万物之本质，预测未来之远景；民众大多目光短浅，大难将临还在及时行乐。先知大声疾呼，乃至痛哭流涕；民众不明白，还觉得先知可笑、烦人，甚至可恶。古往今来，民众之中会形成一种盲目的力量，憎恨先知，嘲笑先知，侮辱先知，视先知为"疯子"，借故迫害先知，谋杀先知，简直要"食其肉，寝其皮"。

在古代以色列，有"流泪的先知"耶利米，以及其他先知。在现代中国，也有一位思想者，我愿意称他为先知，即鲁迅。在希腊有苏格拉底，在印度有甘地，在俄国有陀思妥耶夫斯基。每个民族都有自己的先知，先知是觉知最高的人。为了唤醒民众，他们会以身饲虎、飞蛾扑火。他们流泪相劝，大声呐喊，甚至厉声詈骂。真是"知我者，谓我心忧，不知我者，谓我何求"。民众中有明先知之心者，会爱他们；不明先知之良苦用心的人便痛恨他们，要去扑杀他们。

这里讲的是先知。接下来，我要讲一讲心理治疗师。

现代社会兴起一个专业叫心理治疗，从事该工作的人被称为治疗师，或在更广泛的意义上被称为咨询师。他们接受过专业训练，专门治疗现代人的心理困扰。从根本上说，他们的工作不只是心理意义上的治疗，也可以说是生命的疗愈、心灵的疗愈、文化的疗愈。治疗师所做的事情，在过去的时代大多是由先知承担的。只是，先知的工作总是针对大众，而治疗师的工作主要针对个体。

治疗师是一种专门职业，在这个职业产生之前，有一种人可以称为生命的疗愈者，英文里叫 healer（可称心灵医者）。他们治疗的不是现代病理分类下的心理症状，而是治疗整体的"人"。生命是一个整体，是不可以割裂开来加以处理的。人的核心是心灵，或叫灵魂，心灵医者（包括先知）的工作是为了给人带来生命或灵魂的觉知。

过去的先知或心灵医者是从生活中自然萌生出来的，或被认为是神"拣选""呼召"出来的。现代的治疗师是训练和磨砺出来的，有心理学理论方法的学习，也有自我成长的体验、知识的教育、生活的磨炼、治疗经验的反思与总结，从而不断提升自己的觉知。在现代治疗师身上，也有他们自己都无法了解的神秘部分，仿佛是心灵在他们内部暗自形成的倾向，让他们从中听到一种召唤，并对之做出回应。有的治疗师会走到一个很高的觉知层面，甚至接近过去的先知。

成为高觉知的治疗师，也不见得是一件幸运的事。他的工作反而可能给他带来危险，就像先知们所遭遇的危险一样。高觉知的治疗师也如先知，能够看到深藏于症状中某种命运的玄机。他们有时也如先知一样救人心切，有激烈的言语行为，会激怒觉知未达的来访者。来访者也会伤害治疗师。治疗师也如先知，是人而不是神。即使是一个训练有素、成熟独立的治疗师，也不能洞悉人性与症状背后所有的幽微，也会有局限，也会犯错误，也会力所不及。再说，心理治疗永远是一个"进行时"，而不是一个"完成时"。一个富于怜悯心和生命力的治疗师，总在探索更好的疗愈之道，也会犯下尝试性的错误。这些错误后来会成为人类的"财富"，培育和滋养后起的治疗师，让更多的人得到疗愈。也如先知会有人们眼中的"奇言异行"，那些具有创造力的治疗师也会有"出格"的情况。如果没有大胆的尝试与创造，就不可能开启更多的疗愈资源，更不可能自成一家。心理治疗历史上一直都有这样的先驱者：荣格、罗杰斯、埃里斯、皮尔斯、森田正马，他们最终都成了现代治疗学派的创立者。

例如，森田疗法中把患者束缚于床上，限制其寻求安慰和消遣的活动，叫"绝对卧床期"。它的目的是在患者身上激发出一种"苦闷至极即解脱"的治疗效果。但在实施中，这可能激起患者的反抗情绪，给治疗师造成各种困厄。直面取向的心理学也发现，症状的根源在恐惧与逃避。有时候症状长期不愈，其中原因也在于来访者回避痛苦，寻求安慰，止于应付，不肯直面。直面治疗的过程中，有时也会把来访者"逼"到一个地步，让他在犹豫不决中激发一种"一冲而过"的效果。但这也可能导致当事人的强烈抵触。

来访者对治疗师的不满，有时是说治疗师做得"太过"，更多是说治疗师做得"不够"。从根本上来说，相对于来访者的期待，治疗师永远做得不够。例如，来访者感到痛苦，想找到一个方法一下子解除痛苦，他们对治疗师有完美期待，巴不得治疗师立即给出灵丹妙药。这也成了来访者接受治疗的一个阻碍，古语叫"欲速则不达"。症状背后有创伤，创伤常常在深处。受伤的人会痛苦，痛苦的人会敏感，敏感的人会回避，回避的人不肯去直面一个疗愈的过程。在疗愈之力还未到达的过程中，来访者会对正在奋力工作的治疗师产生怨怼。

现代心理治疗是一种规范化的专业模式。专业规范的好处是，让治疗师更加谨慎和有效地工作。但规范也可能局限治疗师的个人化探索和创造性发挥。治疗当然要严谨，但其中也需有冒险，就如在生命成长的过程中，安全很重要，冒险也需要，这冒险包括在尝试与错误中成长。如果父母过于考虑孩子的安全，给孩子提供过多的保护和安慰，孩子的直面能力就发展不起来，孩子会变得退缩，丧失许多成长的经验与机会，最后会"逃入病中"（flight into illness）。心理治疗也是这样，治疗师太谨慎，也会失掉为来访者提供更多、更好的疗愈机会。对于一个治疗师来说，治疗的勇气非常重要。

# 我是疗伤者，也会受伤

人会受伤，这是人性的事实。

受伤至少会造成两种正好相反的情况：或成为疗伤者，或成为伤人者。这是人生的选择。

英文中有两个短语，正好代表这两种完全相反的取向：一是受伤的疗伤者（the wounded healer），二是受伤者会伤人（hurt people hurt people）。

同样是受伤，竟然产生两种截然不同的后果，这是怎么一回事呢？

我们先说受伤者会伤人。人受了伤，却未疗愈，这伤在内心积累、转化，慢慢成了苦毒。内心有苦毒，就见不得别人健康和快乐，就巴不得别人也受伤、受苦，甚至有意无意地去伤害别人、虐待别人，并暗暗感到舒坦。这便是恶。

鲁迅写过一篇杂文，叫《暴君的臣民》。在他的描述里，"暴君治下的臣民，大抵比暴君更暴"，"暴君的臣民，只愿暴政暴在他人的头上，他却看着高兴，拿'残酷'做娱乐，拿'他人的苦'做赏玩，做慰安。自己的本领只是'幸免'"。

可悲的是，这竟是人类社会的一种普遍情况——就在此时此刻，它还在许多家庭里发生，在许多个体身上存在。

还有一种情况：人受了伤，真切感到那痛苦，内心却长出善，就不忍这痛苦在别人身上发生，内心就生出对他人的祝福。这内心的善是从苦水里泡出来的，这祝福的心巴不得别人幸福、健康，不愿看到别人像自己一样遭受伤痛与苦楚，会尽力去爱别人、帮助别人，把自己的痛苦变成对他人的祝福。

那么，一个受伤的人怎样成为一个疗伤者呢？他受了伤，在痛苦中经历了疗愈。疗愈之所以发生，有两个最根本的因素或条件：一是觉察，二是转化。伤经历了疗愈，会养成怜惜，形成善源，转化为医治的力量。这疗愈是从内心长出来的，并且从自身延伸到他人。这样的人，他们会受伤，但他们却因着自己所受的伤，让别人得到医治。这样的人，就成了人类各个领域里的关怀者、疗伤者。他们关怀人类，他们为人类疗伤。其中著名的有鲁迅、荣格、弥尔顿·艾瑞克森、特蕾莎……也有许多普普通通的人们，包括我和你，虽然受苦和受伤，内心却长出善，长出对别人的体恤与关怀。

在面谈室里，直面医者接待许多来访的受伤者，他那医者的心生出怜惜，有时会陪他们流泪。

但直面医者也洞悉另一种潜在的情形：来访者所受的伤，在他们内部形成一种伤害性的毒素。

如果一个心理意义上的医者不能洞悉这一点，他就难以达到深度的医治。只有人心的洞悉者、文化的觉醒者，才称得上直面医者。所谓医治，包括为受伤者排毒、让转化发生——排掉伤害中的苦毒，让伤痛转化成善源，使生命健康成长。

然而，在直面医者进行这样的排毒与转化工作时，他也难免受伤。如同从蛇牙里取毒（供医疗之用），可能在操作中被蛇毒所伤。

每个人都会受伤，每个人都会伤人。心理疗愈的意义在于，让伤痛产生滋养生命的功效，而不是成为滋生伤害的毒素。症状的背后有伤痛，有症状者即受伤者。直面医者所从事的工作是疗伤，但疗伤者也会在疗伤中受伤。这是那些伟大的直面医者都曾经历的情形。因此，纪伯伦说："一个伟大的人有两颗心，一颗心在流血，一颗心在宽容。"是的，爱让一个人去疗愈，流血是因为疗愈者受伤了。

直面医者也会遇到这样的情形：他一边疗伤，一边受伤。而伤害他的人，正是他在尽力疗愈的人。

有一个寓言故事，叫《农夫与蛇》。一个农夫看到一条冻僵的蛇，用自己的胸膛去温暖它。蛇活过来了，却咬了他一口。但直面医者与农夫不同。农夫受伤，是因为他不知道自己会受伤。农夫受伤之后，要么死了，要么活下来了，但以后可能再也不会去做这等傻事。直面医者受伤，是因为他本是医者，必须疗伤，也知道在疗伤中可能受伤，但他依然会去做疗伤之事。他知道受伤者非蛇，并非总会伤人。他也知道受伤者必须经历疗愈，否则可能伤人。他更知道人所受的伤会发生转化，要么化为苦毒，要么化为美善，而他的工作，就是让转化发生——由苦转化成爱、由毒转化成善。

有时候，直面医者会遇到这样的来访者：他来自一个充满伤害的家庭，于是他受伤了。他的父母用盲目的爱来爱他，这爱也深深地伤害了他。他的父母并不知道，因为他们也曾如此受伤，又因为所受的伤没有得到医治，便形成了盲目的爱、带毒的爱，进而伤害了他们的孩子。他们的孩子受了伤，也没有得到医治，又回头去伤害自己的父母。因为他也不知道，以为这伤害也是爱。于是，在这个家庭里，父母与孩子之间所能交流的，表面是爱，其实是伤害。这似乎成了一种循环：你给我伤害，我回你以伤害。如此"投桃报李"，双方都不知道。或者，他们即使知道，也依然按习惯去做，因为似乎没有其他选择。

有人带着伤前来寻求直面的医治。在接受医治的过程中，难免会有毒从他的嘴里射出来，射向医者。医者受了伤，却无法用伤害的方式回击对方。虽然他可以做到，但他不能那样去做，因为他是医者。

这时，直面医者便理解了鲁迅的话，他曾被受伤者所伤，并愤懑道："我先前何尝不出于自愿，在生活的路上，将血一滴一滴地滴过去，以饲别人，虽自觉渐渐瘦弱，也自以为快活。而现在呢，人们笑我瘦弱了，连饮过我的血的人，也来嘲笑我的瘦弱了……乘我困苦的时候，竭力给我一下闷棍……这实在使我愤怒，怨恨了，有时简直想报复。"

有时候，伤人的人可能是年轻人，甚至是小孩子。我们一直以为，年轻人是最有希望的，孩子是天真善良的。这自然是，但也不全是。小孩子和年轻人的生命也会因受伤而滋生毒素，你在他们的一片天真里也会看到一种残忍。

对于年轻人、小孩子，鲁迅寄予希望，奋力保护，宁愿以"无我的爱""牺牲于后起新人"，即使受了年轻人的伤害，他也最为宽容，不去报复。

直面医者也是如此，有时会遇到这样的年轻人、小孩子：他作为一个受了伤的人来访，带着一种"习惯成自然"的"可爱"，表面柔顺，暗中却喷出毒汁。他的父亲或母亲，抑或他的父母双方，也会喷来毒汁。原来，他的家庭是一个"蛇窝"，他自己意识不到，还以为真理都在他们一方。有那样一些家庭，孩子先是受了许多伤害；后来，孩子又肆意伤害父母；再后来，父母与孩子彼此伤害；最后，在面对直面医者时，他们喷出数倍毒汁。直面医者因而受伤，而且面对这样的情况：他们并不知道自己给别人带来了伤害。

直面医者虽然受伤，却自动放弃报复的权利，如同自废武功，让自己不能伤害对方。即使他厉声警告，也不实施报复；即使他"有时简直想报复"，最终却放弃了报复；即使他有时候甚至脱下医装，换上战袍，想出去做一番厮杀，但他刚要出去，却又折回来，依然俯身做一个直面医者。他终究是一个医者，不是一个战士。他只会爱，不会报复。

直面医者受了伤，开始不断给自己疗伤，让自己经历觉察与转化：

他知道，并且愿意相信，伤人者这样做，是因为他们不知道自己伤害了他。他们对他的伤害其实是从"不知道"里射出的毒箭。他也知道，并且愿意相信，当一个人在实施伤害时，他就被伤害利用了，让他自身变成射出毒箭的弓。对于直面医者来说，最要紧的是，伤害要得到疗愈。

当然，一个人不能用"不知道"作为伤害他人的借口。你本来可以知道，却不知道，因此也必须承担伤害他人的罪责。一个人在"不知道"中所种的因，也会在"不知道"中收获果。一个人最好要知道自己在做什么。即使他对外在的情况不知道，甚至受到某种势力的逼迫，忍不住做伤害他人的事，他也必须要知道。他的内心是有良知的，只要他愿意，随时可以听到良知发出的提示音——不要伤害！过去种的，现在长出来了；现在种的，将来会长出来。说到底，我们相信一个最朴素的原则：你种什么，就会收获什么。这是良知的声音，也是良知的法则。看看你现在在种什么，可以预想你将来会收获什么；看到你现在收获了什么，可以反思你过去种了什么。可以做的事，尽力去做；不可以做的事，忍着不做——总要留下一个空间，让不忍之心可以安住。可以说的话，只管去说；不可以说的话，尽量不说——总要留下一个空间，保留对生命的尊重与怜惜。

直面医者受伤了，但他知道：因为他是人，所以会受伤。

我就是那受伤的疗伤者，曾经受伤，还会不断受伤。我也在经历不断的自我疗愈，因为我一直在为人疗伤。

# 今天，我需要"树洞"

许多人以为咨询师有完美的心理状态，不然他怎么帮助别人？这是对咨询师的"理想化"。

也有许多人说，咨询师都是不正常的人，不然他为什么要做这个？这又是对咨询师的"妖魔化"。

其实，在我看来，咨询师是人，在"正常"与"不正常"之间，或者说，心理咨询师是一个自由人，他可以"正常"，也可以"不正常"。

也有人说，咨询师是一个摆渡人，把来访者从不正常摆渡到正常。

其实，咨询师不以"正常"或"不正常"的眼光看人。他有一双特别的眼睛，能在"正常"里看到"不正常"，又在"不正常"里看到"正常"。他反对以"正常"和"不正常"划分人，这多么狭隘！他看人，自有心灵的、人性的、文化的视角，而这心灵的、人性的视角便超越了"正常"与"不正常"的社会标准或世俗原则。人的情绪和行为是会不断发生改变的，而贴上一个"不正常"的病理标签，就把"人"固定下来了，限制了人做出改变的意向性。

咨询师也会感到困惑、愤怒、悲哀，也会感到无能为力，也需要有一个"树洞"——把话说出来，不然会憋出病来。这"树洞"又必须是安全的，既让他把话说出来，又不会让他受到伤害。

今天，有一个来访者对我说："我想跟我妈谈一次话，但她总是回避。我想让我妈跟我一起来直面做一次面谈，但每次跟她说，她都推托了，对我说：'这都是你的问题，我去有什么用？'"说到这里，这个来访者表达了一种担心："我很怕爸妈有一天走了，我都没有跟他们有过一次认真的谈话。"因为跟妈妈说不通，我就成了她的"树洞"，安全而通畅。

我做咨询师，见到太多孩子与父母之间的"不通"。在这边，是孩子的渴望；在那边，是父母的不解。在这边，孩子在发脾气；在那边，父母感到委屈，既不知道孩子为什么发脾气，也害怕做出什么反应会刺激孩子，只好憋着。在这边，孩子想跟父母说话；在那边，父母怕跟孩子说话。孩子内心深处有苦，却跟父母说不通，有时他们自己都说不明白，又因此感到内疚，觉得自己没有资格说出来。这无法言说的不通之苦，就憋在孩子心里，也憋在父母的内心里。孩子的内心渴望跟父母说，父母却回避。孩子说的时候有情绪，父母也更害怕、更回避。许多孩子饱尝这不通之苦，父母也在不通之中痛苦着。

今天，在面谈室里，我接待了一对母女。女儿很想让妈妈了解她，在做了许多尝试之后，她发现永远无法跟妈妈沟通。她越来越焦急，出现大量情绪化的表达。她的妈妈吓坏了，跑得更远了。最后这个女孩子说："算了，许多人没有妈妈也长大了，我就当自己没有这个妈。"当她这样表达时，她的妈妈就在一旁流泪，她实在弄不懂自己的女儿："这孩子是怎么啦？"这个母亲有自己的一套社会常理和个人经验，她心里又焦急，又悲伤。她心里想：女儿怎么就是不懂呢？这便是妈妈与女儿之间的"不通"，两个人都在承受着"不通之苦"。

咨询师在尴尬中，能体会双方的感受，却不能代替任何一方去跟另一方沟通。他在两者之间要工作很长很长时间。他很想让父母明白他们的孩子，也很想让孩子明白他们的父母，但这事得慢慢来。心理咨询这件事，对每个人都是一个机会。如果得罪了父母，孩子会失掉机会。如果得罪了孩子，父母会失掉机会。如果把父母与孩子都得罪了，咨询师就失掉了机会。

今天，我接到一个年轻人的短信，要来南京跟我面谈。说起来，我是认识她的，她是一个非常聪明、能干、有思想、有激情的人。接到她的短信，我心里竟升起一阵悲哀。想到许多年来找我面谈的人，大多聪明、善良，有单纯的心、有思想、有特别的天赋，比一般人更渴望过好的生活、活出更好的自己。这样的人却被看作不正常，自己也觉得不正常，前来寻求心理咨询。而那些与世界的阴暗势力同流合污的人，却被认为很正常，也自以为正常，有些人甚至对他们羡慕不已。然而在我眼里，他们的正常相当可怕，是一种文化污染。前来接受咨询的人，本来纯洁如天使，还觉得自己不够好，害怕犯错误，常常有内疚感，生怕冒犯别人；而生活中的一些胡作非为者，偏好利用权力为难他人，热衷于投机攀附，精于算计，巧取豪夺，却觉得自己很正常。他们永远不会来咨询——他们哪里会觉得自己有问题，如果有问题，也全是别人的问题。我有时为这个世界感到害臊，它容得下胆大妄为者，却容不下心灵纯洁、有品质的人。作为咨询师，我生气。

让我生气的事情多着呢！家长压制孩子，家长不肯来咨询，却把孩子送来咨询，还觉得孩子的问题与他们无关。老师强逼孩子，老师不会反思，更不会来咨询，却认为学生不正常，也以为这"不正常"与教育无关。腐败的官员、为富不仁的商人，以及各行各业里的擅权者，利用手中的权力去压榨别人，榨取利益，他们不来咨询，因为他们觉得自己是"正常"的，而被他们压榨的人变得"不正常"了，却没钱（也不敢）来咨询。

也是在今天，我看到郭海平发的文章与微信，讲到原生艺术，讲到那一个个被认为患有精神病的人，他们有单纯的心灵，却在这个世界上没有出路。原生艺术成了他们的一条出路。我不禁写下一段文字：世界可能用它的"正常"模式毁掉一批人，并给他们起了一个共同的名字——精神病。然后，世界用药物对付他们，用电击对付他们，用精神病院对付他们。这一套方式被称为"治疗"，而用这一套方式对付他们的人被称为专家。这些专家个个训练有素，他们头脑里装的全是"正常"与"不正常"的知识。知识越多，权威越大。但他们大多不是有意害人，而是相信只能用这种方式"治疗"这些精神病人。如果他们的孩子成了那样，他们也会用同样的方式对付自己的孩子。

同样是在今天，同事们都下班了，我留在办公室做一点事，这时来了一位小区物业的人，一进门就拿手机拍照。我问他何事，他说有几家业主投诉我们。我问："投诉我们什么？"他说："投诉你们不关门厅的灯。"我有以下的解释：第一，门厅的灯不是我们开的；第二，门厅安灯，为什么不可以打开？原来，门厅的灯是公共的，电费由大家平摊，他们投诉，是出于省电费。我其实知道，这里的住户并不喜欢一楼有一个心理咨询中心，他们时不时给我们找点麻烦，想把我们赶走。这是一个高档小区，住的是富人。富人总感到不安全，见到陌生人就拿狐疑的眼睛盯着上下扫一遍。一想到这，我心里也郁闷。我于2002年回国，在南京开办直面心理咨询机构，迄今十六年，一直租房办公。所到之处，本想与邻里和睦相处，这样我们就可以不受干扰地做事。直面的群体是温暖的，许多情感的表达触动我心。比如，时而有外地的朋友说，我们好羡慕南京人，因为南京有直面。但他们不知道，直面在南京，却不大受邻里喜欢，还总被找茬，简直以邻为壑。同一个直面，欣赏者珍视，道不同者相逼，冰火两重天。因此，我心里一直有一个渴望：总有一天，直面可以拥有一个属于自己的独立办公地点！

下班回到家，拉拉杂杂回想这一天，心里有诸多不快，便找一个树洞，把它们讲出来。我平常的工作，是做别人的树洞，作为咨询师，我其实也需要树洞。

# 走过艰难、危险与诱惑

到目前为止，我做心理咨询已经二十来年了。回想过去的许多事，有时竟有些后怕，甚至说劫后余生也不为过。我终于理解，为什么在这个行业里，许多人做着做着就做不下去了。回顾自己的从业生涯，想到以下这些方面，希望对这个行业里的后来者提供一份经验，也作为一种提醒。

## 一、艰难

心理咨询看起来简单，谁都能做。从一个层面上来说是这样，因为它有不同的层面。有人做到很浅的层面，有人做到很深的层面。有人做得有少量益处，或者无益，甚至有害。有人做得充分有益，虽然不会完美。一个咨询师，能够在这个行业里做上十年、二十年、三十年，要走过多少艰难、危险与诱惑，做到同样程度的咨询师之间或许可以彼此体恤，外人就无从知晓了，或者所知有限。

来访者会挑战一个咨询师的许多方面。预备不足的咨询师将面临许多的艰难与挑战。每个人都有弱点，都有受伤与敏感的地方，在生活中你可以打打掩护，设个防御。但在心理咨询的工作中，来访者会向你生命中所有的方面提出要求和挑战，甚至让你猝不及防。心理咨询是两个有限的人的相遇，在两者的互动中，咨询师的问题也会被来访者的问题带出来，让自己看到都吓一跳。例如，每个人都曾受过伤，你的伤害在普通的生活中与你相安无事，这时却被唤醒了。你就必须来面对，哪怕你有一百个不情愿。当然，从成长的意义来看，来访者就是这样磨炼咨询师的。

被称为来访者的人来找你，他们带来的是伤痕与眼泪，是深幽曲折的症状。可以说，人性在这个地方最密集地向你呈现了别人无从知晓的部分，你将怎样理解与回应？来访者带来的或许是最珍贵的礼物，让你不断成长，变得深刻而丰富，这是在你的工作中转化而来的。如果你无法转化来访者带来的一切，看多了人生重大的殇逝，也会唤起你的感伤。不知不觉，你的眼光变了，看人生四处都是悲苦，内心里架起了防御，让自己变成石头。

心理咨询对你的要求很高，而你常常在面对自己的不足。你本来有限，会犯错误。你既要接受自己的有限，允许自己犯错误，又要尽量做好，从错误中学习，这叫成长。因为你的工作是助人成长，你就得做一个永远成长的咨询师。这简直就是一个长久的磨炼，而磨炼你的，就是你工作中遇到的困难。

你的工作不仅靠方法，更是生命的辅导、境界的辅导。你即使不够好，也要在一些方面做来访者的镜子，要真诚、自然，一点都不要装。

你的工作取向被称为直面，它出于爱，基于爱，但又坚决；不失时机地冲击对方，为了促成改变，又要保证不会伤害。你的一切表现，不管是引导或回应，还是倾听或提问，皆是调制的药，尽量让每一个因素相互作用，如同"万事互相效力"，让人得益处。

你要让自己做得恰到好处，做了许多，又像未做。因为你的目的是让对方去做，最好让对方看不见你做了什么。让对方在"有为"中产生"我行"的感觉，而你要学习"无为"。

心理咨询本是生命影响生命，你却要尽量做到价值中立。这是怎样的悖论啊！你既要影响，又要中立。

你要做出最好的提问，如同一把把钥匙开一把把锁。

你得处理自己的情绪，永远有耐心。因为心理咨询就是在别人没有耐心达到的地方工作。

你自己也会遭遇人生的危险，它们也会影响你。但为了工作，你得去"清空"或"悬置"。

你会遇到丧失动力的来访者。心理咨询本是为了改变，但对方就是不想改变。你必须成为最好的激发者，哪怕面对心如木石的来访者。

你得帮助来访者应对他对人生不公平的感受，因为人生不公平给他造成了伤害，而你面对的一个事实是：人生本是不公平的。

来访者想依靠你，就像他习惯于依赖父母。你得想办法让他独立，不做他的父母。

你本是疗伤者，会遇到"受伤者会伤人"的情形，你也可能会受伤。

你的工作总是在暗中进行，而且隐秘和微妙，不大会有人真正理解你，也没有人完全理解你。你总让自己对人有所助益，却不期待感谢。

有人是来求方法的，而不是求成长的。你却要永远成长。

每个人都有需求的空缺，因此在与人打交道的工作中，会发生大量的移情。在对方那里会发生，在你身上也会发生。

你总要提醒自己，不仅有移情，还会有大量的阻抗发生。

如果你的功夫不够，你在工作中就把握不了度。而心理咨询之难，也在难以拿捏的度。

你要对文化敏感，接受自己的有限。

你知道心理咨询最重要的工具是说话，你最需要的是说话的艺术。

症状太复杂、太深，又太顽固，它是日积月累而成。你的工作注定是一个艰难的旅程。

## 二、危险

还有一个方面是人们不大说的：这个领域危险丛生，咨询师可能遭遇各种形式的攻击，甚至人身攻击。特别对于私人执业者，因为缺乏行业与制度的有效保护，更容易把自己暴露于危险之中。

因此，要提醒刚刚走进这个行业的咨询师，要在正式的心理机构工作，不要做散兵游勇，在不安全的环境与人约谈。毕竟你不了解来访者的真实背景，内在动机，心理、精神、人格的状况，症状是否深而复杂，当事人是否易激怒、怀有某种隐秘的冲动。

有时候，即使咨询师训练有素，有丰富的从业经验，具体操作也做得很好，还是无法避免万一。心理咨询做久了，你会知道，绝大多数的来访者是安全的、良善的、没有危险的，但如果有百分之一呢？万分之一呢？正好被你碰上了，正好赶上你有所疏忽、处理不当（咨询师不是完美的），麻烦立刻就跳到你的面前，让你猝不及防。当麻烦或危险逼近时，你需要有最好的应对策略。虽然不能保证绝对安全，但你总要应对有方。

许多年前，我接待过一位来访者。他自幼被过度强求，又被过度保护，内心有很深的压抑与恐惧，对人有很强的防御，甚至有攻击冲动。因为在人际关系中受挫，他把压抑的情绪投射到家人身上，亲人无奈，只有忍受。

在咨询室里，他也会把情绪投射到咨询师身上。他形成了一种恐怕自己都没有意识到的行为习惯：谁对他更友善、更安全，他就对谁更放肆、更不管不顾。他身高一米九，表情与动作僵硬，如同机器人。在面谈中，他会反抗我说的任何一句话，不断试探我的底线，拓展他放肆的空间。

有一天，他竟对我说他带了一把刀，可以在面谈室里把我杀死，然后不露声色地走出去，我的同事们都看不出任何异常。听了他的话，我抑制住内心翻涌而起的诸多情绪，最明确的是恐惧与愤怒。但我尽量保持一个咨询师的态度，用平静的话语提醒他。我甚至听到自己急促的呼吸声。我想，如果你对我不满意，为什么还要来面谈呢？但他又来了。在另一次面谈中，他说话更加放肆，竟然威胁到我家人的安全。这时，我内心深处潜伏的野蛮力量被他刺激出来，我决定赤膊上阵，与他殊死一战。我接下来的反应不再是一个咨询师的反应（当时我已经豁出去了，不要做咨询师了）。我意料不到的是，我极其冲动的语言反应，竟让这位来访者跟我的关系发生了转机。从此之后，我们的面谈以非常尊重的方式进行。这个青年在结束跟我的咨询之后，回到了他的生活中，发展得越来越好。他很认可我的专业，还介绍他生活中有需要的人来跟我面谈。

我接待过一个年轻的女性，她身世悲苦。母亲强势，父亲懦弱。她自幼接受母亲那种苦大仇深的养育，一方面说所有亲戚都看不起她家的人，一方面要求女儿拼命读书，成为人上人。来访者只读书，不与人交往。她压抑自己，对人怀有敌意，不通人情世故，却很知道利用他人来达到自己的目的。

在她初中时，母亲去世了。后来，父亲也生病了，在她大学毕业之后，就去世了。由于她没有收入，我为她提供减免费用甚至免费的谈话、课程、工作坊。她向我提出了一个不合理的要求，我拒绝了她。她从此对我心生怨恨，纠缠不休，甚至用一种很歹毒的迷信方式来对付我——把她死去的父母的墓照发给我，说让她父母的鬼魂来找我。我说：如果你父母魂灵有知，第一会感谢我为他们的女儿所做的一切，第二会为他们的女儿对我所做的一切感到羞耻。因此，我秉持着一种"平生不作亏心事，半夜不怕鬼敲门"的朴素心。

我从业二十多年，渐渐成为一个成熟的咨询师。我会尽力为每一个受伤的人疗愈伤痛，同时也能够理解"受伤的人也可能伤人"的情况，尽力避免被人所伤。像上面讲到的情况，越到后来就越不大发生了。

## 三、诱惑

当你选择做一个咨询师，你便将自己置身于诱惑之中。没有免于诱惑的咨询师。心理咨询是一种隐秘的工作，是两个人在一个私密环境中进行的情感性的深度互动。如果你不带情感，你体会不到对方的苦楚与处境；如果你带着情感，你会跟对方进入很深的层面，也会走到一种诱惑之境。可以说，心理咨询对咨询师和来访者都是一种诱惑。其中有一种诱惑叫"移情"。没有不带"移情"的心理咨询，但心理咨询师要用最好的方式应对"移情"。

诱惑之所以发生，在于我们每一个人都有需求的空缺。神经症的背后有创伤，创伤总是关系的创伤，创伤阻碍情感需求的满足，也就是关系或情感上的空缺。一个在关系上或情感上有空缺的人，在接受心理咨询的过程中，会获得一种新的情感经验：她被关注、被倾听、被同理、被尊重，包括得到几乎是恰到好处的理解与回应。来访者看到和感受到这一切，就会对咨询师产生一种移情。在适当的情况下，这种移情会让来访者完全敞开自己去接受心理咨询，从中充分受益。但它也有危险，如对咨询师产生理想化的认同，形成了一种非现实的臆想关系。这对咨询师来说，也是一种诱惑。再从来访者一方看，如果咨询师不能像来访者期待的（完美期待）那样做出回应，很可能在来访者那里引起相反的极端情绪，导致对关系的伤害，影响心理咨询的效果。

在咨询师这一方，我们必须承认，咨询师的生命也有空缺，也会有补偿的愿望。只要有空缺，就会有诱惑。心理咨询是生命的深处相遇，比一般人际交往更深。在咨询室里，两个有限的人相遇了。一个是生命还不够整合的咨询师，我们再假设他是一个相对年轻的男性。另一个是女性来访者，经历过关系的伤害，在情感上有空缺。她年轻貌美，出现了一定程度的神经症。一般人不理解神经症，但真正的咨询师了解。神经症是一道奇异的风景：敏感而聪明，美丽而多姿，有着常人身上所不见的奇特魅力。在生活中，对于这样一些有神经症的女子而言，她们的这种奇特魅力无比吸引人，但她们并不知道，或不以为意。因为关系的伤害与情感的空缺，常常会把人变成完美主义者，也就是被完美所驱使的人。我有时不免感慨，生活中有许多"正常"的女子，她们不仅正常，而且很好，却找不到好男人；而在一个个神经症的女子身后总跟着一个个很好的男人，他们不仅有能力，还有爱心与耐心。当我凑近来看神经症，在那里的许多人似乎不是人类，但也不是天使与魔鬼，她们介于人类与精灵之间——因为跟人类不一样，她们吸引着人类；又因为她们做不了天使，她们有时干脆做魔鬼，胡乱折腾，永不安宁。或者她们表现为天使，内心却有一个魔鬼，伺机而出。做天使时，她们美丽动人，又楚楚可怜，是在人间徘徊的受伤的天使。咨询师面对的诱惑是，他会殒身不恤前去相救，有时不免过了边界，陷入诱惑。

她们处于伤而未愈的状态，可能对咨询师"移情注目"，那却是一种从伤害与空缺里产生出来的"情"，是不真实的、不可靠的，容易导致更深的伤害与空缺。因此，咨询师面对这般奇特魅力必须学会止步，不伤害对方，也免于让自己受伤。咨询师不可不加辨识，甚至有意利用对方在"软弱"时产生的不真实的情感，这会给来访者造成新的伤害。这种在伤而未愈下产生的深情服膺，虽然在你看来美丽如天使，但也会在不经意中伤人，这也会给咨询师造成伤害。

诸如性的诱惑，或者一种亲密关系的诱惑，许多伟大的治疗师如荣格、皮尔斯、罗洛·梅、欧文·亚隆，谁没有遇过？我也遇过。因此，我很理解亚隆的提醒：你可以跟任何人，但不要跟你的来访者。此话已说到尽处。

科胡特说的一句话，"不带诱惑的深情，不带敌意的坚决"，是咨询师对待来访者的基本态度。

# 来自中国的声音

## 一、英雄与英雄崇拜

我想到徐志摩，他曾在美国、英国读书，结识欧美（特别是英国）各个领域的杰出人物，哲学家如罗素，作家如哈代、萧伯纳、狄更斯、卡本特、威尔士、曼殊斐儿、福斯特等，文论家如瑞恰慈、奥登、弗莱伊，经济学家如凯恩斯，汉学家如魏雷等，以及意大利作家邓南遮、法国作家罗曼·罗兰、印度诗人泰戈尔。他拜访活着的名人，又去祭扫已故名人的墓，如去俄国祭扫托尔斯泰的墓。在英国留学时，他把自己装扮成塞万提斯笔下的堂吉诃德，跟朋友一起在英国的大地上漫游。他仰慕英雄人物，从他们的生命与作品中吸收各样的养分。他说："我不讳我的'英雄崇拜'。"

我想起英国学者卡莱尔的《英雄与英雄崇拜》，书中列举了人类各个领域的英雄人物，如神话英雄奥丁、先知英雄穆罕默德、诗人英雄但丁和莎士比亚、教士英雄路德、文人英雄约翰森和彭斯、帝王英雄克伦威尔和拿破仑。

我也关注英雄与英雄崇拜这个主题。每个民族都有自己的英雄，一个伟大的民族会尊崇它的英雄，并创造一种培育英雄的文化。一个民族的伟大与繁盛，在于它的各个领域都人才辈出。民族式微之际，有人出来呼唤英雄。清朝末年，龚自珍曾经呼唤："我劝天公重抖擞，不拘一格降人才。"鲁迅写过《未有天才之前》一文，也是呼唤英雄的篇章，他期待中国的民众成为培育英雄的土壤。鲁迅的作品有一个主题，就是英雄遭到迫害，这也是鲁迅感受到的最深的悲哀。

2015年，我到英国参加第一届世界存在治疗大会，也深切感受到一种崇尚英雄的文化精神。我参观了威斯敏斯特大教堂，感慨尤深。这个大教堂其实是一个历代英雄的纪念馆，它为英国历史上各领域的英雄（诗人、作家、艺术家、哲学家、科学家、政治家）都留有一个被尊崇的位置。

在德国历史上，希特勒曾大肆迫害各个领域的英雄，尤其是犹太人英杰。其中，有人被杀死了，有人被驱逐了，有些人逃离了那片土地。当希特勒迫害犹太人的时候，美国成了无数卓越人才投奔的自由之邦。仅仅在心理学领域，美国就获得了大量优秀的心理学家，他们为美国带来心理学的蓬勃气象，由此心理学的重心从欧洲转向美国。

三十年前，我走出国门去的第一个国家是新加坡，后来去美国留学，再后来到欧洲、南美、韩国、日本参加国际会议。这些年来我做了两件事：一是把鲁迅介绍给更多的人，让他们了解这位中国思想界、文学界的英雄，同时也把我基于鲁迅直面思想的启发而创立的直面心理学方法介绍出去。二是我像鲁迅当年一样"走异路，逃异地，去寻找别样的人们"，就是在其他文化里寻求英雄。鲁迅在中国历史上看到"中国的脊梁"，还在西方文化里找到"精神界之战士"的人格，如尼采、托尔斯泰、叔本华、陀思妥耶夫斯基、克尔凯郭尔、奥古斯丁、歌德、雪莱、拜伦、易卜生、达尔文、卢梭、赫胥黎、拉马克等人。我们有一个共同的殷切期待：中国文化能够培育更多这样的人格精神。在几十年与世界的接触中，我也结识心理学领域的杰出人物，如美国的吉尔-奥斯汀、杜艾文、霍夫曼（Louis Hoffman）、克雷格（Erik Craig）、施奈德（Kirk Schneider）、孟德洛维兹（Ed Mendelowitz）、塞琳（Ilene Serlin）、鲁宾（Shawn Rubin）、杜布斯（Todd DuBose）等，以及华人心理学家、学者，如杨吉膺、陈心洁、吕坤维（Louise Sundrarajjan）、李梅（Meili Pinto）等。后来结识英国的斯皮内利（Ernesto Spinelli），到欧洲参加第一届世界存在治疗大会，又结识德意珍（Emmy Van Deurzen）、雅各布森（Bo Jacobsen），以及南美的马蒂内兹、斯诺莱莉等。在亚洲有新加坡的刘毓江、中国香港的曹敏敬、韩国的沈相权等，也有澳大利亚的甘瑟（Steve Vinay Gunther）等。我邀请他们来中国做研讨、做讲座、做培训，并跟他们有多方面的合作与交流。

最早，我跟富勒心理学院合作，邀请那里的教授如杜艾文、奥格斯伯克（David Augsburger）、陈心洁等人来直面做培训。后来，我又跟韩国专门心理治疗院沈相权博士、中国香港辅导机构的曹敏敬博士一起组织数届亚洲心理咨询联合会三方会议。接着，我跟霍夫曼和杨吉膺合作，联合美国与中国存在–人本主义心理学领域的专家学者，在中国举办了三届存在主义心理学国际会议（2010 南京、2012 上海、2014 广州）。同时，我也在南京和全国其他城市合作举办多场存在–人本主义心理学的研讨会、工作坊、培训课程，内容涵盖婚姻家庭、亲子关系、舞动治疗、析梦、催眠、哈科米、格式塔，以及教牧心理学、宗教心理学诸多领域。我所期待的是，在中国的心理学领域培育出一批具有"中魂西才"的专业人才。

# 二、来自中国的声音

许多年来，我到国外去学习或参加会议，有一个发现，也因而有一个感慨：来自中国的声音很少。

二十年前，我出去学习心理学，那时很少见到中国内地的学生出去修读心理学。来自中国台湾、香港的学生时而见到，来自中国内地的学生则难得一见。

后来，我到富勒心理学院做访问学者，也很少见到来自中国内地的学习心理学的留学生，依然可见的是中国香港、台湾的留学生。

再后来，我到赛布鲁克大学学习心理学博士课程（很短暂的经历），那里有来自中国香港和台湾的学生，从中国内地来的仍不大见到。

但到了现在，从中国内地去欧美学习心理学的人已经多起来了。过去曾经在直面接受过训练的有些人开始到国外学习心理学了，有到英国去的，有到美国去的，也有到加拿大去的。

2011 年，我到美国芝加哥参加人本主义心理学会的年会，还不曾见到来自中国内地的学者，只见到了来自中国港台和世界其他地区的华人学者。

2013 年，我去夏威夷参加美国心理学会年会，并在那一年获得美国人本主义心理学会的"夏洛蒂和卡尔·布勒奖"。美国心理学会年会是世界心理学领域的一个盛会，参加人数最多时能达到两万人以上，全世界各个国家都会派人来参加。在这年的会议上，我在会议手册里看到有从中国内地几所大学里来的中国学者，但在人本主义心理学会会场和授奖会场里没有见到他们的影子，或许他们在各自的专业领域的会场里吧。

在人本主义心理学会会场上和授奖仪式上，我遇到了来自美国的华人，包括后来来直面讲课的吕坤维、李梅，也有来自中国台湾大学和新加坡大学的心理学学生，她们看到有来自中国内地的心理学家获奖，感到十分惊讶，问我："内地还有如此厉害的心理学学者？"我回答了她们的问题。当时我还环顾了会场，看到的唯一一位来自中国内地的人，便是我的妻子。我不禁在心里问自己：中国内地的心理学学者在哪里？

前段时间，我去英国参加世界存在治疗大会，"中国内地的心理学学者在哪里？"又一次浮现在我脑海里。会场里有来自英国、美国、欧洲、南美、俄罗斯和乌克兰的大批存在主义心理学领域的心理治疗专家和学者，而来自中国内地的只有我和杨韶刚，还有一位美籍华人杨吉膺和一些来自中国台湾和香港的学者。但在这次会议上，我遇到了一位来自加拿大的华人学生，他九岁移民到加拿大，在麦吉尔大学修读精神病学与心理治疗。他的父亲希望他传承中国文化，他阅读了许多中国图书。在会议期间，他常常跟着我，在我演讲时还会提一些问题，又在会后跟我喝咖啡、探讨问题，并且表示要到中国研修，到直面心理咨询研究所来跟我们学习直面心理学，这是一件让我感到有些欣慰的事情。

会议期间，我还遇到一个中国人。她在澳大利亚和新西兰生活过一段时间，后来又到欧洲生活，但她一直携带着一个中国人身份及其文化认同，在世界各地的文化里漂流。她听到我的报告，激动万分，对我说："好高兴能够听到中国的声音，这太难得了！"

我和杨韶刚的演讲被认为是来自中国内地的声音，这来自中国内地的声音得到一大群美国心理学家的声援。基于我们过去在一起的合作，他们认同、支持我们的声音。在会议期间，除了欧美的声音，我们还看到俄罗斯和南美的存在治疗领域的专家学者充分显示他们强大的存在。

会议过去很久了，我一直在想，如果我们不去参加世界范畴的各种集会，这里就没有我们的声音，我们也听不到别人的声音。我们就很难了解世界，也很难被世界所了解。然后，世界对我们就会有各种各样的猜测，我们对世界也有各种各样的猜测，这些猜测无论好坏，都可能带来阻碍和麻烦。因此，当有这种世界范畴的集会时，我们需要到场，我们应该到场。

# 三、又有几位学者来直面了

最近，又有几位学者来直面心理咨询研究所举办讲座。他们都是曾经跟我有所交往的人，在这里，我用一种个人化的叙事方式来介绍一下他们。

## （一）李梅和她的丈夫

有一天，我接到一封来自霍夫曼的信件，在信中他向我介绍了李梅，他对我说，李梅是一个很好的人。然而，直到见到她后，我才了解到她有多好。她是我见过的最典雅的东方女性。她身上有一种和煦的善，跟她相处，我能够感受到她的耐心和宽厚。她的母语是英语，通过家庭教师学了一些中文。在面向中国的听众时，她会尽力用中文来演讲，慢慢地让思想流淌出来。

她出生在上海，幼年曾随父母在印度与日本居住，深受东方传统的滋养。稍大一点的时候，她的一家移民到了美国，在美国接受教育，对英美文学、儒家文化和心理学均有专业而深入的学习、研究。我猜想她气质的养成，与她的跨文化经历和对中西文化、心理学的研究是有关联的。

李梅的来访给我们提供了一个学习和感受的机会，她像《圣经》里说的"野地里的百合花"一样，平心静气、不喧哗、不急于显示自己，只是娓娓道来。听她的课，要放下急切的心情，耐下性子，慢慢品味，享受知识的滋润和灵魂的放松。

迈克尔（Michael J. Pinto）是李梅的丈夫，一个犹太裔美国人。如果我们了解一些近代以来的世界历史，就会发现在各个领域，犹太民族的杰出人物灿若星河，心理学的不少领域都是由犹太人开创的。

迈克尔的祖父母在纳粹的铁蹄下罹难，他随着家族来到美国，继承并开拓了家族的产业。他本人睿智、博学，是一位企业家，也是跨文化的学者。他和李梅在旧金山修读心理学博士时相遇成婚。

我第一次遇到迈克尔和李梅，是在几年前他们来到南京。我请他们去吃面，我们就在上海路一个小饭馆里愉快地谈话，度过了一段美好的时光。

再次见面是在夏威夷，我前往参加美国心理学会 2013 年的年会。在那里，迈克尔夫妇极尽地主之谊，在海边的一家高级餐馆招待了我和我的妻子。我们交谈、欢笑，之后又一起去吃据说是"世界上最好吃的冰激凌"，由于品种太多了，迈克尔俏皮地对我说："你把每一样都试吃一点，最后就不用买了。"然后，我们去看广场演出，聊天到深夜。我送给他一盒南京的雨花石，他很喜欢，告诉我要把这个东西镶嵌到他家院子的石柱上。

第三次见面是在广州，在 2014 年的世界存在主义心理学大会上。老朋友克雷格、迈克尔和我在一起谈话，克雷格告诉我，其实迈克尔非常富有，我这才知道迈克尔是一个"富豪"。之所以要打引号，是因为我回忆起第一次见面时请他们夫妇吃面的情景。他很富有，却很和善，很谦卑，完全没有"豪"的样子。他有七十来岁了，在世界各地旅游、讲课，希望把他的管理经验和商业心得告诉更多的人。迈克尔具有心理学的教育背景，获得了心理学博士学位，对我来说，他的品质和他的知识都值得体会、学习。

## （二）造诣高深的华人"老外"

吕坤维是当今世界人本主义心理学和本土心理学的重要领导者之一。早在认识她之前，我就听说过她，知道她是一个学识渊博、涉猎极广的学者，既有丰富的跨文化经验，又在宗教、文化、哲学、心理学等方面有广泛的建树。她在美国成立了"本土心理学工作组"，到如今已经召集了全球近两百名心理学家，每天都有这个领域的研讨和学术信息。经过霍夫曼和施奈德的推荐，我也加入了这个工作组，并且和吕坤维有了密切的交往。在这个"本土心理学工作组"里，我看到了其他一些来自中国内地的专家学者的身影，也听到了他们的声音。

最初看到她的名字——Louise Sundrarajan，我以为她是一个"老外"，见面时才知道她是一位华人。她出生于云南，在台湾长大，一直读到本科毕业，之后到哈佛大学读了宗教史的博士，又去波士顿大学读了咨询心理学的博士。她对中国传统文化有很深的经验和认识，还很喜欢中国的诗歌，曾让我向她介绍当代中国的诗歌。后来，我还向她推荐了鲁迅，她很喜欢，并专门写了文章介绍"直面"这个源自中国本土文化的治疗理念。

2013 年，我获得了美国心理学会人本主义心理学会颁发的"夏洛蒂和卡尔·布勒奖"，前往夏威夷参会、领奖。第一次跟吕坤维见面，她还邀请我一起吃饭和交流。她很欣喜地看到来自中国内地的心理咨询师在会上得奖，也很愿意为心理学在大陆的传播和发展贡献力量。这次她受邀到中国社会科学院讲课，我借机邀请她来南京讲课。

吕坤维走在当今世界人本主义心理学和本土心理学的前沿，并在这个领域有很重要的贡献。她是 2014 年美国心理学会人本主义心理学会"马斯洛奖"得主，最近还出版了她的重要著作——《理解中国文化中的情感：心理学的思考角度》（*Understanding Emotion in Chinese Culture: Thinking Through Psychology*），对中国本土心理学研究很有贡献。

我欣喜地看到，在世界心理学领域开始有一些华人专家学者的身影，其中有很优秀的女性，如吕坤维博士和李梅博士。

# 我在赛布鲁克大学

## 一、为什么去赛布鲁克大学

有多少人听说过赛布鲁克大学（Saybrook University）？赛布鲁克大学是美国存在-人本主义心理学发展的重镇，当存在主义心理学和人本主义心理学在美国兴起的时候，它相当辉煌。

许多人没听说过赛布鲁克大学，但一定听说过存在-人本主义心理学领域的这些闪闪发光的名字：罗洛·梅、布根塔尔、马斯洛、罗杰斯、欧文·亚隆、克里普纳（Stanley Krippner）、施奈德等，他们中间有赛布鲁克的创建者，有的则是这里的教授。施奈德曾来南京参加第一届存在主义心理学国际会议，也在直面心理咨询研究所和南京大学讲过课。不久，克里普纳将来直面举办一场催眠治疗工作坊。在赛布鲁克大学教书的教授还有霍夫曼、孟德洛维兹、鲁宾、塞琳等，他们皆是我的朋友，曾跟我合作组织第一届存在主义心理学国际会议。

到我这个年龄，还去赛布鲁克大学读书，修读人本、存在、超个人心理学博士，你们会不会觉得奇怪？但在美国，这并不奇怪。我在这批博士生中并不是最老的，自然也不是最年轻的。二十年前，我到美国安德弗·牛顿神学研究院修读心理学，完成了我的硕士学位。我本来的意图是进入另一所大学去读临床心理学或咨询心理学博士，再回国来从事心理咨询。但当时，由于我的妻子和孩子不能来美国，我只能回国，留下一个未竟之事，即没有实现我修读心理学博士的梦。那是 2002 年，我们成立了南京直面心理咨询研究所。后来，我又到富勒心理学院研修心理学，在那里学了几门心理学博士课程，同时做研究，这是 2008 年到 2009 年。回国后，我继续从事心理咨询实践。现在，到了 2014 年，我又来到赛布鲁克大学修读心理学博士。这背后有一个很强韧的动机：十几年过去了，那个未完成的梦时常在我内心冒出来，像一种难搔的内心之痒。来到赛布鲁克，我还有一个明确的动机，想更加深入而系统地研修存在-人本主义心理学，了解它所承载的文化根源与思想传统，包括它的实际训练或教育体系。

在中国的心理学教育中，应用心理学（如临床心理学、咨询心理学）方面的训练还是相当薄弱的。我举一个例子。国内一所著名大学近年来设立了咨询心理学硕士专业，我接触到其中一位研究生，他告诉我："我的同学中很少有人在毕业后从事心理咨询。"我问他："怎么会这样？"他说："大家都觉得做这个没什么意思。"我又问："那你们当初为什么要选择这个专业呢？"他说："许多同学都是从其他专业'调剂'过来的，不过拿它当跳板，将来跳到其他专业。"这是大学开设的专业，学生却觉得没有意思。在我们直面开办的训练课程，许多人花钱来上，还觉得有趣，甚至为之着迷。这到底是怎么一回事呢？在中国大学里，虽然有咨询取向的心理学教育，但缺少训练有素并具有临床经验的教授。教育体制也以"学术"自命，不大看得起心理咨询。其中，这"看不起"里也掩藏着一种专业实践能力的贫弱。这样的教育方式无法培养出有专业实力的心理咨询师，原因是：第一，它是没有意思的；第二，它与我们的生活无关（它成了自产自销的"学术"稻粱）；第三，它是无效的。

直面是一个小小的心理机构，但我们一直觉得自己要承担一点社会责任或使命。我们知道心理咨询的意义，因为我们每天接待来访者，帮助他们经历深层的改变。基于我们的专业实践经验，我们探索与发展自己的理论方法，训练从业者，为他们提供督导。我们让许多人觉得，学习心理咨询很有意思。我们不仅要做好心理咨询，帮助更多的来访者，还要做好心理咨询训练，培育出更多的心理咨询师。

我们也不是照搬西方的心理咨询，我本身就是一个扎根于中国文化的专业者。直面取向的心理学方法，是从中国本土文化里产生出来的心理学，它的文化根源是鲁迅的文化心理学思想和文学叙事。我们的心理咨询有自己的语言、叙事方式、阐释角度和文化洞见。我们最能感受和理解中国人的思想情感与生活处境。我们也学习西方的专业理论、方法及其背后的思想文化传统。西方大学的心理学教育也在经历不断的探索与更新。比如在美国，几十年前就有人批评心理教育，创立了新的临床心理学，其训练模式是"科学家 + 实践者"的训练。我刚开始在赛布鲁克大学学习时，就已经强烈地感受到，我们需要立身于自己的文化，创立自己的咨询心理学，建立自己的心理咨询训练体系。

## 二、重新回头做一个学生

去赛布鲁克大学学习，对我是一个很具有挑战性的经历，因为我从大学毕业已经许多年了，我需要重新调动和调整自己，投身于学习之中。比如，我的英文水平还要提升，我对电脑的运用也有局限。在面对压力的时候，我告诉自己三样事情：第一，自然，即学会接受现状。我对自己说："有困难是自然的事情，怎么可能没有困难呢？"第二，游戏。我用一种符合自己天性的游戏心态来学习，可以减少压力和焦虑。第三，使命。我来学习的目的，不只是为了完成一个未完成的个人梦，更是通过学习西方心理学，回国来发展我们自己的心理学。这个使命给我带来动力。

在我申请来赛布鲁克大学读博士之前,这里的好几位教授都是我的好朋友。这些年来,我们合作组织存在主义心理学国际会议、研讨会、培训课程、研究与出版。他们对我有很高的评价,在国际会议场合介绍我是"中国的罗洛·梅"。因为他们的推荐,我还获得了美国人本主义心理学会的一个重要奖项,叫"夏洛蒂和卡尔·布勒奖"(2013,夏威夷)。我被认为是世界存在–人本主义心理学领域的一位领导者。当我提出申请来赛布鲁克读博士时,霍夫曼很惊讶,说:"你可以到赛布鲁克来教书。"他还告诉我,存在–人本主义理论取向的博士课程必读资料中,还有我的英文论文。杜艾文教授也很惊讶,在他的眼中,我是在本土心理学领域有所建树的人。尽管如此,我还是决定去赛布鲁克大学读书,做一个学生,完成我的心理学博士学位。

## 三、方法论

我曾在中国修读硕士和博士,所接受的教育对方法论是有一定要求的,但不像西方研究生教育那么看重。也许几十年过去了,情况发生了变化。在西方,特别是博士教育,方法论是一直被看重的。基本来说,方法论包括量化研究、质性研究,以及两套方法体系的混合研究。根据我在赛布鲁克大学第一个学期的学习经验,方法论是最重要的课程。教授几乎是手把手教你,每门课的教授都在强调,要把研究方法学好。博士训练的意思就是,要想成为一个科学家,即某个领域的专家,你必须具备相当的研究能力,而研究方法的掌握是对这种能力的基本训练。在质性研究中,我最喜欢的方法是叙事分析方法。这种方法不完全是我在这里学到的,它本来就是我的个人倾向,甚至在我知道有这种研究方法之前,我基本上就是这样做的。现象学方法也是我喜欢的。其他的研究方法还有个案研究、民族史方法、生根方法……

在我的咨询经验里，一些到国外留学的中国学生在求学过程中出现了一些困难，背后有许多原因，如家庭的过度保护、孩子的自立能力不足等，也有跟学习相关的原因，比如缺乏自主学习的能力、对新的学习方式不适应，也包括研究方法上的挑战。方法论是科学研究中最重要的部分。科学心理学是西方心理学的主流。在美国心理学领域，科学倾向是主导性的，表现为对生物学、脑神经、实证主义、结构化方法等非常强调，而存在-人本主义取向的心理学在二十世纪五六十年代一度兴盛，现在却在经历一种衰退。美国《人本主义心理学家》刊物的主编叫邱吉尔（Scott Churchill），他也是赛布鲁克大学的客座教授，我上过他的课。有一次，我跟他在一起吃饭，他讲到这个刊物的订数越来越少，包括在被称为存在-人本主义心理学重镇的赛布鲁克大学，其师生中都没有多少人是这个刊物的订阅者。他还提到一个极端的例子，在美国某大学的心理学课堂上，一位心理学教授声称：人本主义心理学已经不复存在了，建议学生把罗杰斯的书扔到垃圾桶里去。西方的情况常常是这样：科学与人文是并存的。当科学走到极端，西方文化中有关精神、情感的部分就会涌现，对之进行反向调节。比如，在二十世纪五六十年代，行为主义心理学以科学自居，走到刻板僵化的地步，便出现了以罗杰斯、马斯洛、罗洛·梅、布根塔尔等为代表的人本主义心理学，对行为主义心理学形成一种纠偏的作用。我个人也觉得，在西方社会，技术是其优势，但也会出现"太科学了"的情形。因此，当我们想到建立中国心理学，科学方法是我们需要学习的方面，而文化才是更重要的基础。中国文化里有很深的人文取向，有很丰富的有关关系的、情感的、自然的、整体关照的内涵，会让我们更能接纳罗杰斯、马斯洛、罗洛·梅、布根塔尔等，包括现在正在中国产生很大影响的欧文·亚隆。

## 四、专业精神

为什么赛布鲁克大学的心理学教育如此强调研究方法，因为这代表着一种对专业性的重视。专业首先是一种严谨的工作态度，其次是一种严格而有效的工作方法。赛布鲁克大学的心理学博士教育强调专业性。这是指，你接受专业教育，是要成为一个有品质的专业者，你将来的工作是一种专业活动，你必须遵守专业规范。这种专业精神渗透在西方社会里。2008 年，我和孙闻在富勒心理学院做访问学者。我们的儿子和女儿在美国读六年级。我有一次去他们班上，看到墙上贴的四条班规，其中第一条是：Be a professional student（做一个具有专业品质的学生）。我当时感慨，这种对专业精神的强调真是无处不在啊。不管你在任何领域工作，你都得尽力做得专业。

在赛布鲁克大学学习的时候，有一件事给我留下最深的印象，它反映了人们在学术训练中对知识产权的保护意识。在我上的课程中，有一个词几乎时时刻刻都会听到，因为教授们反反复复都在那里提醒：Do not plagiarize（不要抄袭）。这种警告的声音随处都在：你不可以抄袭，永远都不要做这样的事情。如果你这样做，一定会毁掉你的学术生涯，毁掉你的职业发展。只要你接受心理学博士的训练，这声音就会铭刻在你的内心，甚至贮存在你的潜意识里，成为你一生的提醒。

我曾跟国内外同行合作组织过几届存在主义心理学国际会议，包括这个专业领域的中西方对话，我的印象是：我们的专业性不足。相对于西方对话者的训练有素，中方参与对话的人的水平有点参差不齐。不管是主题报告、分会场讲演、带领工作坊，总有一些中方发言者显得相当浪漫、想当然，甚至想象力泛滥，比如有人呈现自己从中国文化里提炼的方法，但缺乏临床基础，还有人宣称自己创立了包揽无余的心理学理论方法，但听起来大而无当。

我由此想到，如果不强调专业性，不建立知识产权保护，我们怎么能建立自己的专业品质呢？如果天下文章一大抄，有谁还愿意去做原创性的工作呢？

# 五、西方思想传统

在赛布鲁克大学上课，还有一个方面给我造成冲击，就是我们对西方思想传统的了解与理解不够，甚至不对。我读大学的时候，赶上中国改革开放，大量西方思潮进入中国，我们觉得新鲜，有强烈的好奇心和求知欲，读了一些西方哲学、心理学、文学的书。这是很好的，却是不够的。在这之前，许多人研究西方思想传统，也是单一的视角，讲的是我们一厢情愿的观点。我曾经参与组织几场存在主义心理学国际会议，目的是推动这个领域的东西方对话。记得有一次，中国的教授做主题报告，对西方的哲学思想做评判。我问在场的西方学者，他们说，发言者的观点大多是错的，是过于简单化的结论。这就是我们过去一直采用单一视角看西方思想造成的麻烦。我们可以视角不同，但不要视角单一。

在赛布鲁克大学，我听了几个教授讲现象学，讲存在主义哲学，讲胡塞尔，讲海德格尔，讲西方哲学传统，包括克尔凯郭尔、尼采、萨特、蒂利希、马丁·布伯等。我想到，我们学习存在－人本主义取向的心理学，特别需要了解它背后的哲学思想。

我还发现，对于欧洲存在主义思想传统，美国的一些学生也不是那么熟悉。罗洛·梅被称为美国存主义在心理学之父，他代表在美国发展出来的与人本主义心理学结合紧密的存在主义心理学，其存在哲学的思想影响来自蒂利希的存在哲学与神学。这个领域的领导者还有布根塔尔、莫斯塔克斯（Clark Moustakas）、夏洛蒂·布勒（Charlotte Buhler）。在欧洲大陆，存在主义心理治疗领域还有一些开创性的人物,包括梅达尔·博斯(Medard Boss)、宾斯旺格(Ludwig Binswanger)、弗兰克尔、莱因(R. D. Laing)等,他们的存在治疗常常被称为存在分析,其思想承传是存在主义哲学、现象学,同时与精神分析关系很近、很深。

说到这里,我想起霍夫曼在中国的一次经历:2010年第一届存在主义心理学国际会议在南京召开。在霍夫曼演讲后的问题回应环节,一个中国高中生用地道的英文讲到尼采,并向霍夫曼提问:"美国的高中生怎么看尼采?"这个问题让霍夫曼感到震惊,他回答说:"我不知道在美国有多少高中生听说过尼采。"霍夫曼初来中国,这个提问的高中生给他留下的印象太深了,他惊叹中国高中教育太了不起了!回到美国后,霍夫曼写文章批评美国教育,赞扬中国教育,举了这个中国高中生的例子。我把霍夫曼批评美国教育的一篇文章拿给我儿子看,我儿子看了说:中国的高中生也不是都知道尼采的!

# 六、关于诚实

结束了十天在赛布鲁克大学的密集课程,在回国之前的两天,我住在霍夫曼家。鲁宾跟我一起也住在他家。大家都是朋友。鲁宾是《人本主义心理学刊》的主编,他对霍夫曼说"王学富是中国的罗洛·梅",并邀请我做《人本主义心理学刊》的编委。

2008年到2009年,我在美国富勒心理学院做访问学者,霍夫曼当时在洛基山大学教书,他组织了一个存在主义心理学研讨会,我也受邀参加。那次我也是住在霍夫曼家。他的大儿子叫拉科达(Lacoda),跟我很亲近,叫我"爸爸富"(Baba Fu)。一天半夜,拉科达竟然从楼上走下来,爬到我的床上,跟我睡在一起。霍夫曼十分惊讶。他儿子从来没有对家庭之外的任何人表现得如此亲近。这次,我又来到霍夫曼家。拉科达已经长大一些了,在读小学。

这天，我和鲁宾坐在霍夫曼家的客厅里，拉科达向我们讲起他在学校的一个遭遇。鲁宾也是做儿童心理学的，跟拉科达很熟悉，对他做了回应。拉科达说，有一个同学叫他去打另一个同学，他觉得这样做不对，没有去打那个同学。但老师认为他打了，他觉得很委屈。拉科达说："这下我可为难了，我该怎么办呢？"鲁宾说："如果你没打，你就说我没打。如果你打了，你就向对方道歉。"鲁宾就说了这两句很简单的话，是用很坚定而明确的语气说的。对此，我颇有感慨。好的教育有时就这么简洁："如果你没打，你就说我没打。如果你打了，你就向对方道歉。"鲁宾没有把事情弄得复杂化：第一，以为拉科达不会打同学，老师误解了孩子，为拉科达打抱不平；第二，以为拉科达一定打了他的同学，坐在那里把拉科达教育一番。

这就是诚实教育。诚实是重要的品质，诚实教育要落实到具体的地方。有时候，诚实会被看作傻，不诚实反而被认为是聪明。有人不诚实，说假话，没有受到批评和惩罚，反而得到许多好处。因此，我们不仅要培育诚实，鼓励说真话，还要创造一种新的文化，让诚实、说真话得到赞赏和奖励，让不诚实、说假话没有空间，处处受阻。

# 五、超个人心理学

我在赛布鲁克大学的专业方向是存在、人本、超个人心理学。大家对存在主义心理学、人本主义心理学可能有所了解，但对超个人心理学可能了解不多。在赛布鲁克大学，有一位重要教授叫克里普纳，是超个人心理学领域的一位重要学者。超个人心理学也是赛布鲁克大学的一个学科。在旧金山还有一所超个人心理学院（Institute of Transpersonal Psychology），国内有一位在心理学领域活跃的华人心理学者叫张宝蕊，她就毕业于这个学院。但听说几年前由于经费困难，超个人心理学院被一个商人买了下来，转变成了一个商业学院，但保留了超个人心理学这个专业。在美国，一些人文取向的心理学陷入危机，包括人本、存在、超个人心理学。据说，赛布鲁克大学也出现了经营困难。半个多世纪以前，人本主义心理学在美国兴起，其中最重要的领导者是马斯洛，他也是超个人心理学的一位开拓者。人本主义心理学关注的核心问题是"成为一个人意味着什么"，并对个人成长、发挥潜能、追求自我实现进行了广泛、深入的探索。超个人心理学把对人的探索延伸到一个更广阔的领域，整合人类经验中的灵性、超越性的体验，也有人把它称为"灵性心理学"。之所以称之为"超个人"，是因为它超越了个人的成长与生活经验，探索人类灵性意义的发展，包括巅峰体验、神秘经验、灵性危机、宗教皈依、意识转换状态、灵性修练、意识状态、终极潜能等。超个人心理学把人类各个文化传统中的古代神秘知识与现代心理学知识整合起来，为现代心理治疗、精神治疗提供了一个更大的参考系统。对这个领域提供重要的理论基础的人物有威廉·詹姆斯、荣格、阿萨焦利（Roberto Assagioli）和马斯洛。

## 六、也谈文化

有一个学者叫陈丹青，他谈到在美国读书时的一个观察发现。他在美国大街上看美国人，有了一个发现：美国人都长了一张不受欺负的脸。这简直是一个具有神经质敏感的艺术家的天才发现。

我在美国的经验也是这样：许多美国人在礼仪上做得周到，也相当宽容。但如果你的行为是直接的冒犯，许多美国人会做出直接的回应，不会平白无故忍受，更不会出于什么考虑或顾虑而让自己受人欺负。陈丹青所说的"不受欺负的脸"不是长出来的，而是在那个文化中形成的。

我也有在别人看来有点奇怪的观察和思考。有一次，我和一位美国心理学家交谈，她叫海里（Myrtle Heery），是布根塔尔的嫡传弟子。我们谈到美国社会有一个很好的礼仪空间，人与人之间表现得非常友善。这里有许多原因，比如，在个体主义的文化里，对个体的保护意识很强，人与人之间边界分明，有时也难免产生距离，而距离远，就会显得冰冷一点，就需要一种社会礼仪的温暖来调和一下。谈到这里，我问海里：美国人的公共礼仪与美国人可以私人拥有枪支有没有关系？她理解我的意思，肯定地回答说：有。这听起来显得有些奇怪。拥有枪支，竟然会让人与人之间变得尊重一些、客气一些。

到美国去我还有一个观察，就是美国人对世界了解得并不多，也不深，但世界对美国了解很多，也很关注。作为一个移民国家，美国成了一个大熔炉、一个大舞台。你可以看到全世界都在那里展示自己的文化，至于那些展品背后更深的文化意味和传统，美国人也不大知道。因此，大概可以说，一般美国人对世界的了解其实是走马观花，甚至是在自己的国家里走马观花。最近一些年，美国人逐渐意识到要去了解世界，有更多的美国人到世界各国去，而大学也开始开设一些课程，让美国学生走向世界，拓展自己的文化经验。

在中国也有这样的情况。一些人出国旅游，也是走马观花。虽然许多留学生到世界各国交流学习，但对当地文化的融入度不够，并没有真正地了解和理解当地文化。虽然我们引进了不少西方的东西，如近代科学技术，也包括心理学，但对它们背后更深的文化根源需要有更多的了解。

# 七、美国人对中国的印象

在赛布鲁克大学的这段日子，在公共场合，也会有人过来跟我打招呼，往往是那些对中国有一点了解的人。他们跟我聊起他们的中国经验。有些人并没有直接的中国经验，却有家人在中国做生意，也会跟我讲一讲他们听到的中国故事。

在近些年来，在美国民众里，我可以感觉到他们对中国多了一些顾虑。举例来说，这里有一个教授，教的一门课叫创意写作。他也是好莱坞的编剧，颇有影响力。他曾来中国参加过第二届存在主义心理学国际会议，我们做过交谈。我对他有一个印象：他好像具有一种超语言的感知力。有一天，我在会场上跟他坐在一起，台上有一位中国演讲者在做自由分享，当时并没有翻译。这位教授能从演讲者的动作、神情和现场氛围感知一些内容，包括对方是一个怎样的人、在表达什么，以及现场的反应意味着什么，而它们跟我听到和看到的一样。我们交谈得颇为相通。我到赛布鲁克大学来修读心理学博士，他见到我时颇为惊讶，并邀请我喝杯咖啡，一起聊聊。虽然有时意见相左，但并不妨碍我们收获谈话的乐趣。

在我的接触中，也有许多美国人保留着对中国的兴趣与善意，甚至对中国有一种童话般的情感，而这往往来自他们幼年时的经验。很有趣的是，许多美国人对中国了解得很少，但有一件事是美国人总会跟我讲起的——他们小时候，父母会说："你从我们家院子挖一个洞，挖呀挖，通到地球另一边，你从里面钻出来一看：啊，到了中国！"也可能因为这个，一些美国人对中国带有一种神奇的向往。对于那些从没来过中国的美国人来说，他们内心里有一个神秘的中国。比这更早十来年，我在美国读书，我妻子给我寄来她和儿子的照片，其中有一张照片是她带儿子到农家乐游玩，那里有手动纺纱机的展览。我妻子纺纱时拍了一张照片，寄给我。美国的同学看了，以为这就是我和妻子在中国的生活，还很新奇地说："哇！"也是在赛布鲁克大学，有一位教授叫泰勒（Eugene Taylor），是存在-人本主义心理学领域的历史学家，是研究威廉·詹姆斯的顶级学者。他读了不少关于古代中国的书。他从来没有来过中国。我们在一起吃饭时，他问了我一些问题，都是关于他读的书中的中国，是一百多年前的中国，甚至更古老的中国。

# 八、造就英雄的文化

我的另外一个文化观察与反思是关于英雄。每一个民族，每一个文化，都有自己的英雄。一个民族、一个文化在怎样看待和对待自己的英雄，这反映的是该民族、该文化的品质所在。西方人有强烈的成为英雄的渴望，而他们的文化里也有许多支持与造就英雄的意识和意愿。大体来说，只要你做得好，就会有人来欣赏你、支持你，并邀请你进入某个会成就你的资源系统。你做得更好时，就会有人来讲述你，认可你的贡献，给你相应的奖励。你死了，会把你纳入英雄谱系，成为这个文化里的英雄传统。他们也有很强的英雄不问出处的态度，比如美国 NBA 会认可这个领域的本国英雄，也会认可姚明，不大去管你来自哪个国家。结合我个人的经验也是如此。比如在美国存在-人本主义心理学领域，他们自然会推举自己的英雄，同时也会认可来自其他文化里在此领域做出贡献的人。2013 年，我获得美国心理学会人本主义心理学会"夏洛蒂和卡尔·布勒奖"，就是一个让我自己信服的例证。

在赛布鲁克大学，有一个罗洛·梅纪念馆，其实是一个小小的图书室，存放着罗洛·梅的书和一些纪念品，被视为赛布鲁克大学乃至美国存在-人本主义心理学的思想遗产。这里的教授很乐意跟我谈起罗洛·梅，视之为他们心中的英雄。下一代的教授们也很乐意把自己归属于美国存在-人本主义心理学谱系，如施奈德、孟德洛维兹、塞林对罗洛·梅的承传，海里、霍夫曼对布根塔尔的承传，鲁宾是穆斯塔克斯的嫡传弟子。另外，克雷格把自己视为斯泰因（Paul Stern）、穆斯塔克斯，以及欧洲谱系中博斯的承传者。

当今世界有一个显著现象：犹太文化培育出世界许多领域的优秀人才，包括心理学领域，犹太人奠定了它的基础，并引领着它的方向。

那天在赛布鲁克大学，我跟孟德洛维兹见面了。他是一个犹太裔美国人。我们坐在大厅的沙发上，他回忆起我曾经对他说的一句话，我听了颇有感慨。他说："学富，我至今记得我们几年前的谈话，你对我说，在这个世界上，只有中国人和犹太人真正理解悖论。"

我又想到，第二届存在主义心理学国际会议在上海召开，会前有一个夜游黄浦江的活动，晚宴在游轮上举办。在一张小餐桌上，我和另外两位参会者共进晚餐：一位是韩国学者，另一位是瑞士心理分析师。这位韩国学者对中国很了解，他问了我一个问题："瑞士有八百万人口，产生了那么多著名的心理分析学家。中国有十几亿人口，你们有多少心理分析学家？"我听了，却颇为羞愧，回答不出这个问题。

我为什么总谈鲁迅？在许多年前，鲁迅写过一篇文章《未有天才之前》。他提醒我们的民众要做培养天才的土壤。鲁迅的文学反映出一个最深刻也最悲哀的现象，就是英雄被庸众谋杀。英雄不是没有产生，而是被庸众谋杀了，被不珍惜英雄、反而忌妒英雄的庸众谋杀了。最普遍的两种谋杀方式：捧杀与棒杀。

天才很容易受攻击，因为他们是人，他们有单纯的心，单纯的心更有创造力，却也更容易被利用和残害。鲁迅感到苦闷、激愤，他提醒、呐喊，说：我们的民众要成为培育天才的土壤。但有多少人能听懂他的呼唤？有多少人知道他为什么这样呼唤？

现在很多人有这样一种心理，倾向于认为别人不行。但当别人行了，得到了什么，人们会说："为什么是他？"言下之意是，为什么不是我？我为什么有这个感慨，也是从自身说起。我在从事心理咨询，并基于鲁迅的直面思想和二十年的专业实践经验，正在总结和创立一套中国本土的直面取向的心理学方法。在赛布鲁克大学，在富勒心理学院，后来又在世界存在治疗大会上，人们听到了这个来自中国的声音。2013年，我和直面心理咨询研究所获得了美国心理学会授予的"夏洛蒂和卡尔·布勒奖"。我们不羞于做英雄，我们正在朝成为英雄的路上行进，我们在自己的文化里寻找对话者，我们也在另外的文化里找到了可以对话的人，当我们发现"英雄所见略同"，我们内心就有惺惺相惜的感觉。

（2015 年，根据作者在直面心理咨询研究所的演讲整理
而成）

# 我参加世界存在治疗大会

我刚去参加在伦敦举办的世界存在治疗大会，今天跟大家做一个分享。内容很多，时间却短，我做一个随意的分享。

直面把这个分享会的消息发出去之后，我接到一个朋友的电话，她在电话里向我抱怨，说分享会应该在一个星期之后举办，那样的话，她就可以跟她的朋友们从西安赶过来参加。她是一个存在主义取向的治疗师，最近还出版了一本书，介绍存在治疗领域的一些人物，其中包括我。在电话里，她还有一个抱怨，说我在中国存在治疗领域没有承担一个领导者的角色。

我反思了一下，大概是我有一种"约拿情结"吧，似乎从很年幼的时候开始，我就不敢做一个领导者。当有人要我出来带个头的时候，我的第一个反应就是找一个地方躲起来。只要一说带头去做点什么，我就有点害羞，总想回避。从这个角度来看，你们大概也知道为什么我提出"直面"取向的心理学治疗，它最初的动机恐怕是提醒我要治疗自身的逃避倾向。我以我自身来证明，一个习惯逃避的人选择了直面。

一些年前，我妻子做了一个比喻：你本来是一只老虎，却装成一只猫，一路对其他动物说："我是一只猫，你们不用怕的。"但许多动物见到你都纷纷逃跑了。它们本来是要跟着一只老虎的，但这只老虎却说自己是一只猫，他们就害怕了，跑掉了。而且，老虎们也不来找你，因为你不敢声称自己是一只老虎。

我明白了，如果是一只老虎，就做一只老虎。如果是一只猫，就做一只猫。现在，在存在治疗领域，人们认为我是一个领导者，是一只老虎，我就不能故作谦虚说我不行，我是一只猫。我不再害羞，也不要回避。

第一届世界存在治疗大会于2015年在伦敦召开，这是有史以来这个领域前所未有的盛会。全世界许多国家派代表来参加，参会人数达千余人。大多数参加者来自欧洲各国、美国、阿根廷、俄罗斯、乌克兰和澳大利亚；来自亚洲的人很少，有韩国的，有日本的，有中国的。有一些人来自中国台湾和中国香港，而来自中国内地的只有两个人：我和杨韶刚教授。

这次大会最主要发起人是德意珍（Emmy van Deauvan），她至少有两本书已经被翻译成中文。她是当今世界存在治疗领域的领导者之一。她的丈夫叫坦塔姆（Digby Tantam），是一个存在主义取向的精神病学家。他们夫妻联合欧洲、美国和世界其他国家的存在治疗领域的领导者，组成了一个科学委员会，共同筹备这次大会。德意珍是一个非常勇敢的女性，她让人想到欧洲历史上一些伟大的女性，如贞德、波伏娃等。德意珍是存在治疗领域的一位女英雄，她身上有一种战斗精神。她讲述的存在治疗里有丰厚的欧洲哲学思想承传。第一届会议结束时，南美存在治疗协会会长苏姗娜·西尼奥雷利（Susana Signorelli）将负责承办第二届世界存在治疗大会。德意珍把接力棒交给苏珊娜时，对她说："不要让任何人阻止你做成这件事！"

德意珍做了会议开场主题报告。她的报告像是存在治疗的宣言，充满了思想的闪光与战斗的激情。我在这届会议中有机会对她说："希望你的声音在中国能够被听到。"我回来后还在想，或许可以要求她把演讲稿和录像送给我们，我们把它翻译出来，发布出去，让中国心理学界听到她的声音，知道存在治疗领域里有这样一位领导者，她发出的声音很鼓舞人心，也充满了存在主义思想的智慧。

克雷格是德意珍首场报告的主持人。克雷格是我的老朋友，我习惯叫他艾瑞克。他也是世界存在治疗领域的一位领导者。他连续参加了三届在中国举办的存在治疗国际会议，多次在直面心理咨询研究所举办存在治疗工作坊，包括存在–现象学取向的析梦工作坊。他是我学习析梦的一位重要老师，跟我有深厚的兄弟情谊。他所到之处，都讲到存在主义心理学在中国的发展情况。因此，在他作为主持人的简短发言中，他也不失时机地向来自世界各国的参加者提及我和霍夫曼的名字，以及我们在中国推动存在主义心理学的合作。

第二场主题的演讲者是施奈德。他是美国存在–人本主义心理学领域的代表人物，被称为美国存在–人本主义心理学发言人。2010年，施奈德受邀参加第一届存在主义心理学国际会议（南京），做了开场主题报告，介绍他倡导的"基于敬畏的心理学"。他也曾在南京直面心理咨询研究所、南京大学、复旦大学、广东外语外贸大学做过存在主义心理学演讲。他的书正被翻译到中国来，特别是安徽人民出版社把他的书作为"存在心理治疗丛书"出版，我受邀做这套丛书的主编，我在丛书"序"中对施奈德做了介绍。他的思想非常值得我们进一步了解。

第三场主题的演讲者叫兰格尔（Alfred Langle），是欧洲存在治疗领域的一个重要领导者，堪称弗兰克尔（意义疗法的创立者）的传人，是弗兰克尔学院院长。他的演讲主题是介绍和阐释弗兰克尔的思想。他的机构提供意义疗法的专门训练。

亚隆是这次世界存在主义大会的特邀演讲者。他年事已高，不能亲临现场，大会安排了一场特别的方式——通过视频让在美国家中的亚隆接受了一场跨洋采访。亚隆就采访者提出的问题做了颇有个人魅力的回应。大会播放了亚隆的个人生活纪录片。亚隆在对话中说了一句颇有意味的话。他讲到自己一生受到各种欲望的驱动与经历的个人挣扎，然后用带有一种自嘲意味的幽默感总结道："现在，我已经八十多岁了，可以安然享受做一个好人了。"亚隆是继宾斯旺格、博斯、弗兰克尔、罗洛·梅、布根塔尔等存在治疗先驱之后走到前沿的心理治疗专家，是团体治疗的领导者，也以其存在治疗性质的小说享誉全球。

第一届世界存在治疗大会的筹备工作在四年前就开始进行。两年前，在施奈德和克雷格推荐下，我加入世界存在治疗大会的筹备委员会，也称为科学委员会。可惜的是，我在国内没有真正宣称，或者宣称了，但因为人微言轻，国内很少有人知道这个盛会，因此参加者寥寥——前面说过，只有我和杨韶刚教授。在欧洲，来自中国的声音是相对稀缺的，但在这届世界存在治疗大会上，有了一点来自中国的声音。

首先，我做了一场演讲，是以工作坊的形式进行，讲了两个多小时。我向听众介绍了鲁迅与直面这个概念，以及我们创立的直面取向与存在性质的心理学治疗模式：直面疗法。我还参与了一场圆桌讨论和一场案例报告。大会选择了五个国家（美国、中国、俄罗斯、阿根廷、葡萄牙）的代表做案例报告，呈现在各自的文化中进行存在治疗的经验。我作为中国代表做了案例呈现，并回应问题。

杨韶刚教授也做了演讲，并参与圆桌讨论。杨韶刚是中国存在主义心理学领域的重要学者，也是国内存在主义心理学著作最重要的译介者之一。他在这个领域出版了研究专著，翻译了罗洛·梅、施奈德、莱因、荣格等人的大量著作。

我的工作坊来了不少人，有欧洲人，有跟我关系很好的美国存在－人本主义心理学家、赛布鲁克大学的博士生们，还有来自拉丁美洲和俄罗斯的专业团队，也有两位旅居海外的华人和华人留学生。我的演讲进行了两个多小时，其中包括提问和回应的环节。有一个英国人向我提出一个颇有挑战性的问题，我自然而坦诚地予以回答。真正对我有些挑战的问题来自一个中国留学生。在我讲完鲁迅之后，他当即站起来表示他不喜欢鲁迅，并对我有关鲁迅的观点逐一提出反对。这个年轻人来自上海，九岁移民加拿大。但他的中国文化的底子是很好的，阅读过大量的中国古代和近代的经典著作。他在提问中讲到鲁迅，讲到钱穆，讲到中国古代哲学，简直如数家珍。他在加拿大一个非常有名的大学修读精神病学和心理治疗，我相信他经过训练有素的教育，会成为此领域的重要专家。在我演讲之后，他请我喝茶，借机跟我交谈。我们就鲁迅做了更进一步的交流。他对我的观点开始有所接受，并且表达了他的一个愿望：有机会来南京跟我学习直面取向的心理学。我很高兴看到海外有这样优秀的年轻华人，觉得我们国家需要这样的人，在精神病学和心理治疗方面都接受过专业训练，并不局限于生物医学的范畴，且对文化、人性、中西方的思想传统都有深入的了解和思考。

还有一位海外华人听众，她来自中国内地，旅居欧洲。听了我的演讲，她非常振奋。在大会安排的游泰晤士河的游船上，她过来跟我交谈，说没有想到在欧洲竟听到中国心理学专家的声音，能够用英文呈现案例和表达思想，让她这个海外游子感到无比激动和自豪。从她身上，我看到一种中国的根与情。

我的演讲还得到一批来自南美的听众的热忱赞赏，也有一位俄罗斯存在治疗领域的专家向我表示，我的演讲是她favorite（最喜爱的），让她产生很深的思想共鸣。在会议接近尾声的时候，我跟本届大会的组织者之一的兰格尔做了简短交谈，他对我说：有人向会议报告，说我的演讲做得很好。（注：会议之后，我的演讲稿作为论文在英国《存在分析》上作为首篇发表，显示他们对来自中国的声音相当珍惜。这是后话。）

在这次会议上，一直都有一种对中国代表随时表达支持的声音，这声音来自一批美国的存在-人本主义心理学家，如霍夫曼（赛布鲁克大学教授，美国人本主义心理学会前任会长）、鲁宾（美国人本主义心理学会现任会长，《人本主义心理学刊》主编）、克雷格、施奈德、杨吉膺（华人存在主义心理学家），以及赛布鲁克大学的存在主义心理学博士生们。自 2007 年开始，我们一起在中国推动存在主义心理学东西方对话，包括组织国际会议、开办课程、举办工作坊、合作出书等。可以说，这次世界存在治疗大会上的中国声音是美国人和中国人一起喊出来的。

我在演讲中展示了一张照片，是我带一家人到绍兴参观鲁迅故居时在鲁迅像下的合影。我跟听众开了一个玩笑，指着鲁迅的照片说："这是我的父亲。"他们颇为惊叹。然后，我解释说："鲁迅是我思想意义上的父亲（intellectual father）。"他们连说哦哦，明白了我跟鲁迅的关系。

大会安排了一场案例报告，也是颇有意思的。他们选取五个专家（每个人代表自己的国家），分别来自阿根廷、美国、俄罗斯、中国、葡萄牙。具体是，苏珊娜代表阿根廷，克雷格代表美国，斯韦特兰娜（Svetlana Krivisova）代表俄罗斯，丹尼尔（Daniel Sousa）代表葡萄牙，我代表中国。雅各布森是这场案例研讨会的主持人，来自丹麦。我们每个人轮流讲话，不是讲自己的文化、理论、哲学，而是呈现一个具体的案例，用来反映存在治疗在各自国家文化处境中的特点。其中，我呈现了一个案例，对其艰深与复杂的文化根源做了分析，并回应了听众的提问。

我在国内做心理治疗，时常会遇到一些艰深而复杂的案例。在当今的欧美，由于心理治疗已经发展得相当完备，只要心理症状一发生，就会得到各种专业的治疗，一个人的症状一般不会发展到如此艰深而复杂的状态。而在中国，一些相当严重的心理异常，基本上是到医院诊断、开药和住院，不大能得到真正的心理治疗的帮助，比如我在会议上呈现的这个案例（得到当事人的同意），正是三十年未愈的沉疴。当事人几十年吃药住院，也没有得到有效治疗。对欧洲的治疗师来说，这样的案例大概会出现在很多年前，他们在过去的经典著作里读到过，但在现实中很少遇到。

我还参与了一场圆桌讨论会，主题是存在治疗与文化，其中有霍夫曼、杨韶刚、王载宝（Paul Wong）和我。我们就这个主题各自表达自己的观点，并回应现场听众的提问。

我这里介绍一下王载宝博士。他是加拿大华人，出生于中国香港，在加拿大、美国接受教育，移民加拿大。他是存在主义取向的心理学者，对弗兰克尔的意义疗法情有独钟，也积极推动积极心理学。许多年来，他写文著书，推动以"意义"为核心的治疗模式，在西方存在治疗领域有颇大的名声。他也是一个特立独行的人，以反叛者（rebel）自称。他也参加了第一届存在主义心理学国际会议（2010，南京），在会上做了一场演讲，那是我们第一次相遇。当时，我在会议上也做了一场主题报告，宣称"直面"取向的心理学。他有点语重心长地对我说："学富，不能直面啊，我以前都是因为太直面受了许多伤。你看，我的头发都是直的。"

关于直面，我想说的是，直面会受伤，但直面永远是为有价值的东西受伤，不是出于一时血气让自己受伤，更不是为不值得的东西受伤。直面有智慧，直面也是基于智慧的选择，不是蛮干，不是莽撞。甚至，直面允许合理的逃避。直面也不只是抗拒和战斗，直面还有另外一面：关系、情感、爱、服务他人。直面是自我成长，不是自我标举。鲁迅的一句诗正好反映直面的两面：一面是"横眉冷对千夫指"，另一面是"俯首甘为孺子牛"。这两面皆是直面，前者是独立的直面，后者是关系的直面；前者是坚持的直面，后者是温情的直面。在第一届世界存在治疗大会的演讲中，我还引用了鲁迅的一首诗，叫《答客诮》：

> 无情未必真豪杰，怜子如何不丈夫？
> 知否兴风狂啸者，回眸时看小於菟。

会议期间，我尽量参加各个工作坊，品尝这场存在盛宴的各式美食。我参加了美国霍夫曼的工作坊（关于文化经验）、英国坦塔姆的演讲（关于自闭症的存在模式治疗）、俄罗斯专家团队的工作坊（关于陀思妥耶夫斯基）、南美罗伯斯（Yaqui Andres Martinez Robles）的工作坊（介绍存在治疗及其训练模式），以及欧洲专家讲存在主义思想传统（包括海德格尔的存在主义哲学、胡塞尔的现象学）等，真是应有尽有，色彩纷呈。

来自南美的罗伯斯颇引起我的注意，他是本届会议中崭露头角的新人，相当年轻，已在南美开展了存在治疗的实践与训练，颇有声势。他很有勇气，且有激情，在会议中呈现自己的个性，展示他的影响力。他最近出版了一本英文著作《存在主义治疗》（*Existential Therapy*），见面时还送了我一本。他非常熟悉欧美存在主义治疗体系，也参与颇深。他跟英国存在治疗领域的两个领军人物斯皮内利和德意珍既是好朋友，也是他们的学生。他请斯皮内利到南美做存在主义治疗训练，在那里培养出一批年轻的、颇有才情的存在主义治疗师。这届会议有许多来自南美的参加者，其中大部分是罗伯斯的学生。我们坐在泰晤士河的游轮上交谈，他讲到他的故事。一些年前，他连续六次邀请亚隆去南美做训练，都被亚隆婉拒。后来，他写了一封很可爱的信向亚隆抱怨："我想跟您学存在主义治疗，也想在南美推动存在主义治疗，但我几次邀请您来讲课，您都拒绝了。我该怎么办？"亚隆回信了："最好的学习方式，就是你自己建立一个机构，一边教学，一边学习。"后来，罗伯斯真的这么做了，并做出了自己的成果。

我再说一下斯皮内利。在当今世界存在治疗领域，斯皮内利是最重要的领导者之一。最开始，我有一个学生到英国留学，她想学习存在主义治疗，就在网上找到了斯皮内利的信息，并写信求见。斯皮内利接待了她。她向斯皮内利介绍了我，也向我介绍了斯皮内利。自那以后，我和斯皮内利之间开始书信来往。2011 年，美国人本主义心理学会年会在芝加哥召开，斯皮内利受邀做本届年会的主题报告发言人，并举办了一场工作坊。我跟斯皮内利第一次见面，做了交谈。第一届世界存在治疗大会召开之前，他的一本重要著作《存在治疗实践》（*Practising Existential Psychotherapy*）即将再版。他把再版书稿寄给我，请我做一点评论。我读了之后，写了评论文字寄给他。这是一本存在治疗领域的经典著作。斯皮内利自己没有参加这届世界存在治疗大会，我去参会的时候，他不在伦敦，罗伯斯把这本再版的书送给我。我惊讶地发现，在这本再版著作的封底，还印有一句我的话作为推荐语。我在想，总有一天，我会邀请斯皮内利来中国做存在主义治疗的训练。

第一届世界存在治疗大会由英国发起，并且会在全世界继续进行下去。第一届会议召开的时候，筹委会已经决定在南美（阿根廷）举办第二届世界存在治疗大会。第一届大会结束的时候，大会召集各国主要代表进入内圈，用举手表决的方式申办第三届世界存在治疗大会。我与杨吉膺都当场举手，希望在中国承办第三届世界存在治疗大会。大会的参加者中有不少人也期待有一天，世界存在治疗大会可以在中国举办，以推动存在主义治疗在中国的发展，以及中国在这个领域与世界展开对话。

接下来，我讲一点文化。

到英国去，有一个地方一定要去参观，就是威斯敏斯特大教堂。与其说它是一个教堂，不如说它是展现英国政治、历史、宗教、科学、文学艺术的大博物馆。在某种程度上，参观威斯敏斯特大教堂，打破或拓展了我对教会的理解。举一个例子吧。各位都听说过达尔文，他提出的进化论对当时的基督教会造成很大的冲击，这个理论直接冲击了上帝创造论，严格说来，是冲击了当时教会所理解的上帝创造论。在我的印象里，教会应视达尔文为洪水猛兽。但令我惊讶的是，在这个大教堂里，竟然设有纪念达尔文的墓地。这个教堂的最高管理者直接由英国国王授权任命，教堂里供奉着英国历史上最著名的作家、诗人、科学家、哲学家，以及皇室要人。或许可以这样理解，威斯敏斯特大教堂是为英国政权提供神圣化依据的殿堂。

再讲一点我的朋友霍夫曼和我，也是关于文化的。

整个会议期间，我跟霍夫曼合住一间房。他很乐意跟我合住，省了我的宾馆费。霍夫曼是一个单纯、仗义、有公平心的人，只要能帮助别人，他一定会提供帮助。说起来，人们内心难免有民族偏见，而霍夫曼没有。他来自一个相对富裕的白人家庭，娶了一个黑人太太，生了三个儿子，个个长得像小奥巴马。霍夫曼本人对奥巴马相当赞赏，对美国社会存在的种族问题深切关注，每当社会上发生针对黑人的不公平事件，他都会在公开场合提出严厉批评。他本人相貌堂堂，曾经在北京街头被人要求合影，因为觉得他长得很像克林顿。我跟霍夫曼是好朋友，内心早已没有"你是美国人，我是中国人"的差别。会议结束后，我跟霍夫曼一起乘出租车到机场，他返回美国，我返回中国。我们乘的是同一家航空公司的飞机，因此要一起通过安检。在去机场的路上，我们还一路谈论种族问题。其中他讲到，在美国机场，安检人员看他是高大的白人，会习惯性地假定他是安全的，只做很简单的例行检查；而对其他肤色的人会不自觉地做细致的检查，内心假定他们是危险的。霍夫曼对此相当反感。他到了其他许多国家，发现机场竟然存在同样的情况。这也让霍夫曼相当惶惑。我们下了出租车，到了希斯罗机场，现实又教了他一课。我们一同进安检通道，他很快就被放行了，而我正在经历严苛的安检，被一个高大的安检人员全身"抚摸"了一遍。当时，霍夫曼站在安检出口处等我，表情相当难堪。我和霍夫曼，彼此引为知己，没有种族与国界之差异，但我们俩在别人眼里是不同的：一个是美国人，一个是中国人；一个是白种人，一个是黄种人。只有我们的友情和精神跨越这一切的区别。

最后要讲的一点，也是从文化的视角来看。在本届世界存在治疗大会上，俄罗斯参会者的表现相当突出。俄罗斯有强大的阵容，在大会上的表现也显示出他们是一个强大的存在。我的印象是，俄罗斯的参会者大概分为两个体系，一个是说俄文的群体，可以称为本土派；一个是说英文的群体，大概可称为欧陆派吧。本土派做演讲和工作坊，都用俄语表达，随行的有英文翻译。他们的表现颇有一些强势，会给有些人造成一些不适感，比如澳大利亚的一位参会者就有特别明显的不舒服感。美国的参会者对他们的表现也有看法，认为他们"unruly"（任性），给人一种无视规则的莽撞感。欧洲的组织者们对他们有更多的接纳或容忍。俄罗斯代表表现积极，直截了当，只要有提问的机会，就会主动举手发言，只要有机会就抓住，讲的时候也不大在乎时限。这大概反映出欧美对俄罗斯有所顾虑的原因。给我留下印象最深的是一场俄罗斯团队举办的工作坊，几位俄罗斯专家讲陀思妥耶夫斯基。有一位来自澳大利亚的专家参加了工作坊，他举手表达失望，说俄罗斯专家没有更多讲陀思妥耶夫斯基，但这立刻遭到俄罗斯专家的强烈回击，最后他只好摊摊手，耸耸肩，做一个无奈的表情，向其他参加者争取一点认同或同情。但本土派也会用自己特别的方式表现自己的友善，比如在会议结束的时候，他们给大会筹委会送来一瓶俄罗斯酒，表达感谢，把会议带到一个热情高涨的氛围中。我因而想到，中国人在国际场合需要有这样一种主动、明确、坚定、友善。俄罗斯的欧陆派是在欧美接受的教育，他们讲英文，在文化与思想上与欧美相通甚至共融，因此没有什么间隙与阻隔。俄罗斯存在主义治疗的这两个体系，大概反映俄罗斯历史与现实中知识分子与欧洲关系的两种取向吧。这是我个人的观察与理解。

# 附：问题与回应

**问题**：会议的参加者来自不同国家，存在主义治疗与各国文化的关系是怎样的？

**回答**：这个问题很好。心理治疗作为一个专业学科是在西方建立起来的，但每种文化都有自己的心理治疗资源或传统。在心理治疗作为专业学科的形式建立之前，心理治疗早已蕴藏在不同的民族、不同的文化里。心理治疗不是作为独立专业学科的形式存在，而是作为相关的资源散存于民族文化的各个领域，如哲学、宗教、医学、文学、艺术、民俗等。涉及存在主义治疗，从专业学科的角度来看，它首先是在西方提出和发展起来的，是心理治疗与存在哲学（包括现象学）整合而成的理论方法。存在主义治疗专注于人类共同关注的核心议题，如焦虑、创伤、死亡、自由、意义等。既然这些议题是人类共同关心的，它们也是属于不同国家与文化关注的议题，同时不同民族与文化对它们也有不同的理解及应对方式，因此这里又有文化差异。例如，在俄罗斯有深厚的存在主义思想，如陀思妥耶夫斯基；在中国有鲁迅的直面思想，也是具有存在性质的思考。追溯更远，我们有庄子的思想、老子的思想、孔子的思想，其中都含有存在性质的关注。还有佛教思想，以及我们的医学、文学传统中的思想等。

**问题**：中国有自己的文化，在我们的文化环境里，存在主义治疗有怎样的价值？它将怎样进行，会呈现怎样的特点？从前瞻性来看，在这个浮躁的时代，存在主义治疗会有怎样的发展，又会遇到怎样的困难或挑战？

**回答：**多好的问题！我有一个感觉，这个感觉里也包含一种期待：存在取向的心理治疗在中国是非常需要的，对增进我们对生命的觉察、提升我们的文化品质有益。存在主义治疗有一个非常重要的取向或特性，即反思和追问。而我一直以为，我们缺少的正是这种存在性质的反思和追问。现代社会缺少反思。个体需要反思，民族也需要反思。我们受了那么多苦，却很少反思我们为什么受苦。我们之所以重复受苦，反复受无意义的苦，就是我们缺少反思。一场灾难发生了，我们回避它，不敢面对，感到无奈、无助，或者用错误的方式应对，付出巨大的牺牲。灾难过后，我们找一个替罪羊，加以指责与抱怨，把自己骗过去了，不去反思灾难发生的根源、性质，以及人的应对策略、责任与罪行等，反而大唱胜利的赞歌，以正能量掩盖牺牲与悲惨。我们很快沉湎于各种嬉戏玩耍，求得心理上的安慰与补偿；再尽快把关注转向一个新的目标或梦想，把刚刚经历过的苦难忘掉。

存在主义治疗的另一个意义是，关注活着的品质或意义。反思我们的文化，它有一个根深蒂固的问题，就是过度关注生存，却忽略生存的品质。让人感到悲痛的是，最关注生存，甚至把生存视为唯一的人，却活在最恶劣的生存条件之下，连最起码的生存都难以实现。我提出"生存主义"（与存在主义相对）这个概念，指的是把生存当成唯一关注，为了生存，不惜妥协意义、价值、公平、真诚。古往今来的生存主义者认为，为了生存的缘故，可以忽略尊严、价值、意义、平等、公正等。殊不知，正因为忽略这些，生存才被严重压榨、剥夺，陷入生存层面上的挣扎境地。当人为了生存的需要，抵消了存在的品质，会更加陷入生存的危机。我们的历史反复证明，它是一场生存主义下的危机和灾难。

我在做面谈的过程中常常暗自惊讶：为什么一个人要受这么多苦？让他受苦的根源是什么？所谓的症状是什么？症状就是受苦，是白白受苦，也是受苦的根源。在症状里没有反思，没有觉察，只有一种盲目的受苦，自虐般的受苦。那么疗愈是什么？就是反思、觉察，并且基于觉察去重新选择。存在主义治疗里有一句核心话语：我们需要的不是幸福的生活，而是觉察的生活。千万不要以为这话是反对幸福的，它真正的意思是说，觉察的生活并不排除幸福，但幸福的生活一定要有觉察。基于觉察的幸福是真的幸福，是有品质的幸福，而没有觉察的幸福会导致虚妄，是不值得的。没有觉察的幸福，降低了存在的品质。猪是快乐的，却不觉察。如果人只要幸福，不要反思与觉察，猪就成了生活的榜样。在这个浮躁的时代，存在主义治疗提醒我们，要活得更觉察，更自觉地去寻求活着的意义，而不只是活着，靠着物质条件和感官享受活着。

**问题**：在中国，存在主义心理治疗是如何发展起来的？

**回答**：这需要我们有成熟的态度，去发出一点声音，不断提醒周围的人去了解存在主义治疗，反思自己的生活，活出存在的品质。当我们不成熟时，我们总是会追求运动或革命，以为可以一下子改变一切，以为我们宣布一个观点，所有的人都会来拥戴它，登高一呼，应者云集。这是不成熟的。成熟者基于现实，在现有的条件下尽力而为，做好一点点，就为之高兴，就继续去做更多一点。这些年来，不断有人对我说："王老师，我们要把直面做大做强。"我说："不是，直面的目标是越做越小。"他们听了，说："这听起来很不可思议啊。"我说："在我们可以做好的地方工作，把一件事做好就行了。如果期待把一种东西被当作真理到处去传播，最后变成每个人都拥戴的东西，这是不成熟的态度。它不是我们的目的。"现在，直面发出存在的声音，你们听到了，就去跟周围的人说，周围的人了解了存在主义，也会去跟别人说，这存在的声音就被更多的人听到了。

**问题：** 直面与存在主义的区别在哪里？我读了存在主义的书，也读了直面的书，发现两者有共通之处。它们有相似性，但它们不是父与子的关系，而是各自独立的兄弟关系。直面与其他疗法也有共鸣，如跟精神分析、森田疗法、现实疗法等都有结合点，但是直面就是直面。

**回答：** 你表达的这个内容很好，简直说得恰到好处，是一个最了解直面的人说出的声音。在西方，也有心理学家像你这样说，如杜艾文教授。他是富勒心理学院的教授，一直鼓励和支持我探索中国本土的直面心理学。他曾写过一篇文章，叫《存在主义心理学的中国面孔》（*Existential Psychology with a Chinese Face*），专门讲到直面心理学的中国文化根源、文化使命、文化身份，提醒西方心理学家不要把直面心理学完全纳入西方存在主义治疗的体系。杜艾文教授说，如果那样做，我们可以向王学富、向直面学习什么呢？直面是中国本土产生出来的心理治疗方法，它与存在、人本心理学深有共鸣，但两者是兄弟的关系，不是母与子的关系。直面有自身的中国特性和中国身份。

（2015 年，根据作者在直面心理咨询研究所演讲整理
而成）

# 创直面书院，得弟子而教之

创直面书院，开门招贤，得弟子若干而教之，不亦快哉。

于山涧溪畔，置一楼榭庭院，师徒相谈，各抒己见。所谈可概而为文化，聚而成潜意识。心理命运，玄而不玄，皆揭而示之。文学、心理学、哲学、神学、医学、科学、社会学、艺术、民俗，皆在其中焉。

所练之功夫，为温柔心，为犀利眼。揉而化之，剖而析之，皆为疗愈。洞见人性之幽微，体察存在之情状，启天性之资质，祛因袭之阻碍，疗情感之创痛，慰人生之悲苦。基人性之实，奠直面之道。道业既成，方略自生。得其心而应其手者，臻于直面医者。

直面书院勒石以铭文曰：他做了他当做的，你得了你当得的，因着道的意愿。道不可言，谨以缘称之。

# 我与弟子谈功夫

我与弟子谈了三个做直面咨询师的功夫。

常人看不到的，你能看到。比如，你能在一个人身上看到常人看不到的（包括他自己也看不到的）阻碍；你也能在一个人身上看到常人看不到的（包括他自己也看不到的）禀赋。然后你能提醒他，那隐藏的阻碍会限制乃至毁掉他的人生；你也能激发他去发现和发挥自身特别的禀赋，去充分实现他自己。

常人大多看形式，你能看见本质。心理咨询是不大容易说明白的，有时我称之为奥秘。直面咨询师常常在深处工作，这个地方叫本质。一般人生活在形式的层面，也常常被诸般形式限制了。症状是被形式套住的状态。直面咨询师的工作，就是带人走到本质处，因为本质让人得到自由。

常人看重有用，你看重无用。心理咨询师是在"无用"的地方工作，医治因追求"有用"而受伤的人们。我们做这样的工作时，常常遇到别人看不懂，甚至被人嘲笑说：这有什么用啊？他们不知道，我们之所求，正是"有用"背后的"无用"。比如，他们说流泪有什么用啊？我们却珍惜人的眼泪。比如，他们说爱有什么用啊？我们就是以爱疗伤，让情感健康。当这"无用"的功夫完成了，疗愈就发生了，便成了一种"无用之用"、一种"无为之为"。这是在暗中培育品质的工作，它不轻易被人看见。

# 第二章
# 做我自己

# 我 是 谁

　　有一位读者见到我，说我是生活在古代的人。我问她为什么。她说，现代人的眼睛没有这么清澈的。

　　有一个人说我脸上有一种婴儿般的笑。我很惊讶：你是怎么看到的？后来，我一直在想：婴儿般的笑是什么样的笑？

　　有一个外国人，是一个中国通，他说，在中国人中很少听到王学富这样的笑声。我心里想，偏见吧？但很高兴他这样说。

　　有一群农民工以为我也是一个农民工，对装修队长说："你算了吧，他怎么可能会说英语？"

　　有一个女子，虽然是成人，看到我却像小孩子一样怕我，她说："这个王学富的脸好凶啊。"我知道我的脸有时有点严肃。

　　给我家装修的一群农民工，我看他们辛苦，有时候会悄悄送他们一条烟、几瓶酒，他们过意不去，说："你啊，如果没有你老婆，你就和我们一样，成了穷打工的。"

　　年轻时，一个校长认为我是进监狱的料，后来听说我到南京读了大学，他心里一块石头落地了，连声说："好了好了，总算没有进监狱。"我很惊讶，不知道有人会这样看我。

　　我有一个同族的叔父，是中学校长，他见到时鼓励我："好好干，争取将来当个方丈。"我连连说好，但不知道他在说什么。

　　我妈反复对别人说："老大（就是我）是个很听话的孩子。"我想，即使给她提供许多相反的证据，也不会改变她对儿子的偏爱，她总有自己的解释。

我老婆看透了我——"心软"。我一直把这当秘密，还暗中练就一副凶相作为掩饰，可以起到保护作用。

我儿子说我，小时候教他英语音标，让他感觉太压抑了。但在内心，他觉得我还算是个好爸爸。

我女儿说："爸爸很倔！"我笑笑，你可以这样说爸爸，但你爸爸不是。

汤老师说："王学富心地善良。"我说，有时候也得硬着心肠，才能把事情做好。

莫老师说："这个王学富将来总要做点什么吧！"这是一个探索性的话语。至今我还在探索中——去做点什么。

外婆说我"有一双好'能'的眼睛"，又叮嘱说，"可莫犯罪啊，娃子"。外婆说的"罪"在英文中叫"sin"，但我一直无法避免这个"罪"。

有人（时而有人）说我是大师，我心里对自己说："要小心哪！"

# "难看"的王学富

知人难，知己难；能知人，又知己，难上加难，却是一种境界。

一路走过来，年届五十，古人称"知天命"之年，还真的有那么几分对天命的参悟。我从一些最基本的方面说起。

有天早晨，我醒来，看到自己，发现我真是一个很难看懂的人，故称"难看"的王学富。

当我看到这个王学富的一面，刚要用这一面来说"他是这样的"，这时，他的另外一面就露出来了，然后又露出许多面来了，而且每个面都是他，又不全是他。那么，我到底怎么来看他呢？因此，我说：真是个"难看"的王学富啊！

于是，这天早晨，王学富开始看王学富，却看不大明白，便又想到古人说的一句话："我与我周旋久，宁作我。"这话总让我感慨。我王学富与我自己也周旋了许多年，到了五十岁之后，才明白一点：不管我有多难看，也只能做自己，而且，最终变得可以坦然做自己。

我曾经看自己，真如同对着镜子观看，哈一口气在镜面上，里面的形象是模糊的，难以看得清楚。到现在，雾气渐渐褪去，我才看得清楚些。当我看清楚一些，我才明白要把自己看得清楚一些是多么不容易。何况，对于别人来说，要看清楚我，岂不更难？因此，在别人眼里，我依然是个难看的王学富。也因此，我想对自己做一个悖论性的呈现——让自己看看，也让别人看看。

当然，首先是，这里的"难看"，不大是指相貌之丑陋，而是指我的存在之状况。意思是说，对于这个不管长得好或不好的人，有一个事实是：他让人难以看懂。难以看懂，就容易产生误解。我回忆这五十年来，误解一直伴随着我。有些误解造成麻烦，我也需要接受，因为我知道：不会每个人都理解你，不会有一个人绝对理解你，包括你自己也不会完全理解你自己，这是其一；其二，误解不一定是我们的错，也不一定是别人的错，而是人性中的事实——人是有限的；其三，我们总要尽力去理解自己，理解别人，也让别人理解自己。

理解是相对的，人有多面，任何一个人都不可能看到你所有的面，你自己也不能完全看到。人容易看到你表现出来的那些面，却不大知道你隐而未现的那些面。那些内在的面，你自己也不完全知道。知道者，便是觉察者。知道得越多、越深，便是越高而且越深的觉察者。

这天早晨，当我有了些许的觉察，我不由感慨：这个王学富，有多"难看"啊！

你知道他叫王学富，却不知道他叫王南樵（王学富代表他的理性，王南樵代表他的情感。他还有许多名字，代表着生命的不同部分和不同方面）。

你知道他学了英语，却不知道他学了中文，还学了心理学、神学。

你知道他学了这些专业，却不知道他的文化、他的经验、他的潜意识。

你知道他出生在哪里、这几十年来他做了什么，却不知道他的"存在"。

你知道他的人生多端，却不知道他的生命终端。

你知道他在城市生活，却不知道他的乡村经验。

你知道他的西方经历，却不知道他的中国心肠。

你知道他的西方知识，却不知道他的东方情怀。

你知道他用电脑写字，却不知道他用毛笔写作。

你知道他有这个朋友，却不知道他有另外的朋友。

你知道他有另外的朋友，却不知道他全部的朋友。

你知道他的语言和行为，却说不出他的个性。

你知道他的柔和，却不知道他的粗暴。

你知道他的仁义，却不知道他的冷漠。

你知道他的忍耐，却不知道他的峻急。

你知道他的粗俗，却不知道他的优雅。

你知道他的笨拙，却不知道他的机敏。

你知道他的冰冷，却不知道他的热情。

你知道他在愤怒时很凶，却不知道他这样做是在表达爱。

你知道他的声音很柔和，却不知道他内心有无奈。

你知道他在需要时可以很勇敢，却看不到那勇敢里有他的怯懦。

你知道他犯了错误还很固执，却不知道他的内心早已有了悔意。

你知道他的坚决，却不知道他的不忍。

你看到他在声称，却不知道他同时在犹豫。

他自己也无法说明白，他为什么会有这么多面，而这些面常常是相反的，却也可能在暗中相依相伴。但他决定把这些写出来，为了自己不在别人眼里那么"难看"。

于是，他继续说：

你看到我的镇静，却不知道我的惊慌。

你看到我的刚强，却不知道我受的伤。

你看到我的"成果"，却不知道我受的苦。

你看到我的胜利，却不知道我的挣扎。

你看到我的平衡，却不知道我的混乱。

你看到我的整全，却看不到我的破碎。

你看到我跟人谈话娓娓道来，却不知道我曾经在纷乱的语言里迷失了自己。

你称我为"教授"，却看不到那个跟在我身边的懵懂少年。

你看到我在国际会议上做了一场场演讲，却不知道我过去的生命里有一件件"不堪"。

你知道我是咨询师，却不知道我有一半是神经症。

你知道我的体谅，却不知道我的防御。

你知道我的光亮，却不知道我的阴影。

你知道我的阴影，却不知道我的光亮。

你知道我的光亮和阴影，却不知道我是光影交错的王学富。

人们不知道我是谁，因为我是一个太"难看"的王学富。在这里，他试图真实地呈现自己，但又同时怀疑那呈现出来的是不是真实的自己。甚至，因为这样或那样的原因，他掩藏了自己，别人看不懂他，他也让自己陷入了迷魂阵，一时找不到自己。他如此难看，别人对他的评价常常相反，而有时与评价正好相反的那个人，恰恰就是他。

他很想让人看懂他，当别人这样看他，他告诉别人他有另一面。当别人按他说的那样看他，他又告诉别人他还有另一面，以及许多面。但他也不能说这样或那样就是他，因为他既是这样的，也是那样的，既不是这样的，也不是那样的，或者这样也是，那样也是，但不全是。说来说去，他还是让人看不明白，依然是"难看"的王学富。

最后他说："当你说我好，我想到的是我的不好，这样我就不会飘到天上去。当你说我不好，我就想到我的好，这样我就不会掉到地狱去。"

我是一个人，立身于这片土地。

我是一个太"难看"的王学富，别人看不看我，我管不了那么多，但我总要不断来看看我自己。

写这篇"'难看'的王学富"，意在知己，也在知人。

# 我 的 神 经

最近几个月，我去诊所看牙，常常引发一些感慨。今天去牙科诊所，是为一颗牙齿做根管治疗。在此之前，医生已经给这颗牙钻了孔，在里面填了药，目的是杀死牙神经。这次，医生把牙打了一个洞，说："好奇怪，别人用一次药就行了，你上了几次药，神经还是杀不死。"没有办法，医生只得先打麻药再处理。即使打了麻药，操作时我的神经还是痛。我这才不得不相信：原来我是个很神经的人。

看牙回来，我一直在想，我的神经如此敏感而强韧，对我意味着什么呢？

首先我想到，我的神经太强韧，不甘被杀死，它选择对抗药物，宁愿痛苦也要抗争，让医生都感到不解和无奈，只好注射麻醉剂……这意味着，我的神经将让我承受更多的痛苦。有一段时间赶上我出差，牙神经跟药物对抗引发了剧烈的疼痛，导致我的颈部与背部跟着一起疼痛。本来只是牙神经，却连带着把身上的其他神经也置于痛苦之中。

我由此又想到，我本是由神经构成，或者说，神经贯穿了我身体的各个部分，而我的神经是怎样的，会不会在某种程度上影响我的整个生命状态呢？我的神经本来是以潜藏的形式存在着，而我在不自觉中把它们唤醒，成为一种文化的存在样式，这便是我这个人，以及我的生活。

于是，我开始问我的牙神经："你到底在坚持什么？为何如此痛苦还要存活下去？"

我进而问自己："在生活中，你是不是一个很神经的人？有那么多'真理'要求你的精神归顺，你却选择一直抵抗。文化把许多麻醉剂注射到你的生命里，对你却不怎么起作用？为什么你要坚持清醒——哪怕这清醒是痛苦的？"

问着问着，我有些明白了：原来我有这样的神经，才成了这样的人，才有了这样的生活。我的神经就是我，哪怕疼痛也不愿死去。这，便是我存在的态度和方式。

我由此观望我的生活，有多少次，我不愿苟同，不愿钝化，不愿配合，不愿放弃。在多少境况里，我显得倔头倔脑，不肯就此罢休，甚至到了后来，我的脖子都习惯性地歪着，使我的头偏向一侧，好像在说：我怀疑，我不相信，我不同意，我不甘愿。妻子笑称我叫"不服气"。说来也奇怪，细想又不奇怪：我的母亲正是这样称我的父亲——"你就是个不服气！"这"不服气"的意思就是，认定一个理，看准一条路，就一直走下去，不肯妥协，不肯放弃。遇到威胁，或被人强求，就一直拗下去，不肯罢休，不肯就范。一路过来，生活就像一个牙医，为了不让我疼痛，不断把麻醉药调和到文化里给我敷上，但我的神经却不死去。为此，我得承受更多痛苦。如果生活真是一个牙医，它一定会像虞主任一样惊讶：奇怪啊，怎么这么多麻醉药都不起作用呢？因此，这个王学富是一个多么神经的人！

当然，并不是整个生活在那里惊讶，我哪有那么重要。但是，时而有一些人——难道他们是生活派来的代表——在我身边惊讶着，如我的妻子。妻子与我这个神经的人生活在一起，坚持了很多年后，她的身体病了，心也累了，她感到惊讶，也有不少无奈，她说："我太累了，我要睡去了……"

回头看我的妻子，心里有许多愧疚。许多年来，她跟着我这样一个神经的人，实在不易。她本来没有我这么神经的，但在年轻时，我的神经却吸引了她。她的神经前来靠近我，与我的神经一同起舞，并且她很激动地以为，我们是一样神经的人，会一起神经下去，并一直神经下去。二十年后，她说："我本来没有你这么神经的，却坚持跟你一起神经了二十年。我神经不下去了，你继续神经下去吧。"但有时，她又怀念那些跟我一起神经的日子。我们发现，那些神经的日子，其实是我们生活中最美、最真、最有品质的日子。

我一直想写一本书，名字就叫《美丽的神经症》。许多年来，我接触到许多神经敏感的人，他们的生命是最美的，有一种奇特的魅力。相映之下，生活中也有许多的人，他们的神经被大量杀死，只靠少量的神经活着，活在固定的模式里，活得无力和无趣。快乐难道不就是一切吗？那么多人选择快乐！

这些年来，我也见过一些被诊断为有神经症和精神病的人，其中也有人说药物对他们几乎没什么作用，精神科医生感到惶惑，说："这不对啊，药怎么不起作用呢？"于是不停调换药物，目的是把他们太过活跃的神经抑制下去、麻醉下去，甚至把大量活跃的神经杀死。这种医治基于一个很简单的假设：神经麻醉了，就不会痛苦了。我却要问：当一个人被麻醉了，他仅仅是不痛苦了吗？他恐怕也不真正存在了。

我想到鲁迅，他写的《复仇（其二）》其实是自我的真实写照——他笔下的耶稣在十字架上宁愿承受那深入骨髓的痛苦，也不愿意让钉他的人从他的痛苦中获得娱乐和安慰。他不让自己在痛苦中发出呻吟或哀号，反而在极度的痛苦中露出微笑，并表现出大欢喜，虽然内心有悲悯，嘴里却向他们发出诅咒。

我想到古往今来，人类制造了多少文化麻醉剂，来麻醉人们的精神，麻醉人们的心智。当心智被麻醉了，我们似乎不那么痛苦了，但我们靠什么做出判断、做出选择呢？当精神被麻醉了，我们似乎不那么痛苦了，但我们怎么去活出品质、活出尊严呢？

我回头想我的神经，当我的神经——心智与精神的神经——被大量杀死，我的生命就委顿了，只能低效能地活着，只能把自己交给别人操纵，只能听凭他们拔掉我精神的牙齿，成为一个没有牙齿的存在。这时，他们会来安慰我：别去啃咬思想的坚果，柔软的食物才适合你。

我回忆这五十年来的生活，因为我有如此强韧的神经，就不断去寻找跟我一样神经的人们。一些年后，曾经跟我一起神经的人早已不再神经，我却神经如故。再到后来，他们惊讶甚至嘲笑我是"神经"的，却忘了他们曾经跟我一样神经，并跟我一起神经。于是，在我的生活中，一个个神经的人都归于正常了，我还如此神经，且在继续寻找跟我一样神经的人。时而会有神经的人与我同行，我不知道我们一起会走多远，我也不知道我的神经还能支撑多久。但我分明知道，我的环境到处都有麻醉药物，时时都在试图植入或注入我的生命，杀死我的神经。我提醒我的神经：按你所能够承受的去选择吧，是坚持神经一些而继续受苦，还是放弃一些神经让自己轻松点儿。我的朋友对我说："不要太认真！"我回头看他，在我们年轻时，他也这么神经。现在，他已经忘了那时候他有多神经。现在，他对我说："你太神经了！"

我回忆幼小时，我的神经怎样一次次呈现自己，让人惊讶。有一天早上醒来，我的神经出现了，它让我陷入一种忘我状态，在不可自抑的兴奋中我口里说着各种事物的名字，把它们用韵律串联起来。我的父母和爷爷都不明白这是什么，他们说："难道这孩子疯了？"后来我学文学，知道这是从我的神经里长出来的诗歌的萌芽，如古人所谓情动于中而形于外，"手之舞之，足之蹈之""口之咏之"，前者为舞，后者为诗。

许多年后，我还分明记得那个早晨，在长辈的呵斥声中，我为我的神经感到害羞，赶忙恢复我的常态。然而，我的神经只是暂时隐忍，没有屈服。在此后的人生中，我的神经时而会出来表现它自己，哪怕让我难堪，也不放弃机会。别人看到我身上那些奇怪的部分时，对我有这样或那样的评价，他们却不知道那是我的神经让我如此这般。但也有人喜欢我的神经，因为这也是他们自身的一部分——不管他们懂或不懂，不管他们使用多少神经去创造，留下多少神经在不停捣乱，他们喜欢自己的仪态万方。

就在今天看牙之后，我接待了来自老家的表弟。表弟小时候跟我一起玩耍。直到现在，我们都一把年龄了，他看我的眼神，还如当初那个小表弟看着他的大表哥一般。他叫我腊有哥。他自幼看我的眼神里都有某种惊异，这惊异会使他把我的某些部分用想象放大，变成一种神话或一个传奇。他跟别人讲我，但他讲的不全是我，甚至根本就不是我，顶多是我身上的一些神经显露的枝叶，在他的讲述里成了一片奇幻的树林。例如，我小时爱讲故事，这在他的讲述里就成了"腊有哥读了许多书，每天给我们讲故事，一个故事讲完了，再用英语讲一遍"。这便是他夸大的部分，在这夸大的部分里，有我的神经，也有他的神经。因为我们都神经，所以我们很亲密。

后来，我离开老家到远方读书，有一件事触动了我。那一年我回到老家，见到我曾经在一个中学教书时的校长，他熟悉我，也关心我，他问我："你这些年去了哪里？"我说在南京大学读研究生。听我这样说，他做了一个抚胸的动作，表示他心中有一块石头终于落了地，接着我听到他说："太好了，太好了，你总算没有进监狱……"

直到现在，我还能清晰记得我当时的神情：我惊呆了，对他的话无法做出回应。原来在这位校长的眼中，我是会进监狱的料，但这与我对自己的理解可是相去甚远啊。现在我知道了，那是因为他看到了我的神经，却看不大懂我的神经。

听了这话之后，我开始回顾我的生活，试图从中找到一点蛛丝马迹或来龙去脉。我师范毕业时二十岁，在一个山区学校教书。当时，我喜欢读小说，会模仿书中我认同的人物，我的言行在别人看来一定是怪里怪气的。大概是出于青春时期的郁闷，我当时还买了一个播放机，拎着大音量播放机招摇过市，还在树林里练飞刀，在房间墙上写下"安能摧眉折腰事权贵，使我不得开心颜"的诗句……反正我那时是够神经的，难怪校长在跟我阔别多年再见面时会对我说出那样的话来。

我的神经与人不同，我的表现也与人不同。当然，这不仅是神经使然，还有现实原因。在我读师范的时候，因为没有球鞋，我光脚跑五千米，光脚打篮球。那天，一个老师用异样的眼神一直看我，一边不停摇头一边对我说："你，难道是一个铁人？"

我读大学时，有一个老师对我好，又对我有一些惶惑。有一天，她对另一个同学说："这个王学富，将来总能做点什么吧。"她无法说明白"做点什么"是什么意思，到底是"做点好的什么"，还是"做点不好的什么"，她也不确定，因此她的话里就有一个"吧"字。但不管怎样，她支持我去做点好的什么。特别是在我人生的一个关键点，她坚定地支持了我。那年我考上南京大学中文系研究生，这让她颇感欣慰，因为这似乎表明我在朝一个"做点好的什么"的方向走去。

我后来选择从事心理咨询，这在别人眼里也是相当神经的。那年，我辞掉厦门大学教职，选择走这一条完全不确定的路，周围的人说我"疯了"。我父母、我岳母、我的同事和朋友们都不大理解。然而，我的妻子当时也神经正旺，就由着我神经发作。况且，她也阻止不了。从此，我的生活就陷入了一场长期的不确定中，虽然累，却劲头十足。妻子跟我一起奋斗二十年，她终于患病，在病中，她说她累了。

这时，我开始想我的神经，想她的神经，说："都怪我的神经，它就是不死，我拿它怎么办？它让我选择受苦，也搭上你跟我一起受苦。

现在你的神经要睡去了，我的神经还很活跃，我也愿意它睡去，但它不肯睡去，不肯停歇，这让我怎么办呢？"她说："你朝前走吧，我要停下来了……"

这是我与妻子许多谈话中的一场。她是我年轻时相遇的女子中最神经的一个，不然如何会陪伴我的神经或神经的我走到如今？她在年轻时也是有劲的，但终于顶不住了。现在，她的生命就像使用过度的电池，电量很快就不够了，维持的时间不长，用一小会儿就要充电。情况常常是这样的：她晚上早早睡觉了，我还在工作。我早上早早工作了，她还在睡觉。有那么一些晚上，我饶有兴致地跟她谈论我头脑里的想法，她已无力回应，渐渐睡去了。有许多个早上，我的脑子又出现灵感（一种神经表现）的东西，我不知道她是不是醒来了，就试探着叫她一声。正碰到她夜里没有睡好，就冲我发一通脾气。唉，是我的神经让我这样，是她的神经让她那样。我不易，她更不易。

再来谈谈我何以选择做心理咨询，就是人们所说的心理医生（其实是心理咨询师或心理治疗师），大概与我的神经也有关系。我曾受邀到母校做一场关于心理治疗的演讲。演讲结束，有一个老同学走到我跟前，激动地握着我的手，说："王学富，你讲得真好！真没有想到啊，二十年前我们都觉得你应该去接受心理治疗，现在竟给我们讲心理治疗……"这又是一个突如其来的场景，又让我想到我的神经。在人生中，不管我们做什么选择，总会基于某一些条件。对我而言，在所有那些人们可以想到和看到的条件之外，还有一个促使我选择心理咨询的潜在条件，便是我的神经。我因我的神经，被人认为需要去接受心理治疗。我也因我的神经，在人生本来已经走上一条顺风顺水的道路时，竟回头来选择一条充满不确定性的路。难道我本来是一个病人，这倒成了我要做一个医生的动机和条件？在做了二十年心理治疗之后，我有了一个发现：我在"医治"那些神经敏感的人时，我有一部分与他们是一样的——我也神经，而且相当神经，我跟他们在神经上是相通的。他们以为我是医生，但我的内心跟他们一样是病人。我知道许多关于他们被自己的神经所驱使的情况，大概也正因为我可以成为他们，或者说我本来就是他们，我才可以在神经上与他们相遇和相通，我才可以在本质上成为一个心理医生。

也有一些人只用药物做心理治疗，他们被人们称为医生，我却暗暗有一些怀疑。如果只是医生，就无法与病人相遇和相知，就只能在病人的生命之外做治疗，就把心理治疗变成技师修理一辆汽车。但心理医生不是技师，病人不是汽车，真正的治疗是在生命最深处与人相遇——我们的神经是相通的，我们知道神经的意义。而我们这个时代最不幸的事情之一就是，有一种针对人的心灵进行治疗的模式，试图抑制、麻醉或杀死人的神经，却冒险甚至真切地抑制了人的生命效能，甚至会把人从此毁掉，万劫不复地成了终生病人。我不说下去了，说出来也难懂。这样的医生问题在哪里？就在他们自己不神经或者自以为不神经，因而他们不懂神经，也看不懂神经的意义，不知道神经既给人带来痛苦，也让人有所创造，因为神经里有丰富的创造资源，真正的疗愈不是麻醉神经，而是发现和激发神经里的创造力。那些只是通过杀死神经和抑制痛苦而进行的治疗，不是生命或心灵意义上的治疗，而是对生命的轻蔑、漠然和残害。文化意义上实施的麻醉，是一种洗脑。当今时代，有这样一种心理治疗和精神治疗模式，被认为是基于安全的考虑，采用单一用药和过度用药，来抑制神经、钝化神经、消灭神经，以为可以减轻病人的心灵痛苦。这被称为是治疗，是安全的治疗。但它真的是安全的吗？它可能导致生命效能变弱，心灵的活力被扼杀。那些被"治好的人"（其实一直生活在药物的控制之下），成了人类中最温顺（又时时有隐秘冲动和发作的危险）的类型，就如同放弃了战斗、被迫投降的士兵，被押解着走向生命的终结。

但人类也有一种幸运，因为在我们中间有那样一些伟大的医者，他们是克尔凯郭尔，是尼采，是鲁迅，是陶行知，是凡·高，是弗洛伊德，是荣格，是弥尔顿·艾瑞克森，是温尼科特，是罗杰斯，是罗洛·梅……是后来正在兴起的医者，包括我自己，也正走在跟随他们赶来的路上。成为直面医者，是因为我的神经，更是因为我开始了解我的神经，有意识使用我的神经，知道我的神经会让我承受痛苦，也会激发我的创造力。因为我了解了自己，我就了解了我的来访者。神经在麻醉中是无法创造的。我所发现的一个疗愈的奥秘，便是让神经活下来，让神经选择承受痛苦和接受痛苦，同时在痛苦里开辟一条创造的路，在创造的途中渐渐成为自己。因此，我的治疗是让那些神经更敏感、更强韧、更痛苦的人们，不再是为了消除痛苦而把自己交给麻醉药品，也不是只交给方法，更不是交给他人（哪怕他们被称为专家），而是让神经在痛苦中有所反思，有所发现，有所坚持，有所创造。也就是说，我的神经我做主。这里有一个契机：我们的神经里有大量的能量，这些能量必须被意识到，必须被有意识地使用，要不它们就会在无意识中被糟蹋。它们或许会阻碍甚至毁掉我们，或许会造就甚至成就我们。关键在于，我们对它们有觉察，并且基于觉察去做选择。一方面，它们是不安全、不稳定的因素；另一方面，它们又是创造性的根源。

在生活中，我也会遇到对我的工作有所了解的人，他们来对我说："我有一个亲戚，他很神经的，我要介绍他来跟你谈话。"但他们可能以为，他们的亲戚是神经的，而我不是，因此我可以"治疗"他们。我想到的却是：那些神经的人们、那些为自己的神经而受苦的人们，你们来跟我谈话的时候，会发现你们可以在神经中跟我相遇相知。还会发现，我们原来可以与我们的神经达成和解，沿着我们的神经走出一条独特的路，充分实现自己。

在我开始想我的神经的时候，我有一天想到我的儿子，也开始想他的神经，以及他的神经对他意味着什么。我想起儿子小时候，大约四岁吧，有一天他问我："爸爸，我的灵魂现在是用我的眼睛看外面的世界，有一天我死了，我的灵魂用什么来看世界呢？"听了这话，我吓了一跳。当时没想到，现在想起来，这孩子也算够神经的了。十几年过去了，有一天我儿子又对我说："爸爸，我想读生物学，而不是心理学。你会不会感到失望？"我说："你喜欢什么，就去选择什么，然后做好它。"我后来才知道，儿子对他妈妈说过，他之所以要读生物学，是因为他相信人类有可以不死的奥秘，他想通过生物学去探索这个奥秘。对此，不管我同意不同意，我只能说，这也是相当神经的想法。但是，当一个人把他的神经和他要做的事结合起来，他就走上了一条成为自己的路。反过来说，一个人之所以陷入神经症或者患有精神病，那是因为他不接受他的神经，也没有找到一条让自己的神经可以充分发挥效能的方式。这，就是疗愈的奥秘所在吧。因此，我不为儿子担忧，不管他有多神经！

# 我是"FO"

那是许多年前，我在美国读书，其间上了一门课，是荣格分析心理学，任课老师叫薇尔博士（Dr. Weir）。她对荣格心理学有很深的领悟，但她在第一堂课上这样介绍自己："我不是一个Jungianist（荣格学派分析师），而是一个friendly outsider（友好的局外人）。"

她说的"friendly outsider"这个词给我留下如此深的印象，以至于我从此很喜欢称自己为"friendly outsider"。一度，我的电子邮箱名字便是这个词的缩写，就叫"FO"。我在跟朋友刘毓江博士通信中谈起这个词，他竟也十分喜欢。我才知道，这个词代表着我们的自我认同。

事情过去许多年了，有一天，我在面谈中竟对来访者说出"friendly outsider"。我这才意识到，这个词一直潜伏在我内心里，如同一颗种子，在暗中成长。当我更加了解自己，我就更加了解它的意义。我把它看作一个最能确切描述我之为我的词语。下面就是我由此延伸而来的理解了。

几年前，有一个QQ群的群主邀请我加入，盛情难却，我便加入了。但我在群里很少说话，仅在相关话题引起我的兴趣时，我会关注一下，偶尔出来说几句话。在这个QQ群里最活跃的人叫萧（不是真名），是群主，有不少拥趸。我跟萧也算认识，但交往不深。有一天，萧跟大家讨论一个话题，其中牵扯到一个人。恰好这个人我不仅认识，而且了解很深。因此，在听萧跟大家谈论这个人的时候，我发现其中有不少出自个人恩怨的偏见，对此我颇不认同。这时，我面临一个选择：我要不要出来说话？如果我说了不同的看法，就意味着我将跟萧之间发生辩论甚至争执，他的拥趸可能对我群起而攻之。如果不说，我心里又过不去。最后，我决定说出来。我与萧之间的争论发生了，但群起而攻之的情况并没有发生。又过了一些日子，萧又在群里谈论另一个话题，我很赞同他的观点。这时，我又面临一个选择：我要不要出来说话？结果是，我又说了，对萧的观点表示赞同。萧没有回应，或许是生我的气。但我自己觉得这样做是好的。

我后来反思这件事，问自己：是什么让我选择说出来？我用两个词来形容：一是真实，二是公平。当我不认同萧的时候，我选择说，是出于真实。当我认同萧的时候，我选择说，是出于公平。我进而想，如果一个人能够做到真实，又做到公平，便是成熟而有品质了。而真实与公平，是一个"friendly outsider"具备的精神品质。

我的思绪走到更早的时期，我想到了我的父亲。我的父亲做过村干部，那是因为他得到一位县里派下来的驻村干部的信任和支持。我爷爷坚持认为我父亲做村干部不会做久，因为父亲的个性里有一个倾向：亲人不亲，仇人不仇。

这里得做一点背景介绍：在我的家乡，宗族观念很深。我父亲做村长，如果他知道如何维护亲族的利益，就会得到他们的支持。如果他同时知道如何对付敌对的宗族，消解他们的力量，就会保住自己的位置。但情况是，我父亲的为人是"亲人不亲，仇人不仇"，也就是说，他的亲族没有因为他当村干部而得利，敌对的宗族也没有因为他当村干部而受到削弱。我爷爷就说："你这样怎么做得长呢？"

好多年后，我回想父亲的"亲人不亲，仇人不仇"，竟觉得这原来是一种可贵的品质。具体来说，如果自己的亲族做错了，他不会偏心袒护；如果敌对的宗族做对了，他也不会视而不见。但在那样一个乡村环境里，父亲却为这个品质吃了许多亏。但他并不服输，总把脖子一拗，说："咋的？我不信这个世界就没有一个正理儿！"父亲追问的"正理儿"是什么？在我现在看来，就是"真实与公平"的原则。因此，我的父亲也是一个"friendly outsider"。

许多年来，我见惯人们建起的许多圈子，这些圈子是用来保护圈内人的利益，但也常常把真实与公平放在圈外，不管不顾了。

我又看到，在我们的周围，有越来越多的人成了真理的宣称者和捍卫者。但我凑近一瞧，他们宣称的"真理"里包藏的其实是利益，他们其实是自身利益的捍卫者。看到他们如此坚定，我心里忍不住想，我是不可能成为那样的坚定分子的，因为我无法确认我会不会错了，我无法让自己完全进入任何一个"真理"。正好相反，我似乎永远保留了自身的一部分，把这个部分存放在"真理"的外面——不管这个真理代表的是一个家庭、一个亲族、一个村落；或者一个班级、一个机构、一座城市；或者一种主义、一个流派、一个宗教；或者一个党派、一个国家、一个民族……对它们之中的内容，我既有所认同，又有所不认同，皆是出于真实与公平。

我读到孔子的一句话，便知道原来孔子也早有这样的想法。他说"君子群而不党"，大概可以证明这一点。"群"是关系，"党"是圈子。"群"里有关系，"党"已成了"真理"。我愿意有关系上的联结，但不愿被"真理"套住。我永远都代表自己，而不代表一个机构、一种理论、一个宗派，更不代表一个国家……当然，我不够资格代表，但我也不肯有这个资格。我可能跟所有这一切都有关系，但我又不完全属于它们任何一个。在这个意义上，我要宣称：我是一个"friendly outsider"！当然，有时候我也可以不那么"friendly"！说到底，我就是一个"FO"。

然而，我又无法避免在这些圈子里，那么，我又得给自己起一个名字，叫"free insider"（自由的局内人），简称为"FI"。

当你看到我在里面，你知道我是自由的；当你看到我在外面，你知道我是友善的。自由，是因为我不认为任何一个圈子代表绝对的真理；友善，是因为我愿意相信人类组成的种种团体，都有其良善的意图和成分。

"FO"的另一面是"FI"。我有一个名字叫"FO"，我有另一个名字叫"FI"。我在关系里，又在圈子外。我反对，就说反对；我认同，就说认同。不是因为你是圈内人，我就认同你；也不是因为你是圈外人，我就反对你。我入乎其内，出乎其外；我不偏不倚，允执厥中。

我想到鲁迅。我想说，鲁迅也是一个"FO"，又是一个"FI"，不管你喜欢他还是不喜欢他，不管你认同他还是反对他，他都是他。如果你强行把他拉入任何一个圈子中去，说：这就是他。但这不是他，因为他并不完全在任何一个圈子里。一个独立者，常常是一个"FO"，也会是一个"FI"。他的原则是真实与公平。他的视野开阔，不可能被某一个圈子所限制；他的眼光犀利，不可能看不到任何一个圈子里的问题；他的人格独立，不可能为了维护圈子的利益而说违背本心的话；他的精神自由，不可能让自己被一套既定的、为了自身利益而形成的程序所羁绊。

人跟人不同。有人坚持真理，为之献身。有人坚守生命，反对以人性为牺牲的"真理"。我是一个"friendly outsider"，无法成为利益集团的发言人，除非那是高于家庭的家庭、高于商业的商业、高于政治的政治、高于革命的革命、高于宗教的宗教、高于真理的真理……

回头再来看我的父亲，他身上那种"亲人不亲，仇人不仇"的个性倾向，与耶稣曾经问的"谁是我的父亲、母亲和兄弟姐妹？"的话语，相去有多远呢？

因此，那些视我为圈内的人，你当知道，我是自由的；那些视我为圈外的人，你也当知道，我是友善的。

我是"FO"，也是"FI"。

# "死老头子"

有一种好，是别人体会不到的好。这好，是上乘之好，是成熟之好，是独立之好，但别人体会不到。别人不但体会不到那好，还会骂你不好。

他体会不到，不是因为你做得不够好，表达得不够好，只是因为——他体会不到。

他体会不到，你也得做得好，也得表达好，因为——你是直面医者。

我遇到这样的情况：

别人以"应该"要求我对她那样好，这"应该的好"会损害她。我不。

别人以"完美"强求我对她那样好，这"完美的好"会损害我。我不。

别人把她的意志强加给我，说那样才是对她好。我不。

别人把我当成工具，以为可以随她的意思使用。我不。

我不，这才是对她好。

但她怨我、恨我，说："你这个死老头子！"

我想到了鲁迅。

他曾说过这样一段话："我先前何尝不出于自愿，在生活的路上，将血一滴一滴地滴过去，以饲别人，虽自觉渐渐瘦弱，也以为快活。而现在呢，人们笑我瘦弱了，连饮过我的血的人，也来嘲笑我的瘦弱了。……这实在使我愤怒了，怨恨了，有时简直想报复。"

当我被骂"死老头子"，我的感觉就如鲁迅。这个骂我"死老头子"的女子陷入的困难最深，也是我最用心、用力去帮助的人。那种投入，也如鲁迅之"以血饲人"。在这个帮助她的过程中，我也不觉垂垂老矣，却被她骂"死老头子"。我心里顿生"何必"之慨，心想由她去吧，何必多管。但也如鲁迅，我虽然愤慨系之，却也欲罢不能，依然要对她好，哪怕她不知道那好，哪怕她骂我"死老头子"。

年轻时读纪伯伦，有一段话令我印象极深：

从前有一个人，坐在我餐桌前吃我的面包，喝我的酒，临走时还嘲笑我。

当他再次来要面包要酒时，我没理睬他。

天使嘲笑了我。

现在，我明白了，有一种好，不怕人笑，不怕人骂，却怕天使笑，却怕天使骂。因此，被人嘲笑了，被人骂了，还是去对人好。

这好，是直面医者的好，也是人们常常体会不到的好。

这好，不是针对某一个人，也不是为了某一个人；而是针对人，而是为了人。

这好，是出于对人的幼稚与局限的体谅，是基于对人的悲苦处境的怜恤。

这好，会选取各种各样的形式来表达——包括选择看上去"坏"的形式，可以"哀其不幸"，也可以"怒其不争"——只是为了达到好。

这好，又如鲁迅的比喻，或如耶稣把一辆将要翻到沟里的车"扶"一把，或如尼采干脆把车"推"到沟里去，然后再切切实实把它"抬"上来。

这好，我给它取了一个名字，叫"直面"。

这好，有时候会换来这样的回应："死老头子！"

# 我的相貌与年龄

心理咨询做久了，难免会关注相貌、年龄与心理的关系。

我谈相貌，无关美丑，而是相貌透露出来的某一种东西。我之所谈，听起来也并不玄妙。每日跟人面对面谈话，每个人在向我呈现其内心世界的时候，其相貌也在我的面前一览无余，这种内心光景与外貌气质交相辉映的情形，让我看到，人生的许多奥秘原来就在心理与相貌、年龄之间。

有一个女性跟丈夫吵架，吵了十年。有一天，她来找我面谈，说十年前她的家是个天堂，现在已经成了一个地狱了。她这样说时，我就在她的面容上看到一个地狱，那里呈现的是她十年来内心遭受的痛苦与忧愁。一个人用了十年时间建造自己的地狱，每天都辛勤劳作，苦不堪言。

我也看到，许多人失掉本真，导致自我认知模糊、情绪混乱，他们的面容竟也显得模糊不清。他们跟人交往时不敢显露自己的态度，不敢表达自己的观点，更不敢流露自己的情绪。他们害怕与别人不同，时时压抑自己，处处防御别人，隐藏真实的自我，以为这样可以安全一些。久而久之，他们的相貌也具有相当的隐蔽性，让人很难记住。记得有一个朋友在闲聊中说，做间谍需要有一个天然的条件：一张让人见过许多面却难以记住的脸。听他这么一说，我便联想到我有一次参加会议，遇到一个人过来跟我说话。他说跟我见过几次面——在新加坡见过、在香港见过、在国内更见过，他还跟我说过话，上过我的心理学课，但我对他竟然没有一点印象。我惊讶不已，也有些歉意。后来想到这事，我觉得这个朋友适合做间谍，而不是做学者。他能看到别人的一切，别人一点都注意不到他。

话说回来，其实做心理咨询也需要这样一种隐身功夫。例如，在面谈中，咨询师要尽量不显山露水，以免给敏感的来访者造成惊扰而使其分心，或影响其做客观的陈述。同样，做心理团体带领者也需要如此，有时出面引领话题，穿针引线，有时却要适当"隐身"，让成员"忘记"他的存在，暗暗促使成员互动，激发团体动力。这大概跟老子的思想是相通的吧，所谓无为而无不为。但这是有意识的行为。

还有人内心有很深的结，一直没有解开，这在他们的脸上也会显露出来，愁眉不展，也算是一种结。前者为心结，后者为"脸结"（自造的一个词）。如果一个人遭遇某种严重的剥夺、失掉一个重要的机会、错失一个人而无法忘怀、有一种未愈的创伤、有一个未了的心愿……这些都成心结，也会在脸上显现出来，形成一种"脸结"。这"脸结"或为脸之沧桑，显得比自己的实际年龄更老，或显示为令人羡慕的年轻，背后却有人所不知的悲苦。例如，一个女孩在十二岁时失去了爸爸，而她到了三十多岁，还保持十二岁时的样貌，因为她想让爸爸回来的时候能够认出她来。我曾接待一个七十多岁的老人，他的言行举止和样貌都停留在大学时期，在一场失恋之后，他拒绝了时间。

最近做了一场家庭辅导，一对父母带孩子来跟我谈话。我见父母皆相貌堂堂，儿子却如同一朵还未绽开就开始枯萎的花——他的身体紧缩，脸上的五官都挤在一起，言谈举止畏畏缩缩，体貌简直是一个生命受压抑的象征。但经历了一段时间辅导之后，这个孩子就长开了，身姿与眉宇也舒展开来，有了精气神。

我因而发现，我所看到的，不是相貌本身，而是相貌透露出来的让人说不明白却能感觉到的精气神；不是形体本身，而是形体之间一种举手投足都配合得体的仪态。对于一个孩子来说，这精气神和舒展的仪态来自哪里？来自他父母的心灵，来自他生活的家庭环境。如果他在一个自由而宽松的环境里成长，他一直是被关爱的、被欣赏的，他浑身从内到外都生发出一种舒展的姿态，他的性灵都仿佛在自然中呈现自己。他的相貌透露出一种精气神，他的身姿都自然而美丽。

相貌先是来自基因的，再是来自心灵的，还有一些是习得的。一个孩子的体貌本有好的基因，他的生命却在成长中不断受到挤压，因而产生扭曲，导致他失掉了自己本来的样子。如果父母的心灵是自由而美丽的、言行是适当而得体的，孩子的体貌在成长中就会得到滋养。如果父母强求孩子、指责孩子，总对孩子做负面的评价，总对周围人充满猜疑，总对现实和未来生活做灾难性预测，孩子的心理成长就无法呼吸到自由的空气，他的体貌也跟着一起受压抑，不得舒展，久而久之就变得不成样子，甚至发展出某些体貌扭曲的行为，如过度锁眉、垂目、斜视、啃手指、收缩身体。如果一个孩子始终保持一种自惭形秽的心理状态，他的体貌也会每况愈下。

常常有相貌俊朗的父母，他们的孩子却长相寝陋；也有相貌平平的父母，却生养出俊美的孩子，如同尽情绽放的花朵。那丑、那美不仅来自形体，更来自心灵，来自父母与孩子的关系，来自孩子生命成长的状态。二十年前，我儿子出生，长得标致极了。儿子长到五六岁，我们带他出去玩，也会引起周围人对他相貌的赞叹。记得有一次，我们带儿子回老家，在商场里几个年轻的女服务员一直跟在我们后面看，说没见过这么俊美的少年。我和妻子皆相貌一般，孩子却长得俊逸。朋友惊问其故，我们一笑而过，但心里有自己的想法：孩子的相貌是其父母心灵的样式。

相貌与心理有关。记得儿子小的时候，转到一个新的幼儿园。因为没有过去的同伴，他在一个新环境里很想尽快融入新的群体。但对这个新来的小家伙，其他同学还没准备好接纳他。但我儿子急于加入，行为冒进，只见他撩撩这个，碰碰那个，动作有些粗大，被同学们解释为"王逸尘打我"，一个个向老师报告。这天老师在课堂上问："班上有哪些同学被王逸尘打过，站起来。"话音未落，一大半孩子呼啦啦站起来，其中不乏跟风凑热闹者。我儿子立刻感到一种群体的威胁。一天傍晚，我带儿子到新街口散步，他一直低头走路，不说话。我问他，他说："爸爸，我长得很丑……"我说："你不丑啊，你长得挺好的。"儿子说："你是我爸才这样说的。"我后来才了解到儿子在幼儿园被同学孤立的情况。

从发展心理学看，这个年龄段的孩子与同伴的交往开始增多，如果受到同伴排挤，孩子会觉得自己不好，甚至会产生自惭形秽的念头。到了十二岁之后，青少年会关注自我形象，包括自己的相貌，很关心别人对自己的评价。如果受到压抑贬损，青少年对自己会不满足，可能会发展出体象障碍，表现为对身体相貌的过度关注和焦虑。如果你体相上有什么缺点，人们就会给你起相应的绰号。不管你多么不喜欢，人们就用绰号称呼你。这会损伤自尊。我儿时曾因别人对我相貌的评头论足一度发展出体象障碍，这让我在暗中受了不少折磨，但家人并不知情。

人的心理有一个极致的情况，即自己有什么弱点或缺陷，就会对它敏感，就越想掩盖它。为了遮盖某一点，你顾不上自己的遮掩行为有多可笑，造成越是要掩盖它，就更加暴露它，这便是所谓的欲盖弥彰。我后来从事心理学工作，知道这原来是神经症的一个特点：盯着一点，不顾一切。

在我十五六岁时，我有一个很可笑的行为，至今无人知道。当时，我脸上长满了粉刺，我拼命挤粉刺，挤得满脸是坑，还是止不住粉刺层出不穷。我的敏感和关注全部集中在我的这张脸上，它上面布满了粉刺，让我很自卑。

暑假，县城的电影队下乡，要在这里巡回播放电影。电影队住村头的学校里，要住一个月。我给做饭的大师傅做帮厨，他烧饭做菜，我切菜和在灶头添柴烧锅。电影队有一个女放映员，在我眼里美若天仙。我虽自惭形秽，心里却念着她，总想给她留个好印象。但我满脸粉刺，见到她时简直想找个地缝钻进去。这天，我买来一瓶紫药水，用紫药水把脸上的粉刺全都涂盖起来。我以为这样她就看不到我脸上的粉刺，却不知道我把一张小脸涂上紫药水看上去会有多可怕。那天，我像往常一样坐在厨房朝灶里添柴，像我期待的那样，我的女神独自走进厨房。灶里的火光映照着我的脸，我的女神发出一声尖叫逃出门去。我坐在灶前一脸蒙，不知道是怎么回事。直到一些年后，我一次次回想那个场景，才一点一点明白过来。

没有人想到我会成为一个心理咨询师，我自己也想不到。二十年前，我开始做心理咨询，虽然我接受的训练有限，但我有一个能力很突出：我很快能知道来访者行为背后掩藏的动机。比如有一天我接待了一个女孩子，她脸上贴了一大块白胶布。我几乎立刻知道，她不是受伤了，而是另有意图。

我问："你脸上怎么贴一块胶布？"

她顾左右而言他。

谈了一会儿话，我又问："你脸上为什么会贴一块胶布？"

她不回答。我们继续谈话。

又过了一会儿，我又问："你脸上贴一块胶布，是不是有什么原因？"

她一下子就把胶布从脸上撕了下来，解释说："我来看心理医生，走在路上怕有人注意到我。"

但她不知道，一个人在自己脸上贴一大块白胶布，然后走在街上，更会引起别人的注意。我这样一说，她有点害羞地笑了。我们是相通的，因为在许多年前，我像她这么年轻的时候，做过同样的事情。

常言道，不要以貌取人。只有对人生看得深一些的人，才会透过外表看本质，不那么在意人的相貌和衣着。常人难免以貌取人。小孩子也是这样看人。过去的文学作品和电影过于脸谱化，好人、坏人一看就知道。这便是很幼稚的文学艺术。生活中那些过度看重相貌与衣着的人，往往是太幼稚的人，很容易受骗。也正因为这个缘故，骗子善用相貌和衣着行骗，常常畅行无阻。

我的长相太普通，一般人不相信我有什么特别之处。说起来已是十几年前，直面办公室装修，赵经理带他的一帮苏北农村老乡来做装修。装修过程中，我也偶尔过去看看。赵经理向他的同乡介绍我："你别看王老师……他会说英语。"老乡的回应是："不要瞎说。"意思是，看我这样子哪像会说英语的人！而这也是赵经理最初对我的印象，因此他说"你别看王老师……"

二十多年前，我在美国读书，在开放日，我作为国际学生在台上分享了自己在这里的生活与学习经验。有一个中国香港来的年轻人在台下听，见我能讲英语，还表现得自然风趣，他太惊讶了。他知道我来自中国内地，他的刻板印象是，中国内地来的人都是落后的、古板的、凶巴巴的。后来，他成了我的校友，常常跟我在一起交流。

看人外表和评头论足是一种文化上的幼稚。幼稚总与面子相关。我年少时在乡村生活，年轻人找对象，总想找好看的。老年人对年轻人说："长得好看有什么用，又不能吃。"这话说得太实际，也有点可怕。年轻人喜欢长得好看的，这没问题。问题在于过度看重相貌，只在乎相貌，觉得找好看的对象有面子。找对象讲实用，与吃有关；找对象讲面子，与看有关。真正的关注不只在吃与看，更在情感，更在性情，更在价值，更在品质，更在人本身。

形象如我者，不免有一些额外的不顺当、不方便。我的情形是：会被一些人认为不那么好看（也不是所有人都这样认为），看上去比较土一点（说朴素一点也是可以的）。还有我也不大讲究穿（吃也不大讲究）。到了陌生的环境，我总要多吃一些亏的。如果说长相和装扮是一个通行证，我在通过时会遇到点麻烦。当跟成熟一些的人在一起，或者跟人变得熟悉了，这就可以突破了。我总需要多等一些时间，让相貌和衣着后面的"人"充分展现出来。当我这个"人"被看见了，我的相貌与衣着就会被忽略了。

一些年前，直面举办一个研讨会，一位同行读过我写的文章，没跟我见过面。在他的想象中，我应该是一个儒雅之士，相貌俊朗，身体清瘦而颀长，讲起话来口吐莲花。见到我的真人，与他的想象相去甚远。而他又是一个直言快语之人，在演讲中，为了凸显我的形象与我的思想之落差，他颇感染了一些听众，让他们对我的印象成了"别看王老师其貌不扬，他的思想非同一般"云云。

说起另一件事，又是十几年前，应该也是一个心理学同行，她从上海来参加直面举办的培训课程。回上海之后，她在网上写了这样一段话：

经常上西祠，便认识了王学富。当然，他不认识我。经常看他写的文章，印象非常好。我感觉他是个敬业、有责任感、专业、勤奋的好人。他的"直面"网站我也时常上去看看，感觉依然很好。这个周末，"直面"办免费讲座，请美国富勒心理学院的两位教授讲学。我突发奇想，开车去南京，既去听讲座，又看看"直面"到底是啥样子。

狂奔三个半小时，"直面"就在我面前。和想象的一样，只是更学术、更简陋，不过这不影响它在我心中的形象，反倒觉得自己有些过于要门面。

课准时开始，窗外寒风飒飒，屋内暖意融融。"直面"办事周到，让远道而来的坐在前排。近距离端详，记住了王学富的模样。那么普通，扎在人堆里绝看不出他是个博士，乍一看，像个农民，机敏而又聪明的农民，眼神带着执着、深邃、百折不挠。虽然离得近，却没与他说一句话，不知说点什么好。课很精彩，使得屋内温度上升，棉衣是穿不住了，王博士脱去老大衣，竟露着一件贴身小棉背心，极似我们北方老家冬天穿的那种，不好看但极保暖。在这种场合下，穿这种衣服，足见他的率真无忌。回来我和先生说"今天遇到一个可爱的人"。

这段文字透露出一种成熟。成熟的人会欣赏另一个人身上的美，却不只是外貌的美。说这话时，我又想起一个例子：那一年，我在富勒心理学院做访问学者，一家人住在加州帕萨迪纳，我们时常一起出去散步。走在美国的街道上，人总是不多的。有一次，迎面走来一个女性，看到我们一家人散步走来，她不由感叹一声："What a beautiful family！"（多么美好的一家！）她的感慨无关相貌，而是看到一家人在一起幸福的样子，她感到了一种美。

我长了一张太严肃的脸，许多人就把我这张脸当成我这个人。路易斯和杨吉膺跟我接触多了，发现我的脸虽然冷，我的心却很热，甚至我说话还幽默，因此他们早就不在意我的脸了。我们就成了朋友。2009 年初，路易斯在洛基山大学组织了一场心理学研讨会，我也在会上做了一场报告。路易斯和杨吉膺就想利用这个机会试一试我这张脸在美国文化中会受到怎样的待遇。他们听过我讲的一个笑话，让我在开始的时候讲一讲这个笑话，测试一下美国听众会不会笑起来。我便讲了这个笑话，却没有人笑。不但不笑，美国听众还个个神情凝重。原来，他们把这个笑话听成了一个悲伤的案例。路易斯站出来做了一番解释，大家这才回过神来，哄堂大笑。他们发现，这个笑话的确很好笑，并且颇有意味。我后来一直想，我把一个笑话讲成了一个悲情故事，或者说，这本来是一个笑话，却被人听成了一个悲情故事，还真是一件太奇妙的事。原因大多与我这张太严肃的脸有关。因为从我这张苦大仇深的脸上，人们就像先入为主那样读到了一种悲情。

记得我儿子四五岁的时候，我带他出去旅行。那时，我的年龄也不过四十岁。那天，我和儿子坐在火车上，对面座位是一个年轻人。旅途中他跟我搭话，不料成了"话不投机半句多"。

他说："你带孙子出来旅游啊？"

我说："是我儿子。"

本来话到这里就可以结束了。他显然有点惊讶，接着来了一句："噢，是最小的儿子吧？"

我说："就一个儿子。"

显然在他眼里，我与儿子不是父与子，而成了爷孙俩儿。

比这更早的一件故事，发生在我三十岁。当时，我在北方一所大学教书。一天在校园里，一个女大学生跟我一起，我们边走边说话。对面走过来另一位女大学生，跟这个女生打了个招呼："你爸来了？"

这个女生回答："不是我爸，是老师。"

更惨的是在五六年前，那时我不到五十岁。我到理发店理发，给我洗头的小姑娘跟我聊天。她问我是不是南京人。我说不是，但在南京生活很多年了。接下来的谈话就变得离奇了。

她说："那你一定经历了许多在南京发生的事吧？"

我说："是啊。"

她说："那你有没有经历过南京大屠杀？"

我只好说："我是幸存者。"

我之老相，对心理咨询大概算是一个优势。我从三十多岁开始从事心理咨询，这期间被来访者叫"爷爷"的事一直都在发生。我有时候想，是不是我的灵魂太老了，以至于我的面容如此沧桑？

有一位跟我年龄差不多的女性，带着她的女儿来咨询。她的女儿读大二，而我四十五岁。母女见到我，妈妈对女儿说："叫爷爷。"

女儿应声道："爷爷好！"

谈话结束，女儿不用妈妈提醒，对我说："爷爷再见！"

又一天，一位咨询师来见我，想做我的学生，四十多岁，但言行举止像一个小姑娘。我猜想，她对我有移情，可能把我当成了她的父亲。谈话之间，她问我："王老师，你今年七十几岁了？我想请你给我的学员上课，你身体能行吗？"而我当时其实才五十多岁。

后来，我把这个故事讲给别人听，我得到了这样的安慰："王老师，你现在看上去是七十多岁的样子，当你到了七十多岁，你还是现在的样子。"

跟所有人不同，在我妻子眼里，我一直都很年轻。恐怕全世界只有她一个人认为我年轻，全世界也只有她一个人最不想看到我变老，也最害怕我变老。她说，她可以忍受自己变老，但不能忍受我变老，她比我更害怕我变老。

虽然这么说，我有理由猜想，到我六十岁那一天，她依然会觉得我年轻。七十岁还年轻，八十岁还年轻。在情感里，我们永远不会变老。

# 我的长相与脾气

昨天去理发，洗头时，女服务员跟我聊天，说我很像电影里的司令官。

回去之后，跟孙闻讲起这事，我说：我这一副凶相对我是一个保护，因为我内部很软，就相应配了一副凶相。孙闻很坚定，甚至很坚硬，却长了一副菩萨相。这我就有些不懂了，不是说相由心生吗？我的心与相却如此相反。这在生活中也给我造成不少误解。

我的凶相可以唬住许多成年人，却瞒不过小孩子、小婴儿。小婴儿见到我不是被吓哭了，而是看着我笑，要我抱。我抱他的时候，他很安详柔顺。我稍稍得到了一些安慰，难道小婴儿因其纯真可以透过相貌直探我的内心？

我选择做心理咨询，是我的"心"做出的选择，而我的这张"脸"会有所阻碍。我在工作中遇到过许多受伤的人，他们极其渴望亲密关系，又极其敏感，怕受到刺激。我的脸太凶，即使上面布满了笑容，也会让人提心吊胆。天哪！加上我有时也峻急，简直要把有些幼稚的来访者吓退。然而，当他们透过我的面相，体会到我的关怀，他们不仅是跟我熟悉了，也变得成熟了。凡事都有两面，甚至多面。

我的长相是天生的，峻急大概也有天性的成分。虽然受了教育，又受了专业训练，还有文化的不断熏陶，我也不能彻底改变，总是有情绪急躁、凶相毕露的时候，幸亏时而有孙闻提醒：快去照照镜子。

117

一路过来，有不少朋友，因为与我有"心交"，总能原谅我的凶相与峻急，也有闹翻的，就难以挽回了。许多人提醒我：不要太认真。其实，我的心很自由，也愿意承认自己错了，内心里还有不少的内疚。一些年前，我带了几个弟子，也因为太"认真"，让他们跟我有了距离。其中最严重的一次，是因为我面相太凶，说话峻急，把一个弟子吓坏了，导致他对我有很深的愤怒情绪，甚至到了无法挽回的地步。直到一些年后，我们才重新有了联系。但伤总在那里。

在面谈中，我也很小心，但难免会露出本相，导致有来访者不敢来见我。我常常要为此花许多的功夫去做一些解释，试图挽回，但有的能挽回，有的就失去了。我便反思自己，提醒自己，同时也为对方惋惜。因为除了面相凶与说话峻急外，我还是很好的咨询师。

我也因此得罪过家人。我为家人做了不少事，也十分尽心，但会因为面相太凶、说话峻急，让人难以接受。因为彼此是家人，他们也都尽量原谅我了，而我也渐渐改了。只是脾气可以好一些，面相还是那么凶。

理发店的那个女服务员是个敏感的人，一下子看出了什么，说不明白，就说我像电影里的"司令官"。或许是她说话巧妙，但话里的意思我是明白的，是说我长得凶，脾气坏，动不动像要拔枪毙人的样子。实际上，我是一个心软、耳根子软的家伙，被她一劝，我就办了千元的会员卡。

从很小的时候起，我的样子就让人大大误解了我。在这一点上，恐怕只有我妈不误解我，她总说我从小听话，是个好孩子。但除她之外，别人都不这样看。从小到大，在同学眼中，我就是个调皮捣蛋的孩子，甚至那些真的调皮捣蛋的同学还有些怕我。我自己也不知道为什么。回顾自己的生活，我很少和人打架，但会经常跟人摔跤。读高中时，我打过一场架，还是被迫的。但在有的同学和老师眼中，我怎么会成为一个不成器的学生呢？我本有自己的梦想，且奋力追求，竟然差一点被学校劝退。师范毕业后，一个学校缺英文教师，校长到县教育局要我，教育局的回复竟然是："王学富你也敢要啊！"

许多类似的事把我都弄糊涂了。朝极端处想，我甚至看到，我简直被众人的误解谋杀了，而我的灵魂因此困惑不解：你们搞错了！

我原以为，在我的文化里，我的凶相会被人误解。没有料到，在外国的文化里，我这凶相也会造成误解。前面讲过，我的朋友路易斯和杨吉膺让我在洛基山大学的研讨会上讲一个笑话，而这个笑话竟被美国听众听成了一个悲伤的案例。

我写这篇文字，也是为了缓解一点我的凶相与峻急给人们造成的影响，想让人知道：我的相貌与表达，不是我的全部，也不是全部的我。

# 人生哪里料得到

## ——兼及与"直面—存在群"朋友谈论

## 感　慨

人生哪里料得到，今天本来想在家写点东西，却只得到医院来看牙。

上次看这颗牙几乎是在一年前，医生交代要再来一次，我却一直拖，拖到现在，不得不来。

上午挂号排到最后一位，发现一年前给我看牙的医生已经转到外科去了。当下的这位牙医建议我再挂号到牙体牙髓科去看。

到外面吃完中饭，回来排队挂号，然后坐在候诊室等待，孙闻陪着我。她下午还要去透析。等我看完牙，再送她去另一家医院。等她透析完，我再接她回家。

人生不经意之间就到了这个地步：我们身上的器官都在衰退，生命在朝退场的地方接近。现在，我得承受我的牙衰，孙闻得承受她的肾衰……每个人都得承受自己的那一份——不论它是什么。如果我们能够接受，那还好一些。如果不肯接受，就会承受多一层的痛苦——本来就免不了这一份自然的苦，还要多一份人为的苦。但终究是拗不过的。

许多人会问："为什么？"但他们其实是想说："凭什么？"我的答案是："因为我们是人啊！"在英文中，人被称为"mortal"，意思是：必将朽坏，终有一死。

坐在牙科候诊室，许多人同样在等待。我的思维游离了，想到这个天荒地老的世界，许多人走来了，又走开了。我妈用的比喻是：就像收割庄稼，一茬一茬的。我妈那一茬的许多人都已经被收割了，她与少数人留了下来。在人生的田野里，风正吹着她的生命，摇摇晃晃。就在昨天，我妈生病了，感到很无力。其实，她也孤独。我坐下来跟妈说说话，讲起从前的村庄，讲起过去的亲戚。她说："一茬一茬的人都走了。"

人到了五十岁后，收割者挥镰刈麦的声音临近了，可以听到了，声声在耳。

昨天晚上，随手翻开一本书来读，是余光中的一本散文集，其中讲到人害怕两样东西，一是老，二是死。在老与死之间，是人生无法顾全的诸多遗憾。余光中说："假如我有九条命，我就可以分配给人生的不同方面，不留任何遗憾。"但他又说："九条命哪里够呢？人生充满罅隙，有一百条命也不能活得全备无缺。"真是"此事古难全"啊！

但我们总要去应对这人生的有限性与不确定性。我要一次次来看牙，孙闻要一次次去做透析。我突然想到弗洛伊德，他做了十九次口腔癌手术，最后还是走了。

我们为此感到悲哀，那就悲哀着吧。人生哪能没有悲哀呢？没有悲哀的人生还是人生吗？

## 对　话

人生哪里料得到！本来以为只是来看牙，竟然坐在这里写出以上一段文字来。

我把这段文字发到"直面—存在QQ群"，便收到了群友的回应，以及有了群友（名字以单字代表）与我（他们称我"王老师"，对话中简称樵）的以下对话（内容略有调整）：

梅：好好好！

蓉：王老师态度豁达。

鹏：我今天写了个"临近三十岁"，真是巧了。

妮：值得我们学习的人生观。

樵：人生的悲哀有时集中在牙齿上。牙医比别人更知晓人生的真相。不管你用什么来装扮自己——地位、财富、学问、美貌，但牙医了解你的牙。你躺在椅子上让牙医看你的牙，你无法优雅。牙医对人生，一定有一种冷森森的幽默和黑洞洞的达观。当我牙疼，我感到自己更真实地存在着。

鹏：王老师，你对年轻的时候有遗憾吗？

樵：一路过来，处处遗憾。再过一遍，还是一样。

奕：疼痛让自己更存在。

鹏：有时候我在想，大家都有遗憾，这样想时心里会舒服一点，但是从未真正释然。好像注定有些东西要去争取，而我没有真正努力过。就像电影《匆匆那年》讲述的一样，没有努力过不能叫遗憾，叫后悔。

飞：听王老师唠唠这些关于生命的东西，感到一种强烈的沧桑感，隐隐又觉着那么一点点莫名的力量感，不知怎么形容此刻的感受。

琴：好像是，因为疼痛，我们才真实地存在。以前我吃很多话梅，我妈说小心浮牙，但那时我还没感觉。现在儿子买了话梅回来，我的牙竟然吃过后浮了。我疑惑地问儿子，你的牙浮吗？他说没有啊。也许生命就是这样传递的吧，用不同的方式——恨、爱、近、远、苦、痛——

在存在，在告诉遇见的人，我来过，我将离开。即使带着深爱和不舍，也不得不告别。即使很想挽留和陪伴，也不得不一点点走向远方。

奕：先看到王老师说牙疼即存在，还以为这是幽默，就发了个笑脸。没想到前面王老师的文章写的是关于牙痛与生命之沉重的感悟。非常抱歉没有尊重王老师及群友的情感。

樵：看到你发的笑脸，觉得挺好啊！

琴：是啊，为什么不可以笑呢？

奕：看到王老师的文章，内心涌起悲哀、忧伤和无助，感到笑的情绪来自自己的无知，且未能体谅到王老师和群友们的感情，因此很羞愧。

樵：嗯，笑笑它，它就退去了。

琴：快乐者看不到沉重者的苦，沉重者看不到快乐者的轻盈。其实，两者何曾分开过。

樵：谢谢你，我们在谈话中有了联结。牙疼让我脱离了忙碌，有空来跟各位联结一下。

奕：谢谢牙痛，牙痛让我们联结。

樵：你的幽默又来了，那就祝我牙疼吧。

蓉：不，我要祝自己牙疼。

樵：我们彼此祝愿吧，祝你牙疼！

梅：哈哈，好。

樵：因为牙疼了，我们就联结了。

蓉：祝我们都牙疼。

樵：不牙疼，我们过得好飘离。

奕：我们一起在牙痛中感受存在和此刻的联结。

琴：祝我牙酸，祝你们牙疼。

樵：直面之歌：祝你牙疼！祝我牙疼，祝我们大家都牙疼。你牙痛，我牙痛，我们一起都牙痛。

微：疼痛着，俏皮着。

倩：我最近生病，可没这么超脱。

樵：开开玩笑，放松放松。

飞：套用一段王阳明的话：你的牙不疼时，牙与你心同归于寂，你的牙一疼，这种疼痛一时明白起来，便知此牙原不在你心外。看，这是多强烈的联结！

樵：哇，竟然有这样的共鸣。

琴：说得好！

樵：弗兰克尔的意义疗法中有一种方法，叫反意向法，就是把我们的焦虑变成一种可笑的东西，然后嘲笑它。当你嘲笑它时，你就高于它，在俯瞰它。不然的话，你就在焦虑之下，就在焦虑之中。

琴：所有让我们疼的人、事、物，原来是在心里。嘲笑如此有力。

樵：当我们焦虑时，我们也可以嘲笑自己：看你板着面孔一副焦虑的样子啊，哈哈哈哈……

琴：哈哈……我不太习惯，我总是太认真。

樵：人一思考，上帝就发笑。我似乎明白了。

飞：据说，某些国家将幽默感列为人格魅力指数的第一位，因为它没有脱离真实，并不荒诞，又有一种超越的力量感。让我们也能既真实，又超越吧。

樵：在我年轻的时候，有一颗弱小的心和一张严肃的脸，遇到欢乐的事，遇到可爱的人，这脸也是板着的。这脸跟文化有关，是一张文化的脸。看到美丽的人，我脸上竟是厌恶的表情；遇到高兴的事，我脸上竟是痛苦的表情。真是倒错啊，要纠正过来都不容易。现在让我们来嘲笑一下自己的这张脸吧。

亚：想起刀郎写的歌——《我的楼兰》。

琴：所以拼了命，要做真实的自己。自己不真实，什么都不在状态，不能自然。

樵：拼了命要做真实的自己，怎么可能自然呢？

琴：想要把我们刻画成什么样子的人啊！

樵：文化里有暗刀，阉割了我们的自然。

琴：当我们有一天自然了，周围的人都会说你好奇怪。然后，我们自己也觉得奇怪。

艺：哈哈！牙疼躺在那里没法优雅，还真是！

樵：你躺在那里，让人看透了你里面的秘密。

琴：看透又如何？人，哪有秘密？

樵：我们是"有牙"的存在，当牙齿坏了，就不再"优雅"。

琴：优雅如此重要？

鹏：哈哈。

琴：我是说，有疼痛时，可以把优雅先放一边，可以痛得哇哇叫，可以回到小孩子。管它什么优雅，本来都是平常人。

樵：为真实而战的斗士：有时很想骂人，但怕失了优雅；有时可以骂人，不怕失了优雅。

飞：生当做斗士。

樵：优雅不等于做假，我们也有优雅的需求，动物爱惜羽毛嘛。

艺：优雅是一种境界。

亚：优雅是一种自然而然的东西。

莉：我可以暂且优雅，牙痛初愈。

飞：虽然我很想继续在这里联结，但是自然法则告诉我：该吃晚饭了。所以，我先下了，待会体验一下牙的感觉，它每餐都在帮我咬东西，可我几乎从没认真关注过它的感受。这是不是：一场牙疼引出的猛醒？

琴：直面需要更多的人，把"直面心理"这个存在模式坚持下去。如果直面有十个王老师这样的咨询师，如果这个群里都是直面的学生和传播者，那么直面可能走得更远、更好，也会有更多的人知道，心理咨询是这样的，是值得信赖的。

樵：琴，直面的目标是越办越小。

琴：会有办法的。精神分析可以做到，直面—人本—存在没有理由做不到。

奕：没有理解，直面的目标是越办越小，这是什么意思？

樵：直面走路，脚步轻轻的。直面走在大街上，没有人认出它。直面在人群里，也不喧哗。

亚：直面自在着。

樵：是。

# 后　续

我曾经有一个体验：我牙痛故我在。当然，这是套用笛卡儿的名言：我思故我在。这样一套，也颇有意味。

牙痛，真是人生一大不幸，而人生深刻处也是从这里出来。没有深痛，何来深思。牙痛把身体里的每一根神经都牵动了，好像它成了一个最要紧的神经，纲举目张，思想展开了。

我过去有一个朋友，叫谈季陶，诗写得好，其中一首写牙痛，叫《谷》，写得颇有趣，也颇真切。作为遥远的纪念，这里引述一下：

一阵疾风夺窗而入夺去白云夺去一颗牙齿

一声巨雷炸裂长城炸裂心肝炸出九级地震

睡也不是坐也不是只拿半边脸贴着钢丝床的冰冷

月亮牙膏上海牙膏白云牙膏刷了三次却刷不掉三声呻吟

过去的时光咬咬牙咬碎了多少生硬的岁月

为什么今夜稍稍用力竟咬出虚汗一身

二十个年头七尺许身躯怎么就孕育出一串软弱的泪

一颗泪珠一个显微镜拿来就近角落的粗心

苦的辣的咸的你哪样没有尝过

宠爱的酸甜掏出一个空谷放进连心的痛

两粒去疼片去不到半夜去不到梦乡

下一个半夜活该你品味失眠品味牙床上的八卦阵

明天穿衣明天吃饭明天祈祷明天去不去医院

人生于世人死于世生死难解像一道难解的方程

我看过《乔叟传》，很喜欢其中一个对乔叟形象的描述："乔叟是一个谈不上有什么牙齿的人。"我因而想到，在经受了多少次的疼痛之后，乔叟的牙齿全脱落掉了。

我读过鲁迅的《从胡须说到牙齿》，其中有语云："我从小就是牙痛党之一，并非故意和牙齿不痛的正人君子们立异，实在是'欲罢不能'。"我想到：人生没有深痛，何来存在之思！牙痛把身体里的每一根神经都牵动了，神经的疼痛刺激了我们对自己、对人性、对人生的反思。鲁迅因家道中落遭人白眼，他因此了解了世态炎凉，这是人所共知的。许多人所不知道的是，鲁迅因牙痛而遭到申斥和诬陷，感到无奈："我不解，但从此不再向人提起牙齿的事了，似乎这病是我的一件耻辱。"甚至这竟成了"切肤之痛的自己的私怨"，以致鲁迅想要写一本《悲惨世界》的续集。

在人类中也有邪恶者，他们深知牙齿与疼痛的关系，以损人牙齿来胁迫别人。酷刑中拔人牙齿，当数伤害最深。我见过电影里一些黑社会团伙的手段，其中最残忍的行为，是用钳子把受害人的牙齿拧下来。这事想来都让人胆寒。有话说"打掉你的牙齿"，是威胁人的话语；也有"打碎牙齿往肚子里咽"，讲的是人生的屈辱与忍受。牙痛伴随我们的人生，牙痛是人生的一部分。

# 看　牙

昨天去菜场买菜，跟一位蹲在地上卖菜的老先生搭几句话，我发现他的牙齿全没了，说话时舌头在空荡荡的嘴里游来荡去，显出一种稚童般的神态。

我问他："多大年龄了，牙齿全掉光了？"

他看看我，说了一句："我们差不多吧。"

被别人看老一些，在我已是司空见惯了，我不以为意，算是默认吧。

接着，他又问我："你六十几了？"

我本来五十五岁，被他这么一问，我随口开了一个玩笑："我六十八了。"

老先生听了，一点也不惊讶，很自然地接口道："你比我大五岁。"

实际算来，他比我大八岁。算了，相差也不太远的。

随着年龄增长，人对年龄的态度会有变化。每个人都希望自己是年轻的，至少看上去年轻些。人们花大量的时间、精力、心思、金钱让自己显得年轻些。但不管一个人看上去多么年轻，他的实际年龄无法改变。在西方文化里，年龄是敏感话题，谈天气比较安全。谈地球天荒地老没有问题，别谈人的年龄，这几乎是忌讳。这种忌讳里透露出对生命有限的顾惜。因为说起年龄，总会附加一些相关内容：容貌、体力、魅力、能力、反应、智力……随着年龄增长，这些都走向衰退。人就是这样变老的。在中国，人们也开始对年龄有忌讳了。有时候别人问起年龄，我们会让对方猜。对方总会把我们的年龄猜小一些，这样我们就舒服一些。这行为显得相当可笑，如同跟时间捉迷藏，我们还以为自己可以躲到一个时间看不到的地方。但时间会搞恶作剧，让我们的牙齿掉一颗，掉两颗，直到掉光了，就像那个卖菜的老先生——不管卖菜的，还是其他任何人，都躲不开时间的玩笑。我们跟时间玩，时间也跟我们玩。我们是真的玩，时间是玩真的。

有一位医术很高明的牙医是我的朋友，他在给我整牙时说：要保护好牙齿。

我说：时间不允许，终究保不住的。

他说：要保，你这一嘴牙值二十万呢。

今天看到这位卖菜的老先生，他蹲在街边卖菜，牙齿全没了，还喜欢说话，说不大清楚，也不在意，却快乐，很纯朴的样子。我想，如果我的牙医朋友对他说"你这一嘴牙值二十万"，那他是听不懂的。当然，他不会对卖菜翁这么说。牙齿值多少钱，那要看牙齿长在谁嘴里。据牙医朋友说，在口腔医院里，有一个病人植牙花费了七十万。但是，在这个卖菜翁看来，那是不值得的。对他来说，有牙当然好，没牙也没什么。同样，牙医对许多人是重要的，对他则属可有可无之列。

牙齿与功用有关，这对谁都一样。但牙齿与形象有关，却因人而异。对形象越在乎，牙齿就越重要，也越值钱。我的牙齿也关涉形象。

我性子急躁，甚至刷牙都用力过猛，有一次把一颗牙齿撞松动了。后来，这颗牙就一直松下去，越来越松，终于保不住了。保不住了，也是因为我做事拖拉。本来牙松了要去看医生，但我一直没去看，后来因为牙痛得受不了，才不得不去看医生。医生做了初步处理，对我说："等一两个星期再来一次吧。"我等了一两年。再去时，那个医生已调到其他科室了。我便专门来看这位牙科专家，他是我的朋友，他把我的那颗松动的牙轻易拔掉了，还开个玩笑："你看，如探囊取物。"

当时正赶上我受邀去英国参加世界存在治疗大会，时间很紧，来不及种一颗牙了。这位牙医朋友就做了一个暂时代替的牙齿，套在那个拔掉了牙的缺口处。他把制作好的假牙给我看，然后套上去，拿来镜子一照，简直跟真的一样。这是他的杰作，他很得意，对我说："你站在台上演讲，代表中国的形象呢！"

我想到的是，把牙齿制作到以假乱真，代表技术精湛。这是专业的标准。如果用道德标准来看，这就不一样。比如说做人，一个人善于做假，做到以假乱真，这不代表他品质高尚。演戏呢，又不一样。本是假的，却演成真的，人们称赞演技高，还感动得不得了。医生制作假牙，做得跟真的一样，却有好处：从功用上看，可以咀嚼；从美观上看，可以遮丑。你看，这世事怎么说呢？

假牙装上之后，我明显感到是假牙，后来渐渐忘了，与真牙也无甚差别了。

说到牙齿与年龄，我最近看到一则笑话，说人越来越老，追悼会越来越多，参加同学会的人越来越少了。这天在同学会上，有一个人说："今天吃了一块豆腐，碰掉了一颗牙齿。"

人生也可以从牙齿的视角来看：新生儿长牙，长到坚硬和齐整，可以在相当长时间里使用，然后牙齿衰退，脱落，或装上假牙以应对，或任其无牙以应付。

有一天，我跟几位弟子坐下来谈话，竟然谈到牙齿，还十分有趣。

牙医是一个非常特别的行业，牙医看牙，似乎看到生命的本质，牙医说话，也常常相当精辟，透出一种对人性、人生的洞察力。在牙医身上，你可以看到一种冷峻、一种尖锐、一种深邃。至于这是从哪里来的，我也说不大明白。我只猜想，或许在牙齿里隐藏着某种与人性、人生的隐秘关联，被牙医看到了。在文学界也有一个有趣的现象，医生转行成了作家，而有的作家就曾是牙医。在中国最有名的如鲁迅。

在西方最有名的叫加缪，他本是一名牙医。在当今中国也有一位作家，叫余华，当初也是一位牙医。余华也是一位颇有"存在"特质的作家。

牙医与心理咨询师之间也可能存在某种神秘的关联，关乎生理与心理之间的某种奥秘。比如，牙医洞穿身体最隐秘的部分，如同心理咨询师了解心理深处的隐秘，而身心之间又存在相互影响。我前面写了一篇《我的神经》，讲到虞牙医在我牙齿上打洞、填药，目的是杀死我的牙神经。让他惊讶的是，他用了三次药，都没有杀死我的神经，最后还得用麻醉药，而且用了麻醉药还痛。他感慨地说："你的神经太顽强了！"我开始反思我的人生与我的神经之间的关系。我那难以杀死的神经，不只是生物的，还是心理的，最后成了人生的。

讲到这里，一位做过牙医的弟子说，他也是因为太执着，在人生中太累又太苦，付出的代价是满头白发，仅去年一年，他就掉了两颗牙，而他年仅四十岁。他不失时机地提醒我们：要特别关注牙齿的动向，如果出现牙齿松动、牙龈出血、睡觉咬牙、牙臭等，就说明你的压力已经很大了。

我说："牙齿里隐藏着我们自身的秘密，看牙的时候，人的整个状态几乎一览无余地呈现给牙医，牙医就是在这里看到了人生的真相。"

做过妇产科医生的弟子说："女性在生孩子的时候暴露了自身的隐秘。"

做过牙医的弟子说："人生的隐秘其实在牙齿。生孩子的时候，你可以咬牙，但看牙的时候你怎么办？"

我说："人生的真相在痛苦，但痛苦是不同的。生孩子的时候，虽然痛苦，却有希望，因为要生出一个生命来。但看牙时候的痛苦，体验的是丧失，因为要拔掉一颗牙齿。即使还会装牙，也是拔掉真的，装上假的。牙不好，平常可以遮盖，闭上嘴就可以让自己显得像模像样。

但去看牙时，牙齿掉了一颗、两颗或更多，你还要张开嘴巴给牙医看。这时，你感到无助，同时也无法顾及起码的尊严和优雅。"

做过牙医的弟子又说："这时，你的嘴不能闭合，唯一的办法就是抓住躺椅两边的把手。牙齿跟吃饭有关，涉及人的基本生存。当小孩子被夺走食物，他会立刻哇哇大哭，非常愤怒和恐惧，简直可以造成心理创伤。当一个成人被夺走碗筷，他也会非常生气，当场翻脸。进食是人最基本的需求，牙齿是为了进食。当牙齿掉了，人会产生很严重的缺失感。看牙的过程，暴露人的无助。"

我谈自己看牙的体验："当你躺在手术椅上，你开始有恐惧，那是一种未知的恐惧、一种任人宰割的恐惧，甚至感到一种委屈、一种屈辱——你只得把自己交给另一个人，让他拿各式各样的金属器具来对付你——探触、敲击、钻孔、切割，而这一切都是在你清醒的状态下进行的。在生活中，别人打掉你的牙齿，你可以报复，如果有机会，你也可以打掉对方的牙齿。但在牙科的手术椅上，你只能听凭牙医随意处置你的牙齿，他可以切割牙齿的许多部分，可以拔掉一颗、两颗，或者更多。这简直会让你想到电影中的某个严刑逼供的场景：在审讯室里，一个人拎了一个工具箱走过来，里面装着各种牙医使用的工具，让人看到都毛骨悚然，没有多少人可以承受这个刑罚而抗拒不招。在牙科诊室里，你是自愿前来受刑，并且为此付款。跟牙医相遇，你必然处于劣势，而且这是你自己的选择。如果是生活中的两个个体相遇，各自都可以保留一点骄傲。但在这里，面对牙医，你无法保留骄傲，但他可以保留。"

人对看牙有本能的害怕，它折射的是人类对死亡的恐惧。我在牙科医院看到这样一幕：一位老先生被一大帮儿女带来看牙，他极度紧张，跟围在他身旁一直无法动手的医生吵，跟反复劝说他的儿女吵，坚决不肯躺到手术椅上去。他像一个惊恐万状的孩子，在牙科手术室里跑来跑去，不停叫喊，简直像在进行一种濒死的挣扎。他害怕什么呢？他害怕把自己交给医生处置，害怕让自己陷入完全的无助，害怕死亡……

我还体验到一种微妙的心态：在看牙的时候，我有点讨好医生。我的体会是，当你不得不把自己交给一个人，你会讨好他，为了让他手下留情。还有，每个人都有自己的隐秘，但当你躺在牙科的手术椅上，张开你的嘴，你就把自己的隐秘暴露给医生了。回想起来，在我讨好医生的心态里，也仿佛在说：你知道了便知道了，请勿与外人道。

我作为一个病人去看牙医，内心有害怕和其他各种情绪，但牙医有专业的品质，在整个治疗过程中表达真切的关怀，让看牙对我来说成了一个充满愉悦的过程，这就如同我的来访者来我这里接受一场愉快而疗愈的面谈。这个看牙的经验也让我对我的来访者有了更多、更深的共情或体谅。每一位来访者都是受伤的人，是在受伤的状态中走到心理咨询师这里来的。因为受伤，他感到无助，但他愿意把自己托付给心理咨询师，愿意把自己暴露给心理咨询师，包括他内心的隐秘、软弱、挫败、伤害，甚至屈辱。他对心理咨询师有信任，有期待，相信心理咨询师可以满足他的需求，并理解他、支持他、疗愈他。而作为心理咨询师，我需要像亚隆所说，把自己的治疗工作看作来访者给我的一种荣幸或特权，我要给来访者更多的情感、责任、保护，比他生活中任何一个人都要给予更多。我们都是人类，同类相互体恤。

# 诗人与世人

锦湖中间有一个湖心岛，水边栽满夹竹桃。

有一只白鸟与夹竹桃混淆了，它在水边站立，等鱼儿游过，也许没有这个意图——它只是静立，混迹于夹竹桃之间。

或许是没有鱼儿游过，或许是不愿跟花儿混在一起，它扇动翅膀，低掠湖面。

这才看到它，原来它一直在花簇下栖息，如同一朵花，却是一只鸟。

它，落下不可辨，飞出才分明。

锦湖边坐着一人，面对如此美景，赋不出一首诗。真是：眼前有景题不得，只因心中无才思。

随即想起谈季陶、邹立成、董蒙恩、陈华婷，这些完全不知名的诗人。

又想起海子、北岛、何其芳、戴望舒，这些很有名的诗人。

我恍然明白：我不是诗人，也不是世人。

诗人跟世界拉开了距离，世人太投身于这个世界。

世人获得了入世的实惠与稳定，却写不出诗来。

诗人得到了诗，世界却给他们附加了剥夺的可能性，让他们的生活有些零落。

我问诗人：你认为这值得吗？

诗人说：这难道是我可以选择的吗？

原来，诗人注定成了诗人，世人无奈成了世人。

我是一个医者，当诗人来访，我陷入了惶惑。

如果走进咨询室的是诗人，走出去的是世人，这是你愿意的吗？——我问自己。

而且，这是我能够做到的吗？

更何况，这是我愿意去做的吗？

诗人羡慕世人所得，我羡慕诗人所写。

诗人悲哀，说：我不要我的诗，但我甩不掉它。

世人贪图，说：我想得到你的诗，我却得不到。

世人是坚强的，精明的，控制的，明确的，聚焦的，

——诗便跑开了。

诗人是柔弱的，犹疑的，惶惑的，游离的，无端的，

——诗便跑来了。

在锦湖边，我想起那一个个诗人，感慨自己既不是诗人，也不是世人。

我对诗人有悲惜，我对世人有悲惜，我对自己也有悲惜。

鸟飞回来了，落到花簇下，在水边等鱼儿游过，或者不等。

我且回家。

家在湖边，却没有诗。

鸟在花间，我在诗人与世人之间。

# 以貌取人的理发店

小区的两个理发店最近都关门了，我只好到街上去理发。

我见一理发店名"萧邦"，光亮耀眼。入店，洗头，坐下。

理发师对我的态度可谓粗暴，手法也粗糙。显然他是以貌取人，不是理发，而是打发。

理完发，我去柜台付钱，仅收十元。

我平常在小区里最简陋的理发店理发，最低也要付十五元。我便问：为什么给我理了一个这么简单的发型？

听了这话，柜台内收费的女子看了那个理发师一眼，那位理发小哥立刻理解了那眼神的意味，便前倨后恭地叫我一声"大哥"，说下次一定不会这样了。

我知道，在一些以貌取人的地方，我这副土老帽的长相总要吃些亏的。我到高档一些的地方，难免被人从上到下看上一遍，对方的眼神就给我定了位：没钱。

我想到鲁迅在厦大教书期间，长相、衣着大抵如我，也有在理发店被伙计胡乱打发的经历。

有一天，鲁迅走进一个理发店，伙计见他这副尊容，胡乱给他理发，也就是打发。理完发，鲁迅也胡乱抓了一大把铜钱付给对方，数目大大多于当付的价格。理发店伙计惊喜不已。

下次鲁迅再来理发，理发店伙计自然认得他，十分认真地给鲁迅理发，一点不敢怠慢。理完发，鲁迅认真付钱，一个铜板一个铜板数得清清楚楚，一分不多，一分不少。

理发店伙计惊问其故。

鲁迅说："你上次胡乱理，我就胡乱给。你这次认真理，我就认真给。"

鲁迅的幽默让对方羞愧不已，无言以对。

# 临水而居，适意生活

家居湖边，三层小楼，非独立，为联排。每层皆可临窗观湖。

环湖有路，每日散步，可一匝、两匝、亦可三匝。

湖边三面环山，房屋依山而建。有小路可入山间，山中有野兔、野鸡，有时碰见蝴蝶聚会。湖中间有一小岛，无路可通，仅小舟可达。岛上有芦苇、柳树、夹竹桃，以及各种花树葱茏，间栖野鸭、鹁鸪等各类禽鸟。时见其游于湖面，翔于低空，赏心悦目者也。环湖栽柳，间以杂树，花按季节开放，柳随轻风拂水。

我居三楼，写作之余，临窗远眺，湖光山色、蓝天白云、空中翔鸟、路上行人，尽收眼底。湖岸绿树种种，环岛夹竹桃花开，皆入于目，怡于情。

房为南北向，各有一门，门前各有一小院。院门常开，纳客迎友，院内有香樟树，树下有石桌，围桌有石凳，或独自静坐，或邀友相谈，皆有快意。院与湖仅距十米，闲时垂钓无妨。

朝南另有一院，院中有一银杏树。秋日至，白果时时落下，簌簌有声，与妻拾白果为另一乐趣。白果可食，益于身体。院中有长条石凳，排于两侧，地上青石青砖，院中间石板上刻字"直面之道"，为房主之生命旨趣。

房主为南樵与妻，妻年届五旬，南樵长妻十岁。有儿女一双，皆长大成人，奋勉于人生。一国内读书，为女儿；一国外求学，为儿子。

女儿蕴藉婉约有爱心，儿子慷慨激越有热忱。夫妻居此，既放心于儿女，又安心于自己，不以空巢为寂寞，常与儿女相联络，并奋力于助人之事业，可谓老骥伏枥，犹有志于千里之外。儿女见父母犹认真且奋勉，自是效法，亦勤勉自立，处世为人皆自愿向好。夫妻相与二十余载，各自携带文化相异之处大多已经磨合，偶有抵牾，辄摆手而叹：何必何必！旋而恢复常态：或为夫唱妇随之协同，或为妻呼夫应亦相乐。

操持家务者，人称阿姨，名为小于，与南樵夫妇相处数载，彼此性情相投，亲密有间，与亲人无二。每日下班回家，家室整洁方便，食物清雅入口。

南樵感叹：人生至此，遗憾可放下，真情犹纪念，不足可接受，得失皆释然。观人间不平事，犹有愤世之言；遇人性之丘壑，且自发一声叹。所愤所叹，不大是为自己，大多是为他人。巴不得人人皆如我辈之幸福坦然，又忧急于人世之伤害，之愚妄，之贪婪，不忍看他人痛苦挣扎如置身于地狱。虽享生命之达观圆满，但不苟同于"各人自扫门前雪，莫管他人瓦上霜"之漠然。看破诸事，却不离红尘，尚有余力，助人一臂。二十余年修一直面之法，志心于疗愈与培育，却不操之而过急。每日接待来访者不辍，周五与众弟子聚以密授。相信人间有一至高法则，乃善有善报，恶有恶报，种瓜得瓜，种豆得豆。今日之果，乃昨日之因，今日之因，成明日之果。只要反思，不必抱怨。但遇人间不平之事，亦可奋起，做不平之鸣，而不昧良心，亦不自作清高以自许。

心有块垒，发斯言以释之，尽矣。

# 第三章
# 我的工作

# 我 的 一 天

2014年11月21日这一天，我早上起床。临去上班，我对孙闻说：今天将是我最忙的一天。她还在睡觉，模糊地回应了一声。

我下楼，走到客厅，母亲和妹妹已经备好了早餐，我们坐在一起说话，她们讲到人生的各种不如意，以及在乡村生活的艰难。

吃完早餐，我去上班，要开车一个小时，在五台山体育馆停车，然后走到单位。一般来说，我一天会接待四个来访者，上午两个，下午两个。但今天不同，上午安排了两场面谈，中午还穿插了一场面谈——因为对方强烈要求，只好安排在中午这个时段。而下午安排了三场面谈，因为最后一场也是无法推辞的，更无法推迟，只好安插进来。于是，我这天要接待六个来访者。

第一场面谈是一对老夫妻，在等候室里见到他们的时候，那位妻子的眼里噙着泪水。我很快就知道，原来他们的女儿在一年前突然去世了。在这一年时间里，夫妻俩常常相对而坐，掩面而泣，一想起女儿就哭。妻子更是整天以泪洗面，想到他们的人生已过半百，女儿又是最好的女儿，几乎完全没有迹象，她在某天早晨突然就离世了。回忆起来，是在几年前，女儿的脑袋里查出一个肿瘤，后来说是没有了。也可能就是这个隐患，突然某一天带走了他们的女儿。从此，这对老夫妻面对的问题是：在这个已经没有了女儿的世界上，他们要不要活下去，以及将怎样活下去？对他们来说，活着成了一件太残酷的事情，因为这个世界已经没有他们的女儿了。我陪他们经历哀丧。

在面谈室里，生活以各种样式呈现在我们面前，让我想到"惨淡的人生"。

第二场面谈的场景发生了变化。这是一位在欧洲留学的青年，他遇到了在另一种文化环境中无法适应的问题。在他的适应困难背后，是关系能力的薄弱，而问题最深的根源是个人的文化经验，包括原生家庭的关系模式与养育方式。我经常在症状后面看到这样的情况：人在成长的路上一味追求知识，却忽略了情绪、情感、人际经验、人情世故、人生规则，这些方面的短缺会造成在后来生活中的错位，让人在一些方面出现方枘圆凿的情况，不管怎么努力，就是对接不上。跟生活脱节的部分，便是在这个世界上难以顺应的部分，让他们不断受挫。他们有关系与价值的需求，却常常不能得到满足。他们内心产生一个倾向：逃回家中，让父母照料自己。但是，他们内心又有高飞的欲求，想在最高层面上实现自己。于是，他们生活在冲突里：一方面是内心愿望的驱迫，一方面是生活能力的不济。

在面谈室里，我常常发现家庭养育与现实适应之间的巨大落差。

第三场面谈是一个曾在美国留学的青年，他自幼生活在父母的过度保护和严格控制之下，从小被强逼学习，严重缺乏跟人交往和与世界接触的经验，导致他的心灵单薄，心智不成熟，自理能力差，人际交往能力也很弱，无法应对世界上有些坚硬的部分，也无法适应充满不确定性的生活，最后发展出心理症状来。我在治疗中发现，如果一个人在成长过程中只是一味地追求成绩，无法让生命得到充分成长，导致头脑里的知识很丰富，生命中的资源却太贫瘠，某种类型的心理症状一定会尾随他而来。

在面谈室里，我总看到单一的心灵里长出了过多的思虑，即症状。

第四场面谈是一个女性，她过的是一种病态的生活，因此她病了。她的病是身心长期受压抑的结果。从小到大，她从来不敢表达自己真实的情感、思想和愿望。她在自己的生活环境中讨好每个人，她在每个人眼里都是一个好人，但这个好人却不断隐忍，暗中累积了许多对他人的猜疑和怨恨，以致她的内心世界成了一个阴暗的私人剧场。在她的生活中，许多不敢表现的内容都聚集在这里形成苦情剧，演绎出一个个爱恨情仇的故事，其中有种种冲突与纠结，跌宕起伏，让她沉溺其间，不可自拔。她的症状就是她的心理剧场。我给她的症状表现起了一个名字，叫陈潇剧场。当然，陈潇并不是她的真名，如同弗洛伊德的第一个病人安娜·欧。这也是一个化名。安娜·欧的内心曾经是一个私人剧场。但她后来走进了社会，投身于社会服务，成了一个在现实生活中充分实现自己的人。

在面谈室里，我常常发现，在生活中不能充分表现自己的人，就在内心里暗自建造了一个心理剧场，里面充满了各样负面的臆想。

第五场面谈是一对老夫妻。他们都是大学教师，他们的儿子躲在家里已经六年没有出门了。让他们担忧的是，儿子的语言功能在衰退和丧失。六年来，他天天躲在自己的房间里，独自僵坐，不言不语。他的母亲每天把洗脚水端到他的面前，给他洗脚。追溯问题的根源，我又感慨良多。没有人生来就患有神经症和精神病。孩子出生之后，家庭和社会为他预备了怎样的文化，以及这种文化在怎样接待他、怎样回应他，才是最为重要的。许多人因为受到太多文化的伤害，才成了症状的牺牲品。社会常常看不到这种隐藏的伤害，这种文化的伤害甚至渗透在家庭养育与学校教育中。人们本来是在伤害孩子，却以为这是对孩子好。岂不知，文化的伤害常常寄生于各种各样的"好"里——我看到许多"好孩子"，最后成了"病人"。当人们欢欣于教育的成功，却看不到成功背后的伤害。许多孩子在被迫之下拼命追求成绩，却不顾成长。他们要走到最高端，以为可以超绝人类，而他们身上人性的部分却日渐稀薄，乃至丧失殆尽。他们获得了条件化的知识，却与自然的生活脱离、隔绝了。因为缺乏人生的经验，他们陷入头脑中的思虑。他们在知识上骄傲，在心智上却不成熟，且自我也很弱小，在现实中找不到一条可行的路，只能走向虚妄——一条心理出现症状的路。当我探索这个孩子的问题背后的家庭根源时，发现这对身为教授的父母携带着原生家庭的伤害——曾经被自己的父母忽略，在情感上有严重的缺失。当他们成了父母，他们不自觉地过度保护孩子，试图为孩子创造一个天堂般纯粹的环境。结果是，他们的孩子自我太弱，不堪世界之复杂，不胜生活之沉重。因为心灵太单纯和洁净，孩子成了纯洁的天使，在一个不是那么纯净的世界中举步维艰，最后裹足不前，长期待在症状里不肯出来。

在面谈室里，我以悲悯的眼睛看着一个个天使般的孩子，走不出他们的父母自幼为他们创造的天堂。

第六场面谈是一个女性，她为爱情和婚姻所苦，眼泪都流干了。这让我想起一个佛教喻道故事：在印度，一个富家女子爱上了家里的青年长工。因为受到父母阻拦，女子跟她爱的青年长工私奔了。后来，她面对人生的各种不幸，失去了自己的丈夫和两个孩子。当她孤身回到家乡时，父母和所有家人在几年前的一场火灾中全部丧生了。她在这个世界上成了孤零零的一个人，内心充满悲伤，变得神情恍惚、痴痴傻傻，穿着破衣烂衫漂泊于人世间。一天，释迦牟尼从那里路过，用怜悯的眼神看着她，说："女儿，为了爱情，你的眼泪都流干了。"就在那一瞬间，她的心清醒了。据说，她后来成了释迦牟尼的第一位女弟子。回到面谈室，我看着眼前的这位来访者，她也是一个为爱情流干了眼泪的女子。为了爱情，她放弃了一切，包括放弃自我，想把自己完全融进对方。她一直受伤，不断哭泣，却始终不明白。我跟她做文化的探究，发现她的爱里隐有极深的不安全感，导致她在关系里总对对方产生一种极度的依赖。现在，婚姻危机对她是一个提醒：她必须找回自我，才可能重获爱情，因为爱情是一个独立的个体与另一个独立的个体之间建立起来的情感关系。

在面谈室里，我看到拥有天堂般的幸福条件的人，把自己的生活过成了地狱般的痛苦。

以上就是我许多工作日中的一天，在这一天，我跟人一起经历了六场面谈，但这一天还没有结束——面谈之后，我又处理了一些生活中的事情。

一件事是我儿子在学校惹了麻烦。他的学校实施封闭式管理，除非班主任在出门条上签字，否则学生不许出校门。我儿子跟几个同学模仿班主任签名，到校园外面的街上吃饭。这件事他们已经干过好多遍了，但这次败露了。接受查问时，我儿子把责任承担了下来。班主任很生气，打电话给我。我一方面在电话里尽力安抚班主任的情绪，另一方面打电话给儿子，听他对此事做出的解释。我理解儿子对自由的追求，但不赞同儿子采用这样的方式。最后，事情总算平息下来。

另一件事是一位曾经来咨询的年轻人打来电话，说他很焦急，因为父母要送他去住院吃药。这让我无奈，也感慨成长之艰难。心理咨询不是魔术，也不是手术，更不是神迹。有些家长要求立刻见效，不肯探索症状背后的根源，也不愿跟咨询师一起合作，更意识不到作为父母也要经历成长，经历文化的更新。他们在孩子出现心理困难后，总是立刻想到带孩子去医院吃药。这就是为什么欧文·亚隆也曾感慨：跟病人谈"存在"是很难的，跟他们谈吃药却很容易。我对这样的父母充满了无奈，我的态度也像一首古诗里所表达的那样："公无渡河，公竟渡河，坠河而死，当奈公何！"让我可惜的是，孩子成了这类强势父母的牺牲品。

下班之后，已是六点多钟了，冬天的夜晚来得早，看窗外天已经黑了。我正待回家，来了一个朋友的电话——他从成都赶来，在南京短暂停留。我赶去接待这个朋友，跟他一起吃饭，回忆几十年来的交情，仿佛是这一天忙碌之后得到的片刻休憩。

就在这时，孙闻从医院打来电话。她患肾病，正在医院接受透析。我也不能跟朋友久谈，于是告别朋友去接孙闻回家。

这是周五的夜晚，我的孩子们也都从学校回到了家里。

当我回到家，发现弟弟从上海赶来了，因为这几天妹妹从家乡来我家看望我们的母亲，大家可以聚在一起，享受一下亲情，也是难得的机会。于是，我们一家人在一起说话，不知不觉就到了十一点多，然后各自睡觉。这一天就这样结束了。

这是我在 2014 年 11 月 21 日这一天的生活，我把它记录下来，算是一个纪念。

# 我不是真理

咨询师需要发展出一个基本的态度：我不是真理。如果一个咨询师能够将这个态度贯彻在他的咨询里，他就是个很不错的咨询师了。

讲到这个话题，我就想到一个来访者，她的名字叫可（化名）。可向我描述了她跟妈妈的一段对话：

可的妈妈问她：你怎么不跟爸妈讲心里话，却把心里话讲给王学富听呢？

可回答说：因为你们一说话就像真理，王老师不是真理。

从心理咨询的角度来看，这段对话是很有意味的。父母说话像真理，孩子就不跟父母说话。咨询师说话有同理心，孩子愿意来跟咨询师说话。辅导不是真理的辅导，而是关系的辅导。如果没有良好的人际关系，真理会被弃置一边。

我进而想，这个世界有许多冲突，冲突来自哪里？来自每个人、每个群体都认为自己是真理。可以说，冲突就是我的真理与你的真理之间的对抗。人际关系之所以发生冲突，因为一方或双方认为自己是真理，一方就要用自己的真理压抑和伤害另一方，或者双方互相用真理攻击和伤害对方。人类需要做出一个最重要的选择：从真理走向同理，从对抗走向关系。

长期从事心理咨询，我看到许多被"真理"所伤的人，他们需要的是关系的疗愈。作为咨询师，我认为最重要的是建立一个"我不是真理"的态度。人在"真理"的压制之下，不会成长，只会反抗，只会把自己也变成一个真理。只有"我不是真理"的辅导才能消融他人的"真理"，让他不再刻板、僵化、强求、防御，反而变得自由、自然、变通、体谅。真理会伤人。

"我不是真理"反映的是心理咨询师的生命境界和专业品质。人性有一个根深蒂固的倾向，就是好为人师，很容易把自己当真理去教导别人，容易对别人说：你是错的，我是对的。甚至，你永远是错的，我永远是对的。症状的本质是什么？就是自以为是，把自己当成真理，甚至把自己的症状当成真理。有一个人不敢出门，是因为他坚持认为天上会有陨石落下来砸死他。这是他的症状，也是他的真理。还有一个高中生相信"如果进不了名校，我这辈子就完了"，这是他的真理，也是他的症状。面对这样的情况，我作为咨询师怎样帮助他呢？如果我试图使用我的真理，或者把我自己当真理，我能帮助他什么呢？我的辅导不是用自己的真理去取代来访者的真理，而是用"我不是真理"的态度跟他一起工作，促使他反思自己的"真理"。这时，"我不是真理"就成了他的一面镜子。

回到可的例子，她曾经也认为自己害怕的东西是真的，就像真理一般，并且执着于她的真理。她的真理，以及她对真理的执着来自哪里呢？来自她的父母。她的父母都固执地认为自己的话就是真理，这导致孩子发展出"我就是真理"的固执，并且用这个真理去对抗父母的真理。可的真理是症状，她父母的真理也是症状。可来到直面接受辅导，我不是给她灌输真理，而是跟她建立关系，传递我对她的同理。她后来发现，她遇到的不是一个讲真理的王学富，而是一个讲关系的王学富、一个有同理心的王学富。这样一来，她也慢慢放下自己的真理，向别人敞开自己，最终在关系里得到了疗愈、成长，生命变得越来越蓬勃。

当一个咨询师放下了真理，他就实现了辅导；当一个来访者放下了真理，他就完成了疗愈。

# 新文化与旧文化
## ——直面分析的视角

直面取向的心理咨询是一种文化分析的工作，简称直面分析。这种心理学取向有一个核心追问：我们的文化是怎样把我们变成现在这个样子的？

人是文化中的存在，经历文化的塑造。动物生活在本能的规定里，人类生活在文化的影响中。

所谓文化，首先是在我们成长过程中对我们产生直接与间接影响的因素，其次是我们与诸多因素发生互动而产生的经验与理解等。每个人都有自己的文化，包括家庭的文化、社会的文化。我们的成长也包括两个方面——接受文化的影响和产生文化的影响，我们既是文化影响的接受者，也是文化影响的实施者。

文化中有好的文化，我们称为新文化；也有不好的文化，我们称为旧文化。新文化会造就我们，旧文化会阻碍我们。直面的文化分析，就是去探索与鉴别旧文化，培育与创造新文化。直面分析认为，症状后面有很深的旧文化，而直面的治疗，就是跟当事人一起进行文化探索，帮助当事人对自身的文化有所发现、有所觉察，并渐渐经历文化更新。

那么，新文化是怎样的？旧文化是怎样的？简略来说：新文化是直面的、真实的、有勇气的、关爱的、培育的、支持的、民主的、合作的、协商的、平等的、尊重的、讲规则的；旧文化是逃避的、虚伪的、害怕的、敌意的、阻碍的、损害的、专制的、控制的、一言堂的、歧视的、有偏见的、纵容的。我们这里谈的不是文化形态，而是文化本质。比如，旧的文化形态里会有新文化的品质；新的文化形态里也会有旧文化的糟粕。

直面分析还提出一个概念：家庭文化生态。直面分析相信，当个体"病了"，他背后的家庭文化生态可能是一个"病场"。至少，在这个文化生态里，由于旧文化的因素太多，我们需要加以辨识与更新。每一个人首先是从家庭里长大的，这个家庭有怎样的文化，就对孩子的成长产生怎样的影响。如果一个家庭里充满了旧文化，一定会给孩子的成长造成各种阻碍、损伤。症状是旧文化的象征，或者说是旧文化的结果。

症状总显示为情绪、思维、行为上的麻烦，它背后的根源却是文化。一个来访者会讲到自己成长过程中父母对他的强求、限制、压抑、过度保护、过度期待……所有这些就是旧文化，症状是它们影响的结果。当事人需要经历一个直面文化分析的过程。

我的文化分析有两个路向：一个路向是做家庭系统辅导，尽量邀请父母参与整个咨询过程中来，希望他们对家庭文化有所反思、有所觉察，不断更新旧文化，成为用新文化养育孩子的父母。但我有时候无法沿着这个路向走下去，有的父母坚持认为孩子的问题与他们无关，根本不愿来谈话。我得选择另一个路向：跟孩子一起探索家庭文化，让他有更明确的意识，跟父母的旧文化分开，独自汲取新文化去尽力成长。这两个路向没有一个是容易的。

我在工作中有时会产生一种很强烈的冲动，想拉着父母们的手，求他们学一点点心理学，至少了解一点心理咨询，再了解一点发展心理学，这样可以避免一场悲剧在自己的孩子身上发生，在这个家庭里发生。还有一个冲动有点不好意思说：想吊打父母，对他们说，你们爱孩子，却因为不明白，把爱变成了伤害。

有时候，我看到孩子的症状，接着会看到父母的偏执。有时候，我看到孩子的症状，接着就会看到父母的"好心"——他们的好心对孩子是一种诱惑，不能坚决地给孩子立规矩。我看到孩子的症状，就会看到症状背后各样的父母。他们都需要经历文化分析，实现文化更新。在万不得已的情况下，我为个体工作，即使父母意识不到，来访者自身也必须觉醒。如果父母依然是阻碍因素，来访者就得独自走开，不回头要求父母改变，也不必停下来跟父母纠缠不清，而是独自到世界上去，接触更多的文化，让自己不断长大，长大到让家庭的旧文化对他无奈。我所相信的是，成长是不容易的，因为它是一场新文化与旧文化之间的比赛，孰胜孰负，不得而知。而直面文化分析，永远都是培育与支持新文化的。

我们假定有这样一个人，她读大学时，出现了严重的心理困难：她的情绪低落，学业难以为继，整天躺在床上，不与人交往，也不参与社会活动。她的妈妈不知道发生了什么，来学校陪她、照料她，但她的情况依然不见好转。如果这种情况持续下去，结果可能是这样的：她无法完成学业，被迫休学或最终被迫退学，回到家里，由父母照顾；或者被送进精神病院，自此长期吃药，最终成了一个病人。很可能的情况是，她没有了职业发展，没有了社会交往，没有了恋爱、婚姻、家庭，最后就作为一个"病人"度过了她或长或短的人生，只有生活的长度，却没有生命的意义。

我们给这位假定的女大学生起名叫艺。艺是许多出现心理困难的大学生之一。在她面对困难的时候，她竟然看到一本书，是我写的。这书给了她一线希望。她觉得这个人可能会理解她。她对妈妈表达了这个要求。妈妈本来要送她去精神病院，听到女儿的这个诉求后，答应带她来南京见我。我才有这样一个机会了解艺和她背后的家庭文化。

假定艺生长在一个西南边陲小城，她的家庭文化是过度保护和过度限制。像许多家庭一样，她的父亲身上有颇深的回避、依赖，且相当情绪化。她的母亲强势，吃苦耐劳做生意，是一个很精明的人，但她的文化视野太狭窄。父母对艺从小就有很多的照顾，要求她只管读书，其他什么都不用管。艺很少跟小伙伴玩耍，一路过来也没有多少朋友，跟社会接触的经验极其缺乏，她的心灵非常单纯，又有很强的道德感和相应的内疚感，自立能力很差，也没有什么自主意识。但像许多孩子一样，艺的成绩好，考上了一所好大学，来到了一座大城市。像许多出现心理困难的大学生一样，用来考大学的知识并不足以支撑后来的人生，艺进入大学之后出现了严重的不适，这种不适以心理症状的形式表现出来。

许多人没有这样的幸运，但艺有。艺开始接受心理咨询，在咨询师的陪伴与支持下经历自我成长。对艺来说，成长并不容易，接受咨询的过程也相当漫长。艺竟然大学毕业了。父母感到异常高兴。但艺大学毕业后，竟然选择不回到父母身边，而是来到了南京。这让她的父母非常不高兴。艺在南京找到工作，不断拓展自己的经验，通过各种途径吸收新文化，包括来直面跟我面谈、听课、参加工作坊、与同事交往、拓展社交圈、谈恋爱，不断尝试新的文化。伴随这一切，艺在不知不觉之间更新着她身上携带的旧文化，拓展她的文化视野。

每年春节，艺会回去跟父母相处。她感到什么地方让她不舒服，她的父母也感到有什么东西让他们不舒服。双方不能清晰知道，更不能清晰表达出来。艺的父母感到女儿身上有了一些新的东西，但说不明白是什么，但有一点是清楚的，他们不喜欢这些东西。其实是艺身上的新文化让他们不舒服。他们用旧文化的眼睛看艺，越看越不喜欢，越看越不放心，越看越害怕。而艺自己也不真正明白，她现在已经有了一个新的文化视角，看父母跟过去也不一样了。在这个家庭里，新文化与旧文化相遇。

下面的情况也是假设的：艺变得独立了，跟父母分开，走上了一条独自成长的路。艺的父母想让女儿回到他们身边。女儿却离开他们，去了远方，甚至要出国读书。艺的父母对艺说："你抛弃了我们。你跑到南京去，还要出国去，不管我们了。别人家的孩子都回到了父母身边，你却跑到离我们那么远的地方。将来我们老了，生病了，连个端碗水的人都没有。我们死了，自己的女儿都不在身边。"这样说的时候，艺的母亲还在流泪。

艺的母亲有很深的母腹情结（这是我2004年提出来的一个概念），它会在家庭关系中形成一种共生体文化。所谓共生体，就是一方只要跟对方连成一体，彼此都不能成为个体。这种共生体的"爱"并不顾及对方的感受和需求，要形成一种彼此依赖，才可以一起活下去。这种"爱"几乎是说：我宁愿孩子死掉，也不要她长出自我来。当孩子有了自我，就意味着她要脱离共生体，就意味着女儿对母亲的背叛。艺母只要女儿需要她，甚至就像女儿在她的子宫里对她的需要，她才能感到一种本能的满足。从潜意识层面来看，对艺母来说，她若早知女儿会跟她分开，当初就不会把艺生出来。艺的整个幼年时期都在生病，艺母在照料生病的女儿中获得了很大的满足。即使她嘴里说烦，心里也是满足的。艺母怀念女儿没有读大学之前的日子，女儿在家常常生病的日子，那时候女儿跟她多亲密啊！女儿读大学的时候，出现了心理症状，天天躺在床上。那时候，艺母过来陪女儿，每天跟女儿一起挤在宿舍里的一张小床上睡。她觉得那个时候的女儿跟她最亲密，她怀念母女那时在一起的亲密感——她们彼此需要，彼此依赖，甚至不分彼此，女儿病了，她也跟着女儿一起病了。

艺听到妈妈这样说，心里很痛苦，也很愤怒，她对母亲说："这是你感到最亲密满足的时候，但你知道吗？那是我最痛苦的时候，我内心里觉得无奈，都要放弃了，想死了算了……"

艺母说："妈妈只是不放心你离开。你从小身体都不好，常常生病，到了外面，谁照顾你？谁像妈妈这样照顾你？"

艺母的话对艺来说，含有一种诱惑。这里面透露的意思是：艺一个人是不行的，艺需要妈妈，艺永远离不开妈妈。妈妈最爱艺，艺生病了，妈妈可以永远照料艺，照料得最好。在艺离开家的这些年来，艺母的诱惑一直都伴随着艺。艺母常常给女儿打电话，没别的话说，总提醒艺："你身体不好，又没有妈妈在身边。"艺在电话里反复说："我身体很好，自从来南京，我都没有去过医院。"但艺母绝不相信艺的话，她坚信女儿就是体弱多病的。艺不管说什么，她永远也别想改变妈妈的这个印象。艺没有资格对自己的身体做实情报告，她的母亲才是她身体的代言人。情况也确实是这样的，小时候，她一直生病。后来离开家，艺每次放假回家都会生病。有时候会被送到医院去，有时候在家躺在床上，接受母亲无休无止的照料。照料者还不止母亲一人，还有外婆，她们都是心甘情愿的照料者。从文化或心理角度来看，艺一回家，她的潜意识就让她生病，因为这样一来，她就不用跟家人说话了。艺躺在那里，不想理家人，只把被子一蒙，一睡了事。艺没有办法让父母相信她的身体是好的，似乎一个生病的女儿更符合父母的心愿。而对艺来说，这也的确是一个成长的挑战。当她试图走向自立，依赖的舒适就会在潜意识里诱惑她。艺有一次真的生病了。我在半夜接到她的电话。电话里，她非常惊慌，要我开车送她去医院。当时，我的弟子们正好跟我在一起，其中一位弟子是医生。她在电话里问艺的身体状况，从艺的描述里，她知道那只是轻微的感冒，于是对艺说：亲，没事。你多喝一些热水，用一个湿毛巾放在额头上，然后好好睡一觉，第二天就好了。第二天，艺真的好了。但她表现出来的惊慌里透露出母亲的照料者文化。

许多父母的内心都有一个隐秘的意图，让孩子永远需要他们。但咨询师却有一个正好相反的意图：让自己成为对来访者来说不必要的人。旧文化太深、太浓的父母特别强大，他们坚持认为，为孩子做好一切就是爱，让孩子永远依赖他们才是好父母。他们的信念如此强大，让许多孩子感到无奈，只好妥协，最后躲在病中。孩子的病里有一种很深的自我放弃。如果孩子有分开的意识和独立的行为，父母就会谴责孩子，说孩子没有良心。在许多家庭文化里，父母的最具杀伤力的武器就是谴责孩子：你是个没有良心的孩子！它攻击的是孩子生命中最脆弱也最值得珍惜和保护的地方——情感。它会刺激孩子的内疚感，甚至导致孩子发展出自虐的行为。

虽然我讲旧文化的顽固与强大，但只要新文化的培育在发生，孩子的成长就在进行。新文化在孩子身上长得苗壮，旧文化便会退却。现在的情况是：艺已经充分独立，有自己的工作，并且做出一些业绩，在人生的经验上也越来越丰富，越来越能自我确认，目前正在准备出国读研究生。艺以自己所做的一切向她的父母证明，她是能行的，让他们放心、放手。艺的父母亲眼看到了这一切，也开始用新的目光看待自己的女儿，并且开始为她感到欣喜与骄傲。

这就是直面分析所期待的结果：新文化不断成长，旧文化不断更新。

# 孙悟空·唐僧·牛魔王

心理咨询师对人性的复杂有最深刻的了解。我知道症状后面有伤害，我也知道，受伤的人会伤人。即使我深谙人性之幽微，不断提醒自己，也难免会受伤，被我一心要帮助的人所伤。因为人性太复杂，症状太艰深。

有一个年轻的来访者，他面目柔善如唐僧，在生活中颇吸引了一些貌似天真、想吃唐僧肉的"妖精"。然而，他的内部住着一个牛魔王，它面目可憎，不轻易露面。他曾经在家庭里、生活里受伤，伤害累积在内部，未经疗愈，因此他时时都在受伤的感觉里，其中有愤懑，有苦毒，有自负，有完美的欲求。因为受伤，他害怕、回避、防御，把大量的时间与心力用于求得绝对的安全保障。他把自己所有的"好"呈现给别人看，甚至长时间"装好"，以致他慢慢长成了一副唐僧的面相——一张如此柔善的脸。但他太违背自己，不敢真实生活，于是那真实的需求与合理的情感都被压抑在内心深处，在那里化成了苦毒，最终从苦毒里滋生出一个牛魔王来。这牛魔王，就是他压抑在内心深处的欲望——从合理的，变成了非理性的；从有益于成长的，变成了破坏性的；从自然的，变成了盲目的。在人际关系里，他以唐僧的面相出现，诱发了周围人的欲望，时不时有人上来咬他几口，他因此受伤了，且不断受伤。然后，冷不防地，他大吼一声，那牛魔王从深处醒过来了，从内部冲出来打伤了他周围的许多"妖精"，也伤及无辜。周围的人纷纷逃散，他陷入孤独。然后，他又要以唐僧出面去讨好和引诱；接下来又会受伤，不断受伤；在受伤之后，忍不住再用牛魔王出来伤人。

他来找我寻求疗愈，是因为他找不到自己——既不是真正的唐僧，也不是真正的牛魔王。而我面对的最大困难，不是治疗的过程之路途遥远、险阻重重，而是这个貌似唐僧的人内部住着一个貌似牛魔王的魔怪。我是孙悟空。我跟他的关系成了这样：他在我面前呈现最好的自己，那是他唐僧的自己。我便辅佐他去西方取经，受苦受难，不在话下。但他内部的牛魔王时而会出来，伤人毁物，包括不惜与我一战。这时，我们的关系又成了这样：我是孙悟空，大战牛魔王。

他有异常敏感、极易受伤的自尊，又有胜过所有人、超越人类的欲求，这使他在接受医治的同时又抗拒医治。他习惯跟我虚与委蛇，又在暗中与我较劲。我给他以"接纳"，他回我以"胡搞"——要把过去受压抑的情绪全部发泄出来，常常溅我一身泥水，其中也有砂石与暗箭。他习惯的关系模式是：要么你压抑我，要么我压抑你。用他爸爸的话说就是：要么东风压倒西风，要么西风压倒东风。但他与他爸爸都不知道，这其实是一种伤害性的关系模式。

他身上异常复杂的情况，让我陷入相当艰难的境地：一方面，我为了保护唐僧而不得不与牛魔王战斗；另一方面，我为了辅助唐僧又免不了被牛魔王暗中射来的毒箭射中。对这一切，唐僧似乎不知不觉，牛魔王却在暗中称快。说到底，这位来访者既是唐僧，也是牛魔王。前者让我不忍不救，后者让我防不胜防。

人性里有慈悲，唐僧代表着慈悲。但人性里也有一种恶劣的倾向：如果你好，我就想咬你一口。这会侵蚀慈悲。这时就需要孙悟空，手提一根金箍棒，来保护那慈悲心。有人来吃唐僧肉，他便抡起金箍棒，把对方追打到原形毕露。我的内心里有一个唐僧，也必须有一个孙悟空。我的工作是基于慈悲，对人类痛苦的深深怜惜，但我必须同时有对人性的深深的洞察。同样是受伤，可能长出爱意与同情，也可能长出苦毒与贪婪，而这两种东西可能同时在心理症状中存在。对于直面分析取向的咨询师来说，他一方面要像唐僧一样伸出慈悲手去抚伤与医治，另一方面，他还得像孙悟空一样提着金箍棒立于身旁。这是我疗愈工作的两个方面："该好要好"，"该打即打"。这些便是直面分析的核心。我相信来访者身上有唐僧的一面，他们是受伤的唐僧。但我也知道，伤害可能在他们内心长成了一个牛魔王。受伤的唐僧需要得到疗愈，伤人的牛魔王需要被制止——这也是疗愈的一部分。

我有一个很深的经验：如果一个来访者太好，好得如同唐僧，我会小心，因为唐僧后面可能跟着一个牛魔王。唐僧走向前来跟我打照面，笑容可掬，我自然笑脸相迎。当牛魔王从他身后跳出来，一脸狰狞，我有金箍棒在手。如前文所说，"该好就好"，"该打即打"。不管好与打，都是出于本真，都是为了疗愈。

直面分析的品质是：不仅有慈悲，还要有智慧；不仅有智慧，还要有勇气。

直面分析取向的心理咨询师是唐僧，也是孙悟空，但不是牛魔王。

# 牛与心理咨询

有人说我做心理咨询很牛，我想到了牛与心理咨询。

中国有许多心理咨询师，但像我这样放过牛的咨询师恐怕不多。因此，我懂心理咨询，也懂牛。别人不会明白这两者有什么关系。

我首先想到一个关于牛的比喻，常常用于心理咨询。森田正马说过这个比喻。我在第一届世界存在治疗大会科学委员会的群体中也读到有人使用了这个比喻。这个比喻是：你可以把牛牵到水边，但你不能按着牛头强迫它喝水。它的意思是说，心理咨询可以引导，但不是强求。当事人有求助的意愿，心理咨询才会对他有效。

我小的时候放过牛。学校放假了，我跟村里的同伴们把牛赶到草场上。牛群中总有几头公牛，不好好吃草，喜欢去骚扰母牛；也有几头公牛为同一头母牛争风吃醋，要在草场上花很多时间斗来斗去。母牛总是很听话，埋头啃草，不愿被打扰。就像在学校，男生总是很调皮，女生总是认真读书。等到太阳要落山了，我们要回家了，公牛才意识到自己一整天都在玩闹，肚子还没有吃饱，这时，它们开始赶忙埋头吃草。我用鞭子催它们回家，它们还不肯走，想办法拖拖拉拉，随时找机会啃上几口草。

为什么讲到这个故事呢？在面谈室里，当一场面谈要结束了，来访者会抓紧时间问问题，不肯马上结束。这时，我不由会想到太阳落山时那草场上的牛，甚至我会给来访者讲关于牛吃草的故事。

161

　　这个故事也让我联想到人生。我们年轻时，总以为人生好漫长，总是晃里晃荡，觉得有大把大把的时间，不在乎虚度光阴。到了中年，才知道时间有限。到了老年，更感到时日无多，赶忙多做一些事情。现在，我也成了草场上的牛，看到太阳要落山了，啃草正欢，不肯回家。哪怕时间用鞭子抽我、赶我，我总是尽量多做一些事：多做几场面谈，多写一点东西。

　　关于牛与心理咨询，我还会做一个实验。在面谈中，我设置了一个关于牛的处境，让来访者做出回应：

　　有一头牛走在路上，遇到一条小水沟。其实，这不过是一个小小的水沟，牛本来可以轻易跳过去。但牛停下脚步，不肯跳过去。如果你催它跳，它不但不跳，反而往后退缩，仿佛说："不，我跳不过去的。我是不可能跳过去的。求你不要逼我了。"

　　讲到这里，我会问来访者（有时候包括他的家人）：在这种境况之下，你怎么做才能让牛跳过这个小水沟？

　　来访者往往会很感兴趣，想出各种点子来。我所能记得的点子如下：

　　1. 牵着牛缰绳使劲朝前拽。

　　这不行的。你越使劲朝前拽，牛越拼命往后蹬，坚决不肯跳过那个小水沟。它那劲头简直不惜把牛鼻子挣豁、流血。

　　2. 拿一把草在手里，伸到牛的嘴边，朝前诱引它跳过去。

　　这也不行。牛的选择是：宁愿不吃草，也不跳水沟。

　　3. 在牛后面使劲推它朝前跳。

　　还是不行。你越把它往前推，它越往后退。说到底，你还是没有牛的力气大。

　　4. 我先跳过去，给牛做一个示范：你看，我能行，你也行的。

　　那也不行。牛对你的示范视若无睹：你行，但我不行。如果是头幽默一点的牛，心里可能会说：你是人，有两条腿，你能行。我是牛，有四条腿，哪里能行？

5. 它不过去，我就在这里陪着它。反正它不过去，它就没有草吃，看最终谁倒霉。

这是跟牛较上劲儿了。

6. 把小水沟填起来，或者搭一个小桥让牛过去。

对于这样的建议，牛没说话，我说话了：你这样耗费成本，用得着吗？

还有其他各种建议或方法，我就不一一列举了。

最后，我给出答案：走到牛身后，抓住它的尾巴猛地往后一拽，牛会猛地朝前一跃，一下子跳过了那个小水沟。对它来说，这原来是一件轻而易举的事。

我以为来访者听到这个答案会惊叹，结果却不是这样。他们对这个答案满是怀疑：这能行吗？他们这一问，我便知道，他们不懂得牛。

当然，他们也不懂得自己。在有些情况下，来访者就像那头牛。你牵他不走，你推他不动，你诱导他也不行，甚至你给他修桥铺路他也不肯走过去。但如果你是一个懂来访者的心理咨询师，你会在他不经意之间走到他的身后，抓住他的尾巴朝后猛地一拽，他一下子就跳过去了。弗兰克尔把这个称为"反意向法"。

像牛一样，来访者总觉得自己不行，也总说自己不行，其实他很行——比他自己想象的要行，比他父母认为的要行，比周围人理解的要行。当心理咨询师给他一个出其不意的激发，朝后拽他的尾巴，他反而会朝前一跳，一下子跳过他人生的小水沟，并且自己有了一个发现：啊，原来我能行！

有人问：人哪里有牛尾巴啊？我说：那人怎么会有牛脾气呢？这只是一个比喻嘛。

# 自 我 确 认
## ——跟直面同事、驻修生的一场谈话

张侠：王老师，一直想听你谈一谈自我确认感。

王学富：今天有一位来访者跟我谈话，他很激动，以至于流下泪来。他对我说："王老师，推荐我来的人跟我说你是中国心理咨询界的鲁迅……"我不知道她说的那位推荐者是谁，也没有问，但内心暗自把那个推荐人引为知音了。我不妄称自己是"中国心理咨询界的鲁迅"，但在我的理解里，鲁迅一生都在讲直面，我也跟着鲁迅讲直面，一生都要讲下去。这是我所确认的。我所探索的心理学，也是直面取向的，它的根源是鲁迅的文化心理学思想。

生活中有许多人只看表面的条件，看不到本质之处，更看不清这个世界，就觉得很多人和事很奇怪。比较单纯的人，因为看不明白你，会盯着你看，还会直接问你。比如，有一个人叫王东（化名），他就看不明白我。他跟我在一起的时候，我感觉得到他一直都在用一片清澈而单纯的眼光看我，有时候像婴儿一样直直地看着我，我知道他心里对我很纳闷。终于有一天，他突然向我发问："王老师，为什么你说话显得这么确认，你凭什么认定自己做的就是对的呢？"他这一问，我立刻明白了他的意思。在王东眼中，我这个人既没有家世，也没有背景，相貌平平，智力也不显得突出（这算说得客气一点），为人处事也显得很普通。在他看来，我这个人根本看不出有什么特别之处，但我说话做事却很肯定的样子。他就不大明白了：这是怎么一回事呢？

这个问题在他心里恐怕问了许多遍。

有许多像王东一样的人，生活在这样一个熙熙攘攘的世界上，见过各种不确定的事情发生，对人生有颇深的不安全感、不信任感，对人和事难以确认。他们觉得奇怪的是，在这个充满不确定性的世界上，竟然会有这样一些人（其中包括我）如此确认自己。而且，这种确认又表达得那么自然而得体。不确定的人看不明白，也想不明白，就会凑过来问（如王东问王学富）："为什么你这么确认自己说的是对的？凭什么你这么确认自己做的是对的？"

在王东问这个问题之前，我还真没有好好想过这个问题。他一问，我开始想了想。说来也是啊，我这个人身上的确没什么了不起的条件，怎么会长出一种自我确认的东西来呢？我从大处想，我们生活在一个不确定的世界，我们自身需要有适当的自我确认，才能跟这个世界达成和解。如果没有自我确认，我们就会害怕，就会陷入过度的不确认感，就会不适当地强求这个世界给我们提供绝对的安全保障。但我们又不是宇宙的总经理，没有这个特权强逼世界取消它的不确定性。如果说这个世界有一样东西是绝对确定的，那就是它的不确定性。面对这个不可移易又无法回避的实情，我们唯一能做的，就是在一个具有绝对不确定性的世界里发展出一种相对的自我确认感。

张侠：有心理症状的人无法接受一个不确定的世界，会要求这个世界必须是绝对确定的。但心理平衡的人说，我无法要求世界是绝对确定的，但我可以要求自己是确认的。这就是区别。

王学富：说得对！心理症状隐含两种东西，一是有极深的不安全感；二是要求世界绝对确定（要生活在一个没有"万一"发生的世界里）。这时，他们失掉的恰恰就是自我确认。人的成长需要得到养育，好的养育包括在孩子身上培育出适当的自我确认。怎样培养呢？很重要的是尽量让孩子去体验这个世界，允许孩子犯错误。甚至可以说，自我确认感是在犯错误的过程中慢慢建立起来的。如果家长太聪明了，以为可以确保孩子不出意外、不犯错误，给孩子过度保护，对孩子讲许多道理，本来是孩子需要做的事情，却由家长包办代替，这样就把孩子架空了，使他的成长过程脱离了自己的体验，孩子失掉了体验，就难以长出自我确认感。那些太聪明能干的父母习惯为孩子做一切决定和安排，试图保证孩子的一切选择都是正确的。但那是父母的正确，不是孩子的正确。孩子没有自己的正确，就没办法发展出自我确认。

孩子本是在不断尝试和犯错（只要尝试，就难免犯错）的过程中长大，这长大也包括长出适当的自我确认。一个孩子从来不犯错误，这不是一件值得欣喜的事，因为这意味着他会回避做任何尝试，或者完全遵从父母的教导。他回避尝试，也就是回避成长。他完全遵从父母的教导，也就意味着他无法发展出自我确认。父母在养育孩子上犯的最大错误，就是试图让孩子避免犯任何错误。养育的目的不是培育出不犯错误的孩子，而是培育出有自我确认的孩子。一个没有适当自我确认的人，会回避这个世界，回避关系，躲在自己的房子里，即使在周围安上栅栏也觉得不安全，还要求用铁丝网把整个房子都包起来，连鸟也飞不进来。没有自我确认的人最后只好躲进一个堡垒。

陈艺心：先在心理上建立一个堡垒，再到生活中建立一个堡垒。

王学富：是的。许多父母给孩子创造许多的条件，以为这样可以确保孩子一生无忧。但真正的条件和保障却是一个人的自我确认。我接待过这样一个家庭：母亲非常能干，给她的儿子买了八份保险，又在银行存有巨款，甚至为儿子准备了好几套房子，还收集了各类珍奇石头，价值不菲。她做这一切，都是为了让儿子将来有保障。但她依然不放心。从儿子出生，她就担心儿子的安全，对儿子密切关注，什么事都包办代替。儿子发展不出自我确认，只有对妈妈顺从和依赖，最后形成严重的身心障碍。后来，她跟儿子一起来接受心理咨询，他的儿子从内心建立起一种自我确认，渐渐走向独立。如果没有这种自我确认，妈妈预备的物质条件都不是保障，无法帮助孩子面对人生的不确定性。

我们回头来说王东。王东很纳闷地看着我，说："你凭什么这么确认你所说的、所做的就是对的呢？"（其实自我确认并不等于认定自己就是对的，这一点我将会在后面说。）我开始探索我自己的人生经验，试图在其中找到一些答案。我首先回顾我的童年。我生活在一个相对封闭、单纯的时代，人与人之间没有太大的贫富差别。像我这种从穷家庭出来的孩子，物质贫乏似乎没有给我的心理成长造成太大影响，我反而在充足的人生经验里发展出一种自信。

陈艺心：还很大方。（笑）

王学富：是的。如此贫乏，还穷大方。这与我接触的一些来访者不同，他们中间有许多生活富有，却一直有一种贫穷感、一种不安全感，不愿给予。

张侠：如果一个人一直活在那种贫乏的感觉里，当他走进一个不确定的世界，就不敢确认自己，也不能确认跟别人的关系。

王学富：许多人一直追求拥有更多的外在条件，从别人的羡慕里获得一点自我确认感。只要受到一点别人的否定，就立刻失掉了那点确认感。或者，他们本来拥有了许多条件，只要一个条件不足，他们就失掉了确认感。甚至有人简直具备了像神一般的条件，却缺少一个普通人都有的一种自我确认。自我确认如此重要，万千条件也换不来。

陈跃：王老师可以写一本书，名字就叫《自我确认》。

王学富：太多书要写，生命却短暂。将来我死了，你们在我的墓碑上写一句话：这个人有许多书没来得及写，就死了，埋在这里。（众人笑）

其实，如果把话说到极处，这个世界上没有一个人是绝对确认的，从条件上来看更是如此。你在这个方面确认，在那个方面就不那么确认。你们可能以为我在心理学上很能确认，那么你们找一个数学题来考考我，我就不能确认了。

陈跃：那你能确认你不会啊。（众人笑）

王学富：对，我确认我不会。我可以确认我的数学不行，这也是一种确认。如果一个人想确认自己在所有的地方都牛，那不是确认，那是苛求完美，反而会让自己在本该确认的地方不能确认，甚至在任何方面都不能确认。如果只有完美才能确认，就等于什么也不能确认。

我问自己，我的确认是从哪里来的呢？我立刻想到经验。经验是建立确认的基础。说到我的个人经验，我想要感谢我的父亲。父亲体格强健，年轻时喜欢摔跤。那时的乡村有乡、公社、生产队，每逢开大会，常常有一个娱乐性的活动：摔跤。在村子上的晒稻场上，在田野地头，全是他劳动之余跟人摔跤的身影。我们小孩子，自幼也练摔跤。我觉得自己像父亲一样有劲。我出生的村庄有一个大家族，兄弟四个，大多是跟我父亲摔跤的对手。老大在城里做局长，老二是村里的队长，下面还有两个兄弟。那时，我父亲是会计，平时和他们一起劳动，也会合作管理村里的事情。摔起跤来，父亲总胜人一筹，甚至以一敌二、敌三。到了下一代，我与这家兄弟也玩摔跤。我的记忆里一直保留着一个场景，也不知道是真实的，还是想象的。我跟他们兄弟几人摔跤，我把其中两个都摔倒了，将他们按到地上，骑在他们身上。为什么我的记忆中会保留这个场景呢？可能是这个经验代表了一种个人化的意义，也代表了一种家族的意义。因为这个家族是我爷爷一直害怕和讨好的家族。当我把这家的两个兄弟（平常也是很好的伙伴儿）摔倒了，可能代表着我有一种异乎寻常的力量，这是我在面对强大的势力时从自己身上激发出来的力量，它是我生命早年实现的一次重要的自我确认。我个人一直享受着它。我爷爷不知道，不然他会担心我得罪了一个大家族。甚至那两个兄弟也记不得这件事了，因为这件事只对我有意义，对他们并没有什么意义。这不过是孩子之间的一次玩闹。

几十年后，父亲躺在床上，生命到了弥留之际。因为他身材高大，我想帮他翻个身，让他舒服一点。每次都是老二（我家兄弟三个，我是老大）替父亲翻身。老二长得高大，也更有劲。但这次是我抱着父亲帮他翻了一个身。我听到父亲说："是我的儿子，都有劲！"这竟是父亲说的最后的话。这句话在我内心保留下来，成为我确认自己的力量之一。

在我心里，父亲永远是有劲的，这跟另一个记忆也相关。我年幼的时候生了一场重病，浑身发烫，发烧至四十度，急需抢救。父亲把我背在身上，在一个深夜的原野奔跑，目标是数千米外的乡村诊所。我伏在父亲背上，父亲在狂奔之中，我的耳边风声呼呼，迷迷糊糊中仿佛骑着一匹奔驰的骏马。

我的记忆里还有许多的经验：爷爷总是带我走亲戚，妈妈说我砍柴很厉害，外婆对我有特别的爱，还有许多的伙伴跟我一起玩……点点滴滴的经验，都像是在我幼小的心灵种下一颗颗自我确认的种子。

我后来从事心理咨询，越来越确信这一点：父母养育孩子，就是要在孩子的内心播种爱的、欣赏的、肯定的、支持的种子，每一颗种子都会长出一种"我行"的经验和感觉，这就是培育孩子的自我确认。自我确认对孩子后来的人生非常重要。我们可以想见，你的人生就是这样累积而成的：在别人停下的地方，你敢于朝前走一步，就走过了人生一段艰难的路；在别人不敢尝试的地方，你敢于上去尝试一把，就把人生中的一件事情做成了。这一桩桩、一件件的事，就形成了你让人惊讶的人生。

在别人眼中，以下的事情简直成了奇迹：我是高考恢复之后村里第一个考上师范学校的人；我是枣阳师范学校毕业之后还坚持要走向更远方的人；我是金陵协和神学院毕业之后敢于考南京大学研究生的人；我是在厦门大学工作稳定之后还敢于辞职出国追求心理学的人；我是从美国留学回国之后坚持探索一条本土心理治疗之路的人；我是在中国从事心理咨询的同时还跟世界心理学界保持紧密合作的人；我是五十有余还在奋勉前行、志在千里的人……在人生以后的阶段，奇迹还会发生，而我能做到所有这一切，靠的是一种内在的自我确认精神。

# 文化觉醒者

人是文化的存在，人被自己的文化所塑造。因为文化资源分布不均，人生活在不同的文化环境里，受到的文化影响会有所不同。虽然说人并不被文化所限定，但文化的影响不可忽视。直面心理学探究的核心议题就是：我们的文化是怎样把我们变成现在这个样子的？直面心理咨询也叫直面文化分析，跟来访者一起经历文化探索、文化发现、文化觉醒、文化更新。在这个过程中，我发现旧文化在阻碍一个人成长和成为自己。可以说，症状的背后有大量的旧文化，旧文化给人造成了持续的阻碍和损害，而当事人对此常常并不觉察。比如，一个人生活在一个旧文化繁盛、新文化资源却很匮乏的地方，他就会受到更大的文化限制。这种文化限制表现在家庭养育、学校教育，以及当事人的文化观念、价值观、心灵视野等方面。

许多家庭依然选择让孩子考大学。但考大学大多出于一种生存主义的考虑，而不是为了让孩子受更好的教育，成为更有品质的人。而教育品质的下降，大多是因为要应付或满足普遍的生存主义欲求。虽然如此，大学教育依然在一定程度上维护着文化的品质，不得不承认，越是在好大学，越是在大城市，这种情况会越明显。许多从文化封闭的地区和家庭里走出来的孩子，在进入大学之后，增多了见识，拓展了文化视野，甚至提升了心灵境界，对人、对世界、对自己的认识与过去会有所不同。当然，也有一些孩子进入大学之后会受到冲击，在文化上、能力上不能适应，以致发展出心理障碍，最后只好退学，回到过去的文化环境里。但更多的人在新的文化环境里经历了改变，不知不觉成了跟过去不一样的人。我的一位来访者叫艺，她前后经历了这两种情形。

艺从一个西南边陲小城来到大城市读大学，她首先经历了文化的冲击，一度无法适应外面的世界，发展出严重的心理困难。但幸运的是，她得到专业心理咨询的帮助，最终从"症状"里走了出来，不断吸收周围的新文化，在不知不觉中经历着文化的更新，使得生命有了改变与成长。

然而，当艺回到过去的环境，她发现父母还生活在旧文化里，甚至是旧文化的维护者。她一路成长过来，内心本来有要求成长的渴望，但父母的养育属于旧文化，对她实行过度保护和限制。她试图反抗，却归于失败。因为她当时没有足够的新文化支持她进行战斗和取得胜利。现在，她到了大城市，接受了大学教育，她身上的新文化让她更加不能接受那个旧环境。

于是，她的家庭成了一个新旧文化相遇的场合，甚至是一个战场。她的父母是旧文化的代表，跟她这个正在经历文化觉醒的人发生了正面冲突。双方都不知道究竟是怎么回事，但较量在任何一个时刻、任何一个场景，借着任何一件事情都会发生。艺感到很不舒服，她让父母也感到很不习惯。艺从武汉、从南京、从大学、从直面、从工作机构、从朋友那里吸收了各种新文化资源，而她的父母对这些既不熟悉，也不明白，甚至反感。父母是旧文化的固守者，艺却是新文化下的成长者。两者力量并不对等：旧文化的势力相当强硬，新文化的力量还很稚嫩。对艺来说，旧文化的营垒是她的家庭，她要对抗的是她的亲人，总有许多顾虑。于是两军对阵，艺显得势单力薄。艺再次来直面找我谈话的时候，她已经相当仓皇、惶惑而虚弱了。而艺的父母对我简直有些怨恨，甚至在跟艺通电话时，还说了一些有点歇斯底里的话。

就艺而言，她来自一个偏僻小县城，在一个大城市完成了她的大学教育，其间还不断来直面跟我面谈，参与直面团体工作坊，学习直面课程，又在南京找到工作，经历恋爱，获得情感成长，社会交往能力和工作能力都有增进。艺也有自己的理想，她学习英语，正在申请出国留学，提升学业水平。种种迹象表明，艺是一个正在变得独立的个体。但伴随她的成长，她不断遭遇文化冲突：一方是固守旧文化的父母，另一方是发生文化觉醒的她本人。

说起来，旧文化有时候是残暴的，因为愚昧，所以残暴，也因为不知道是残暴，还以为是爱。这跟鲁迅的《药》所描述的场景一样。从那个茶馆里发生的对话，就可以了解旧文化的残暴。鲁迅是一个文化觉醒者，也是一个文化更新者。他用觉醒的眼睛去看旧文化，发现了在仁义道德之下隐藏的"吃人"真相。作为心理咨询师，我也是一个文化觉醒者，用觉醒的眼睛去看当今许多家庭的旧文化，看到许多孩子的自我被旧文化吞吃了。可悲的是，吃者和被吃者都意识不到。吃者以为是爱被吃者，被吃者甘愿被吞吃，也以为吞吃者是出于爱。我想到鲁迅在《我们现在怎样做父亲》一文中呼唤：觉醒的人们，要肩起黑暗的闸门，放孩子到宽阔、光明的地方去，从此过幸福、快乐的生活。这也是我的文化分析的心理咨询，虽然势单力薄，也要拼出一己之力去反抗旧文化，帮助更多的孩子从文化的地牢里逃出来。我也向孩子的父母呼喊，期待那些在铁屋子里沉睡的父母醒来，哪怕有微弱的希望，也要尽力去唤醒他们。

我特别支持那些刚刚从文化旧营垒冲出来的人，他们正在经历文化的觉醒，但他们的力量还相当薄弱。他们成了文化觉醒者，而他们的父母还没觉醒过来。在觉醒与不觉醒之间，有激烈的冲突，不觉醒的力量常常更强大。当艺来向我寻求咨询，我对自己有一个态度与身份的确认：我是文化觉醒者，坚决站在正在经历文化觉醒的人一边，协助她完成一场战斗。如果有可能，我也会努力去唤醒艺的父母。我所期待最好的情况是，父母跟孩子一同觉醒，而这在后来真的发生了。

　　我越来越意识到，我的心理工作其实是一场关于文化的工作。这工作有时并不讨人喜欢，甚至会招致人的误解和怨恨。在恨我的人中，有些恰恰是我尽了全力去帮助的来访者的父母。我帮助了他们的孩子，却招致了他们的怨恨。这听起来很荒谬，却是真的。这让我想到一个神学家的话，有人对他说："上帝很荒谬。"他回答："正是因为荒谬，我才相信。"

　　看来，我的工作也是荒谬的；也正是因为荒谬，我才去做。

# 为了你的缘故……

其实，我没有那么骄傲，为了你的缘故，我冒险向你展示我的专业资历。因为你并不了解我是谁，只是被人带来跟我谈话，我用这个部分来挽留你——这是我的机会，也是你的机会。

其实，我在一个你还不曾到达的地方，为了你的缘故，我走到你所在的地方（这个地方我早就走过来了），为的是我可以触到你——拉你走到我所在的地方。

其实，我本来没有那么风趣，但为了你的缘故，我让自己变得十分风趣，如果让你看到我在生活中的样子（你会以为我是一个很无趣的小老头），你就跑掉了——我们便失掉了认识彼此的机会。

其实，我没有你看到的（或想象的）那么勇敢，为了你的缘故，我让自己显得很勇敢，因为勇敢可以激励你。当然，如果你需要的话，我也会变得比你更胆怯，为的是显得你很勇敢。

其实，我并不是那么有耐心，为了你的缘故，我绝不会表现出我在生活中时而会有的那副急性子（如果是那样，我在面谈室里都会被你急死），因为我知道，我的耐心对你有益。

其实，我本来也不是那么认真负责，为了你的缘故，我在你承诺却没有兑现的地方紧盯着你不放。那只是为了让你从中学到一点基本的人生规则。

其实，我本来是知道的，为了你的缘故，我不说我知道，反而跟你一起去探索和寻找，并在你找到的时候跟你一起高兴。当看到你又蹦又跳的样子，我知道你"亲自"找到这个对你很重要。

其实，我有时候对你很烦（内心都想打你一顿），为了你的缘故，我在那里饶有兴致地倾听你。因为通过了解你在我面前的这般表现，我便知道在你的生活中厌烦你的人不会太少，对你感兴趣的人不会太多，因此你需要被人（作为咨询师的我就这样工作）感兴趣地倾听——但我这样做，不是可怜你，而是理解你！

为了你的缘故，我做了这么多，但我并不是在违背自己和变得虚伪。相反，我这是有意识拓展我自己，这很真实。因为我发现，我身上本来就有这些部分，原来它们还可以被调用去让人得益。而我本人，在做了所有这一切之后，不是被压制了，不是变枯竭了，而是变得更加茁壮而强大了。为此我要谢谢你，因为遇到你，我才有意识地使用这些我在生活中不大情愿使用的部分，有机会把它们变成专业的资源。当我使用它们之后，它们对我很有好处——因此，我做这一切，也不只是为了你的缘故，也是为了我自己的缘故。

从此之后，我不再说"为了你的缘故……"

# 《花渐落去》

我年轻时写过一本书，叫《花渐落去》，一直寂寂无闻。但最近一些年，有人开始听说它。还有几个人很喜欢《花渐落去》，不是最近才喜欢，而是很早就喜欢了。

第一个人是潘祖岵。最开始，是她把我写的一些零散的散文篇章收集起来，编成了《花渐落去》。如果不是因为她喜欢，并且动手收集，就不会有这本书。潘祖岵那么喜欢《花渐落去》，以至于她读它的时候，哭出眼泪，也笑出眼泪。

第二个人是陈华婷。八年前，她来直面实习，知道了这本书。因为喜欢，她把《花渐落去》读得"破损暗黄"，至今还在读。关于这本书，她专门写文章介绍，也时而买来送给朋友。她说："《花渐落去》是2012年买的，两三年过去了。在这两三年里，这本书我读了无数遍，读了又放，放了又读。有些读不懂，有些后来读懂，有些再读时又有新的体悟。我还在继续读着，小书已变得破损暗黄。这期间，体悟到我找到了一颗颗星星，嵌在我黑暗的天空。"

第三个人是鸽媛（我也不知道她的真名）。她对我说了这样一段话："王老师太多文章太美了，在我脑海里像是舞台剧。周末最享受的就是读你的《花渐落去》，读三遍还不过瘾。很感谢你毫无保留分享你的生命，让我感受到生命的美好。"

还有一个未曾谋面的人读了《花渐落去》，她说："我为这个生命感动，那么真实、干净、柔情，是人类情感的唯美表达。（一个人）能够这样用文字语言表达出来，能有这样的生命样式，真的是我们这一代文学人的理想状态。感觉这个人写的每一个字，都是一个世界。"哎呀，这个评价太高了，我承担不起啊！连声说"谢谢"！

写到这里回头一看，喜欢《花渐落去》的都是女性。难道这是我生命内在的女性灵魂（荣格所说的阿尼玛）写出来的？

但有学问的人似乎不大喜欢《花渐落去》，比如有一位文学教授（碰巧是男性）读了《花渐落去》，给出的评价就不高。但他读过我曾经发表的几篇小说，觉得我写的小说比散文好。

也有一位牧师（又碰巧是男性）读了《花渐落去》（是一个喜欢这本书的女基督徒送他的），似乎更不喜欢，颇不以为然地称之为"什么花花草草的……"

《花渐落去》是我十几年前自费出版的书。如果你想买这本书，我给你寄过去。送也行，只需要你给我一个理由："我会喜欢它！"

# 请人吃饭的意义

## ——兼论策略疗法

一天，有一个人问我："你怎么会有这么多朋友？"我即刻回答："因为我喜欢请人吃饭啊！"这话在对方听来是一句相当随意的回答，她大概是不以为意的。而我事后想起这句话，看似随意，其中却有深意，不要轻易就放过了。

说起"请人吃饭"，人们最常有的反应是有没有钱，够不够富。其实，"请人吃饭"与"有钱"没有多大关系，它更关涉的是你够不够慷慨，你是否有这样的理解力、这样的视野、这样的胸怀、这样的文化精神。当然，这些都不是不变的，而是可以培育出来的。

"请人吃饭"，最表层会有一些实际的考虑，但到了深处，便成了一种情感，一种关系，一种关怀的能力，一种扩展的视野，一种精神的品质。

在我最初的记忆里，我爷爷会请人吃饭，这首先是一种人情往来。他还会请当地一些有头有脸的人吃饭，并且让我上桌陪客。我许多年后才明白他的意图，知道他一片良苦用心。他希望我善于应酬，给自己争取一点机会。我没有通过这个方式找到机会，"请人吃饭"的习惯却在后来的日子里暗暗培养出来了。我喜欢请人吃饭，利益的考虑不够，情感的成分却很充分了。它给我带来的一个最大的好处是：我交了许多朋友。

我家本来也穷，房子在大路边，不少进城赶集的人从我家门前走过，我父亲常常招呼人来家吃饭。我母亲虽有抱怨（主要是条件不济），但总会尽力弄出几道菜来招待客人。许多亲戚朋友确实喜欢到我家来，因为我家好客。

许多年后，我读到《圣经》中的一句话，便特别有感慨：那热心接待客旅的，无意之间接待了天使。

另一句话是耶稣说的：你们看到一个人饿了，就给他吃，看到一个人渴了，就给他喝。你把这事做到那最不起眼的人身上，就是做在我身上了。

我的联想继续，又想到特蕾莎修女。她去服侍人类中最微不足道的人，因为在她眼中，不管是被抛弃的婴孩，还是残疾人、无家可归的人、濒临死亡的老人，他们都被看作受难的、有需求的小耶稣或老耶稣。

最近读到一段文字，讲新中国成立初期被禁的电影《武训传》。武训是一个受尽磨难的人，他的内心却没有形成苦毒，反而生出良善，他靠行乞筹办了三所义学。武训身上呈现的精神品质，让任何人见到都会感到羞愧。

如果一个人感到羞愧，本来也可以选择见贤思齐的。纪伯伦写过这样一段话，让我至今铭记在心，先有羞愧，后有见贤思齐之心。他说：

从前有人坐在我的桌上，吃我的饭，喝我的酒，走时还嘲笑我。

以后他再来要吃要喝，我不理他；

天使就嘲笑我。

我后来一直在想，天使嘲笑"我"什么呢？嘲笑"我"太小气了。如果我接待客人，不在乎他的贫穷、地位、态度，不在乎他对我有什么好处，不求他将来对我有什么回报……这是多么可贵的慷慨精神啊！

通过我对自己的反思、对他人的观察，以及我从事心理咨询的经验，我常常看到人性的局限，包括有些局限成了"症状"，其中隐藏着某种不肯付出或不敢付出的特性或倾向。而我的工作就是帮助人（包括提醒我自己）从过度的自我关注走向对他人的关注，从向人索取的倾向，走向对人适当的付出。我的一个付出的方式，就是请人吃饭。但我并不以此自显。

有人会说我有钱，请得起别人吃饭。这不对，我很没钱的时候，也会尽力请人吃饭，并且感到一种满足。

孙闻讲了我的一个故事，颇感动我的一位驻修生。而这个故事，我自己早忘记了，但当孙闻说起，我相信这是真的：几十年前，我请孙闻吃饭。她知道我穷，问我有没有钱。我一拍口袋："有！"便带她走进一个面馆，把口袋里的毛票与硬币都掏出来，有二十多块呢！孙闻在一旁看呆了，说："你这算有钱啊！"我说："这不算吗？吃两碗面足够了！"

我做治疗，有时也不说出来，但要求对方做出来。做出来了，效果就达到了。最近，我给艾瑞克·克雷格讲了我做治疗的一个案例和方法（看来像是一种玩法），他听了之后对我说：艾瑞克森（Milton Erikson）便是这样做的。

艾瑞克森的做法叫策略疗法，相当神奇。我听过他的一些案例，如治疗一个自称是耶稣的病人、治疗一个把十个手指啃坏的孩子、治疗一个三十年酗酒严重成瘾的女性……皆不详述。策略疗法的奥秘在于，治疗师绝不说出来——之前不说出来，之后也不说出来。只让来访者按照治疗师提供的策略去做，做到了就好了，好了之后，也不知道为什么，视之如神迹，或者以为自然而然就好了。策略治疗师的"策略"常常是非常规的、超常规的，暗中直探本质。之所以不让来访者知道，是为了消解其头脑中的阻抗，让他在潜意识中不期而然地达到。

这种"策略"并不神秘，是基于一种洞见，即对当事人及其问题的本质有了洞察，为人量身定做一套治疗的策略。如果把前因后果说出来，当事人的头脑里就会有东西出来阻挠它。我说的这个"策略"，与我今天讲的主题相关。虽然它在实际操作中并没有实现（它并不适用于每一个来访者），但我也不说出它背后的"奥秘"。我只说一句："奥秘"是有力量的，我守着这个奥秘，是为了保守一种力量。

事情是这样的：我接待了一个老父亲，他可能是全世界最好的父亲之一，他为儿子操碎了心，对儿子付出了自己全部的爱。结果却是，儿子向父亲抱怨，说是父亲害得他到三十岁没有朋友、没有女朋友、没有工作、没有钱……以致他有一次在极端情绪中骑"飞车"，简直要与坐在摩托车后座上的父亲同归于尽。

我为这位焦头烂额的父亲制订了一个策略——但这位父亲认为它太不符合常理，也太挑战他的极限，他接受不了，也不能做到位，也就不了了之。结果是，这条路未走通。然而，这是一条可能走通的路。很遗憾！当事情到了一个非常规的地步，它可能需要相应的非常规策略。

我的策略是，这位父亲每个月给儿子一万元钱，要求他把这笔钱花出去，不是花在正事上，而是胡花出去。比如，请人吃饭、娱乐，花天酒地，包括让自己受骗，显得很傻……到了月底，如果还有剩下的钱，父亲就当着儿子的面把钱扔到大街上。

布置完之后，我对这位父亲说：一年之后，再带您儿子来见我。

我看见他张大嘴巴，望着我，半晌说不出话来，然后嗫嚅道：为什么？

我没有告诉他。

因为他不明白为什么，就没有去做。既然没有去做，我期待的结果就不会发生。那么，我还是不告诉他。我可以等待，当他对我有了充分的信赖，愿意去做，我还有其他的策略可以实施。在我的理解里，要实施策略疗法，治疗师真得有一股"宁为玉碎，不为瓦全"的韧劲儿。

回头来说一句话，为了点题，也为了结束：请人吃饭很有意义，对人对己都是如此。

# 第四章
# 我的感情

# 说 书 人

每个人都在寻找自己的身份。当一个人有了身份意识，他会不断去探索和发现自身的许多方面，让自己的身份越来越多样，越来越鲜明。

我渐渐发现我有一个身份，我称之为"说书人"，也叫"叙事者"。我喜欢叙事，也喜欢分析。我的工作方法就叫叙事分析。我探索出来一种直面取向的心理学方法，有时候我称之为直面叙事，有时候我称之为直面分析。从更为普通的文化意义上，我称自己为"说书人"。

这个身份从何而来？我小时候喜欢读闲书，读完后给同伴讲书中的故事。我小时候也喜欢听说书，也就是听人讲故事。那时的乡村，时而有说书人来说书。我有一个姑父，也喜欢说书，算是一个说书人。姑父的父亲也算是说书人。我走亲戚去他家，有一些夜晚是在听书中睡着的。我们村庄上，有一些老人会讲民间故事。我听得最多的是长海爷讲故事。还有我的外婆，她讲了许多《圣经》中的人物和故事。

我有一个老师叫齐平远。我读高中时，他的一堂化学课彻底改变了我的人生。我数理化不好，却被分到理科班。我知道自己考大学是毫无希望的，便做着文学的梦。在齐老师的化学课上，我在看一本小说。我被齐老师抓住了，却向齐老师申辩："我适合学文科。"齐老师相信了我的话。他是学校的教导主任，于是把我调到了文科班。那年，我考上了枣阳师范学校。许多年后，我回枣阳见到了齐老师。我们坐在一起回忆高中的那件事情，齐老师已经记不得了。但他对我有一个记忆的片段：我穿着一个小红袄，坐在教室里给同学讲故事。在他的印象里，我是一个说书人。

我在我的原生家庭中寻找说书人。据我爷爷说，我的曾祖父（就是我的太爷爷）叫王方新，是一个性格耿直、喜欢打抱不平的人。他靠什么打抱不平呢？就靠他的一副好口才。他看到当地有权有势者欺负贫穷弱小之人，就出面为人打官司，对簿于公堂之上。他能言善辩，又会想办法，常常让有权有势者付出代价，不得不卖房卖地来应付官司，也有的后来就被官司拖垮了。

我爷爷本来胆子很大，但太爷爷去世得早，他失掉依靠，胆子就变小了。他一生漂泊，搬了许多次家。每到一个地方，只要听到风声不对，他就无比担心，就要搬家，以避风险。在我小时候，我爷爷见我不满现状，总想做点什么，总想改变点什么，便对我说："见多了，就知道没用的。"我后来学心理学，明白这是我爷爷从他无奈的人生经验里总结出来的态度，这种态度叫"习得性无助感"。

到了我的父亲，又是喜欢打抱不平的人。看到不平事，不管自己力量如何，都要出面干预，而他的方式也是告状。这似乎是隔代遗传了我曾祖父的秉性啊！我爷爷劝他多次也没用，他很犟。在我的记忆里，仿佛是从我初通文墨开始，就常常给父亲抄状子。我爷爷说："见多了，就知道没用的。"他对我父亲也这样说，但没用。父亲还是告状。我也不知道是不是父亲的口才不如曾祖父，虽然他一直告状，但没告出个什么名堂。我后来总结，大概是人性诡计多端，而父亲一览无余，没什么招数，还会遭人暗算。父亲当过会计，当过村干部，眼里容不得沙子，若有人占村集体的便宜，他就跟人过不去。因此，他颇得罪了一些人，还会被人攻击。当然，也有许多人觉得他正直、心善、手善，虽然长得身强体壮、力大如牛，但从来都不打人。即使被人打，他也只是跟对方讲道理，从不还手。

在我小时候生活的村庄里，许多人说话锐利而机巧，有时风趣幽默，有时油嘴滑舌，有时尖酸刻薄，吵起架来简直是"毒舌"。大致的语言风格是：不管好话歹话，不会正着说、直着说，总是歪着说、绕着说，话里有话，言外有意。说得风趣时，让人捧腹；说风凉话时，让人牙酸；说伤人的话时，让人一辈子都消受不了；说隐喻的话，让人花许多年才明白过来。举例来说，那年我考上大学，要到外地读书。大家在一起谈论这事，有人对我说："离开王庄的时候，朝堰里扔一块石头再走啊。"我听不懂，人家也不解释。一些年后，我才弄明白，这话里暗含一些对我的善意和安慰，意思是，这里有人对你家不好，怕这一走就不再想回来了（扔在堰塘的石头什么时候会沤烂呢）。我小时候，算是敏感之人，被人嘲笑时会硬撑着吵一架，回家后会在母亲面前哭一场。一方水土养一方人，在这个环境里，我不知不觉间也练成了嘴上不饶人的功夫。后来成了咨询师，我开始意识到，我需要经历一个文化排毒的过程，让我的话语少一些意气用事，多一些对人的体谅、对心灵的滋养。

我在这个村庄长大，对那片土地也是情牵意绕。那里有我的亲人，他们有的依然活着，有的已经死去。我对那片土地那么熟悉，在我的记忆里留存着它的地形地貌、它的每一个角落，包括人们的言行举止、一颦一笑，以及其中的丰盈意味。许多经验和故事在岁月里已经变得韵味无穷，神奇无比。对于曾经一起玩耍的伙伴，我保留着对他们亲密、美好的记忆。那个村庄曾经那么热闹，有它的机智，有它的愚昧，有冲突与情绪，有明争与暗斗，有忍让与和解，有各式各样的游戏，有自然与友善，有无知与感动，想来历历在目，犹自激动人心。

但到现在，这个村庄逐渐萧条了，年轻人、中年人出去打工了，大多是老人与小孩住在村里。也有许多人离开了村庄，搬到城里去住了。在我幼年那个热闹的年代，乡村人的生活是丰富的、多样的、奇异的，充满各种故事，简直是一个叙事风靡的大地。我曾在《花渐落去》里描述那里的亲人、故事和情感。现在回忆起来，虽然这片土地上繁衍生息的人们已经跟我远离了，但他们在我的记忆里依然活泼如新。曾经那样丰富的文化，现在却如花渐落去。有许多人离开了它，到其他地方谋生去了，还有一些人永远离开了，只是一些年后回来，埋在东岗的土地上，那里有一个个小坟丘，其中也有我爷爷、我奶奶、我父亲、我母亲。我一直想写一本书，名字就叫《说书人》，讲述在那个村庄的风土人情与生生死死的人们。

在我的记忆里，我的原生家庭里还有一个叙事者，我也愿意称她为说书人，便是我的曾祖母（太奶奶）。我很小的时候见过她。严格说来，她并不是我的亲曾祖母。我对亲曾祖母没有任何记忆，她在我出生之前，就在岁月的烟云里湮灭了，不留一丝痕迹。但这个曾祖母，我叫她太奶奶，或许是我曾祖父爱的女人，或许是他的后妻。后来，我问过父亲和母亲，他们都语焉不详，或闪烁其词。显然，她不是我爷爷的亲妈，不是我父亲的亲奶奶，也不是我亲太奶奶。但她在我的家庭里被怀念，至少在我这里被怀念，也在我父亲的记忆里一直被怀念。我父亲幼年时，这个奶奶对他好，如同亲奶奶，胜过亲奶奶。几十年后，我父亲去世的时候，他身体疼痛，嘴里一直喊着"奶奶"，我相信他喊的是这个奶奶。在他弥留之际的恍惚里，记忆深处最温暖的记忆浮现出来了，我父亲喊："奶奶……"

太奶奶住在一片大水域（以前叫高奄水库）边的一间茅草屋里。逢年过节，我妈带我去看她，她总会给我讲许多鬼故事。我出生的村庄叫徐桥，我过继的爹妈住的村庄叫郭家，我太奶奶住的村庄叫关家。三个村庄紧邻，相距只有一千米。那时，乡村的习俗可以说是一种鬼文化。人们相信鬼，会在一起讲鬼，讲梦，讲看见鬼，讲梦见鬼，也讲碰到鬼。早上起来，说起话来，可能讲的是昨晚的梦，并且还解释梦。我心里这样的文化记忆，可能跟我后来喜欢荣格有关系。记得读大学时，我读到荣格的一本书（《人及其象征》），其中有梦例和从梦中画出来的图像，让我心惊肉跳，却十分喜欢。到美国读书时，我开始学习荣格分析心理学，还有释梦。我也在赛布鲁克大学学过一点释梦课程，但真正懂得如何释梦是跟克雷格学习的。在我的叙事性治疗里，释梦也是一部分。在我幼时的文化里，人们醒来的生活与梦的界限是相当模糊的，或者彼此交融，两者之间真假莫辨，或者醒来与梦中构成了他们的现实。在这样的现实里，人与鬼也是混杂在一起的，分辨不出来。人很老了还不死，被称为老鬼。鬼的意味很丰富，大体来说，鬼是言行的不当。做不恰当的事，说不恰当的话，就是做鬼事，说鬼话。为人不好，就是做人像鬼一样。鬼又是人性的另一种表现或延伸，有爱恨情仇，有未愈的伤痛，有未了结的心愿，有含冤，有报复。可以说，眼前有各种各样的人，暗处有各种各样的鬼。或许是乡村生活太简单，鬼给人的生活带来了丰富的意趣。大家在一起说话，随时会讲起一个个梦，会当场释梦，言之凿凿，信之确确。太奶奶住在水边茅草屋里，她愿意一个人住，但也跟亲人来往。我妈妈称她为老奶奶，说她是很好的人。她老了之后，变得恍惚起来。每过一段日子，她都去赶集。赶集回来，都会买一捆荆条，不是用来编织箩筐，而是用来打鬼。在我的幼年，太奶奶和她的小茅屋是很神秘、很惊悚的存在，它最吸引我，又最让我害怕，害怕却又被吸引。每次听太奶奶讲鬼，我都害怕得想跑掉，过一段时间又让妈妈带我去见太奶奶。

　　我后来明白了，鬼是人类渴望与恐惧的混合。我们渴望的，成了我们害怕的；我们害怕的，正好是我们渴望的。我也进而理解了心理症状。如果有一种东西，你很想拥有它，同时又害怕拥有它，既分不清楚，又无法摆脱，便可以称之为鬼，也可以称之为症状。我的太奶奶是一个奇异的叙事者，她给我讲了许多鬼，却让我后来借此理解了人。她的叙事，是一本关于生命的书。

我的家庭谱系里还有一个说书人，是我的外婆。她的叙事是一种精神叙事，她说的书是《圣经》。外婆读过私塾，大概是从传教士那里接受了基督教信仰，成了一个基督徒。她在我幼年的乡村一直做着一种很特别的叙事工作：她是一个传道人。以我现在的眼光来看，外婆是一个跨文化的叙事者。她是怎样做到把《增广贤文》之类的传统叙事与西方传教士的喻道故事结合起来的呢？她不仅把它们结合起来，还形成了自己的精神叙事，向那些物质贫瘠、生存悲苦的人们讲述。她走在那时充满迷信、魔幻、愚昧，又交杂着人性的良善、自然与纯朴的土地上。有时外婆会来我家，有时我会去外婆家，还有时我会跟外婆到一个个村落去，听她跟极少数的人做她的福音叙事。她的叙事有丰盈的情感和纯朴的智慧，给人带来精神的慰藉与心灵的疗愈。许多年后我发现，外婆的叙事也融入了我的直面心理叙事。一场面谈就是一场叙事，是两个生命通过一场叙事参与了对方，其中有关系的接通，有情感的流动，当觉察出现了，疗愈就会发生，成长就会实现。我的外婆，她是一个在我前面行走的叙事者，在她后面，我也成了一个叙事者。

我的爷爷也算是一个叙事者、一个说书人。他没读过什么书，但广泛阅读了人生这本书。我曾写过一句话："每个人都是一个叙事者，每个人都是他叙事中的主角。"我爷爷的一生是一场叙事，其实每个人的一生都是一场叙事。人在自己的叙事里活着，若不再有叙事，人就死了。只要叙事没有停止，人就永远活了下来。我从十几岁离家到外面读书、工作。有一次，父母来信说爷爷不行了，我便回老家去。那时，爷爷已经从床上移到了地上。地上铺上了厚厚的稻草，上面是被子。夜晚，我陪爷爷睡在地铺上。我爷爷很高兴，就跟我说话，讲起他年轻时的故事，讲他的父亲和他的爷爷。讲着讲着，我爷爷的精神就好起来了。过了几天，他竟然从地铺上坐起身来，然后从家里走出门去，在冬日的太阳里晃悠晃悠，后来他的身体就慢慢硬朗起来了。我爷爷本来准备就那样死了，却在他的叙事里活了过来。这样一场叙事，让他从死走回了生。

又过了一些年，这样的事情又发生了。父母又写信对我说，这次爷爷可是真的不行了。我回去了。我又陪爷爷睡在铺满了稻草的地上，每晚听他讲故事。然后呢，奇迹又发生了：爷爷又一次活过来了。他在叙事里，又一次从疾病中恢复了，慢慢返回生命的序列。我很高兴又一次看到爷爷重返。我相信在叙事里有奇迹发生，奇迹总是通过一场场叙事发生。

我后来从事心理治疗，有了许多这样的经验或见证。我所做的治疗，本身就是一场叙事；来访者经历的疗愈，也是一场起死回生的奇迹。有一位来访者叫小梅（非真名），她对我说："王老师，我觉得好奇怪。我本来以为我永远都会是那个样子了，从来没有想到过我会好起来，我也不相信我会好起来。但这是怎么一回事呢？我到你这里来，讲着讲着，常常是我讲你听，我讲着讲着，你听着听着，我就好起来了，跟过去不一样了。"这里的小梅不是一个人，而是许多人。二十多年来，我见过许多的"小梅"，每个"小梅"都有在叙事中起死回生的见证。我爷爷不是咨询室里的见证，而是我人生中的生命见证。他在我的陪伴中产生了活的意愿，他在我的倾听中开始了他的叙事，然后他在自己的叙事里，在我的惊讶里，活了过来，起死回生了。

但我爷爷最终还是去世了。那是在一些年后，我在北方的一个大学教书。我的弟弟来告诉我，爷爷死了。我惊问：什么时候？我弟弟说：半年之前。我问他：为什么没有告诉我？弟弟说：爷爷交代不要告诉你，怕你老远回来一趟，结果还是没死，又白跑了一趟。我流下泪来：

如果我回去了，陪爷爷睡在地铺上，听爷爷讲他的故事，爷爷可能就不会死。

布伯（Martin Buber）曾讲过他的伯父的故事。他的伯父腿瘸了，一直坐轮椅。有一天大家聚会，伯父讲了他的老师的一个故事，他讲得太投入了，忘记了瘸腿和轮椅，突然在众人的惊诧中站起身来，模仿他老师那种神气活现的样子。也就是从那一刻起，伯父能站立和行走了。这便是叙事的奇迹！这场叙事之后，伯父再也没有回到轮椅上去，他的瘸腿自然痊愈了。这也是布伯本人的叙事。

每个人的生命都有残缺，并非瘸腿才是残缺。因为有各种各样的残缺，人在自己的人生中就不能多方行走，生命不够完整，也不能过全面的生活。有人因为心理上的瘸腿，不能走到关系的深处；有人因为心灵上的眼瞎，不能看到存在的价值或意义；有人因为丧失信心与盼望，就天天躺在床上，不能参与生活；有人经验太单一，就像生命缺乏营养，无力应对世界的不测；有人遭受伤害，失去安全感，就在生活中处处回避；有人压抑自己的需求和情感，如同被废了内功，对人生充满无奈；有人遭受剥夺，如同手脚被缚，不能应对挑战；有人苛求完美，就像犯了毒瘾，跟生活隔离开来；有人陷入症状，如同自掘坟墓；有人躺在床上，床简直成了棺椁；有人在家二十年、三十年不能出门，这个家就成了他的坟墓，家人是他的守墓人。从叙事的角度来看，他们已经不再叙事，他们并不算真正活着。

但通过叙事，人们可以看见自己，看见自己的处境，看见一条路，可以走出来。这个叙事，叫直面。所谓直面叙事，是帮助人重新叙事，在叙事中疗愈，在叙事中复活。在叙事中，情感会流动，生命如同一棵树扎根在溪水边；在叙事中，情感的力量得到释放，受伤的部分得到医治，破碎的部分在慢慢整合，断绝的部分在重新衔接；在叙事中，瘸腿的人站立起来，开始健行；在叙事中，人脱离死亡的坟墓，走向生命的蓬勃。这是叙事的力量，也是疗愈的力量。我们一路走来，有许多故事要讲述，在讲述中，故事的力量被带出来，产生疗愈。这样我们就成了说书人，就成了叙事者，就成了疗愈者。一个叙事者在叙事中暗暗达成了疗愈，他做到了一切，自己并不知道。他看到了实现过程，却不知其原因。

我是一个说书人，我讲述乡村的经历，我讲述从村庄到城市的经历，我讲述从中国到世界的经历。我讲述一路与我相遇的亲人、同伴、同学、朋友、老师、同事、熟人，甚至包括那些原本不熟却在机缘里有了深度联结的来访者，以及他们的家人的经历。每一个人背后都有他的故事，每一个人都可以成为说书人或叙事者。我做的是，唤醒他们背后的故事，激励他们讲述自己的故事，最后看到他们在自我叙事中变得生机勃勃。有人问我："你做了这么多年心理咨询，却没有枯竭，这是为什么？"我说，因为我背后有丰盈的生命故事，我才成为动力强劲的叙事者和疗愈者。如同我们内心有一颗饱满的种子，它包含着强烈的成长渴望，就要给它一片肥沃的土地，再去创造各种成长条件。如果它是一个树种，它一定要长成一棵树；如果它是一粒花种，它一定会绽放出美丽的花。当我们理解了叙事，我们就理解了生命，知道它像一片大地，自然会要求长出它自身的叙事。

作为一个说书人，我自幼读过一些书。作为一个叙事者，我从小就开始听故事、讲故事。我曾在学校里教书，有时教得不好；我曾在会议上演讲，有时也讲得不好。但它们都成了我成为说书人和叙事者的预备条件。直到后来，我确认了自己的身份，开始成为一个好的说书人、叙事者、讲课者、演讲者、疗愈者。这些身份都围绕着我生命的核心工作，那核心叫自我，或叫灵魂。每一个身份，都在试图呈现我灵魂的样式。真正的疗愈也来自于此。知识会起作用，常识会起作用，受到的训练会起作用，但最根本的疗愈来自我们对生命核心的确认。

心理咨询是生命与生命的相遇，灵魂是对生命最根本的定义。

在我的生命经验里，一路相伴的有许多同学、朋友，还有许多老师。这些老师的生命故事生动活泼，在我的心灵殿堂里印着他们的名字：齐平远、李世凡、王庭钧、王庭海、王庭珍、李秀华、刘立荣、丁光训、汪维藩、莫如喜、叶子铭、邹恬、许志英、奥斯汀、杜艾文……还有其他许多人。追溯人类精神的根源，也有许多伟大的说书人、叙事者、疗愈者，他们的生命滋养着我的灵魂：耶稣、佛陀、老子、庄子、孔子、尼采、鲁迅、陶行知、弗洛伊德、荣格、弥尔顿·艾瑞克森、弗兰克尔、罗洛·梅……他们是我的榜样，也是永世的典范。沿着他们的足迹，我正在成为一个叙事者、疗愈者，也是一个具有文化自觉的说书人。

# 狗

人生中总有许多怕，我有点怕狗。我本不怕狗。我之所以怕狗，是后来形成的。就像心理症状，有怕，也有喜欢，两者混淆不清。

许多人喜欢说心理症状是天生的，是生物遗传的，实际上不是。没有人生下来就有心理症状。心理症状是从经验里产生的，是在文化中习得的，而不是天生的。因此，我谈狗有一个目的，就是让人了解狗，了解怕，了解人，了解自己，了解症状，以及症状的意义，当然还有人生的意义。

## 一、纪念我的小狗

其实，我本是喜欢狗的。我自幼生活在乡村，与狗打交道多，跟狗的关系是很亲密的。在我幼年的乡村，几乎每家每户都养狗，用来看门护院，也是一种习惯。

我家前前后后养了几只狗，我记不清楚了。有一只狗给我留下的记忆最深，也跟我的感情最深。人们现在养的宠物狗都有名字，我小时候养的狗大多没有名字。记得小时候在家或在外玩耍的时光，都有狗的相伴相随。假期结束了，我要回学校了。狗舍不得我走，在后面一直跟着，跟我走到离村庄已经很远的地方也不肯回返，我只好把它赶回去，它回头看我，我还用土块朝它投掷，怕它跟着我走远了，独自回去会有危险。它通常坚持跟到靠近县城的时候，便有些害怕了，想回去了，但还是时时回头看我，那叫不舍。

那时候人饥饿，又野蛮，狗便不安全。夜晚，狗在院子里，会被专门偷狗的人偷走。他们有的是偷狗的手段。有时狗在野外，也会遇到有人临时起意，用食物诱惑狗进圈套，然后狗就被抓住了、打死了、吃掉了。

儿时，我睡在跟灶屋相连的柴房里，而狗住院内，有时到柴房里来陪我。但有几天，狗出去了没有回来，我担心它被人打死了。那些日子，我脑子里不断出现狗被打死的场面，心里很难过。但有天深夜，我被弄醒了，原来是我的狗回来了。它用爪子轻轻抓我，见我醒来，它激动地喘气，更欢快地用爪子抓我，用舌头舔我。它是想告诉我什么，但其实我知道。过去几天里，它一定经历了被捕捉的惊恐，以及死里逃生，竟然得以逃回来见到我……它说不出来，但我都知道。我跟它一样激动：我的狗回来了。那是几十年前的一幕，在我的脑海里留下了深刻的记忆。它像我的家人，从坏人的魔爪下逃生，逃脱归来。

然而，又过了一些日子，我的狗不见了，再也没有回来。它大概最终还是被人捕杀了。

不知道有多少个时日，我脑子里一直想象我的狗，它遭遇了怎样的情景，还有它的惊恐与绝望，我跟它一起经历了一个悲惨的过程。或者，当我的狗在经历这一切时，它以某种方式把它的经历传递给我了，让我体会到了它的一切，仿佛与它一同亲历。我的内心充满悲伤，变得空空落落。人们叫失魂落魄。我永远都在期待，它在某一个夜晚回来了，像那天晚上它逃回来时一样的激动。然后，我再也不会让它独自离开家。但我一直没有等来那样一个夜晚，许多个夜晚过去了，我的狗一直都没有回来。它被捕捉和打死的场景，一幕又一幕反复在我脑海中浮现。

## 二、一件糗事

我之所以怕狗，是一点一点养成的。现在想起来，这主要源于我小时候走亲戚，在穿过一个又一个陌生的村庄时，总有被狗追咬的经历。虽然未曾被狗咬过，我却一直怕被狗咬。许多年来，走到任何一个陌生的地方，我的神经都会极度敏感，会十分关注暗处或角落，当心从中突然窜出一条狗。哪怕是已经熟悉的地方，只要有暗处或角落，都会引起我的特别关注。任何一丝响动，都会被我听成狗发出的呜呜声，让我在惊惧之间蓦然回首，全身寒毛直竖，甚至冒出冷汗。说一件孙闻至今还在嘲笑我的事吧。那时我年轻力壮，身手矫健。我与孙闻刚结婚，但没房。我们一起到城乡接合部去，想租一间便宜的房子。当我们刚走进一户人家的大门，一只大狼狗突然向我们扑了过来。出于本能，我一下子躲到身材娇小的孙闻身后去了。幸而大狼狗是被链条拴住的，还没接触到我们的身体就被后面的链子拽住了，只完成了一个扑跃的姿态，向我们狂吠。几十年过去了，孙闻提起这事，说我在危险来临时拿她喂狗，而不是奋身相救。我辩解道：那只是本能的反应，如果真的会伤害到你，情急之下，我手撕狼狗也未可知。

## 三、我与在湖边散步的狗

很有趣的是，怕什么就会遇到什么。我家门前有湖，绕湖散步的人很多，带着来遛的狗也很多，常常没有绳子牵着。我知道这些狗不会咬人，心里还是紧张和提防。我与狗之间形成了一种微妙的关系：我怕狗时，狗也怕我。哪怕我故作轻松，敏感一些的狗也能感觉到。狗从我身边走过，我紧张，它也紧张起来。狗见到别人好好的，见到我就会发出呜呜声。我便知道，我是一个让狗都会感到紧张的人。

我不怎么被狗待见，假定狗是不喜欢我的，凡是狗都不喜欢我。

有一次散步，我看到一个人一边走路一边打电话骂人。他满口粗话，大声喧哗，横着走路，一副旁若无人的样子。在一片静谧的湖边，他的声音老远听来就让人心烦，连安静卧在路边的一只狗也听得烦了，冲着他汪汪叫起来。我当时就想变成一只狗，冲着那个野蛮的家伙叫，不行也可以上去咬他。但我是人，觉得不好意思。只见那只狗朝那人冲过去狂吠。那人显然受了惊吓，立刻老实下来。我心里一阵快意，并且感谢这只狗，还佩服它，自愧弗如啊！遇到讨厌的人，我不敢说，狗却敢叫。很有意思的是，当我从这只狗身边走过时，它却不冲我叫，反而是安静的，还似乎友善地望着我，一直望着我走过去。我回头看它几眼，它还在望我。我内心里颇感动，竟然有狗喜欢我。也许是我向它传递了一种友善，它本能地接收了这种善意。我想到与人为善、成人之美，对狗也当如此。

## 四、一只单相思的狗

在湖边有一幢别墅，院子里有只大狗，关在栅栏门内。每次我散步路过，都害怕狗会越过栅栏门冲出来。我有时会沿湖走一半，走到那栋别墅之前就回头；有时又觉得自己太小题大做了，便会壮着胆子走过去。但每走过那里，心头就会一紧。我这一紧张，院内的狗仿佛感应到了，就会发出威胁性的呜呜声，甚至吠叫起来。许多时候，别人走过它不叫，我走过时它便叫起来。这让我又害怕又恼怒，会气愤地骂上一句，赶紧走开，或走过之后再骂。有时走过，因为害怕，不敢朝院子看；有时为了提防，忍不住朝那边看上一眼。我不看它还好，一看它就叫。有人告诉我，跟狗相遇，为了表示友好，可与之对视。我怕与狗对视，总怕惹出麻烦。

有趣的是，我怕那院中的狗，却有狗喜欢上它。至少有两年时间，在这个院门外常常卧着一只身型很小的狗，眼睛朝里面看。显然它对院中大狗动了感情，起了相思，但又无法进去，只好卧在外面长相厮守。院内的狗对它并不在意，一方"落花有意随流水"，另一方"流水无心恋落花"。用世俗的目光来看，这门不当户不对啊。里面的狗居深宅大院内，高大威猛；外面的狗可能是一只流浪狗，居无定所。但它那份执着的感情却让散步的人驻足悲惜一番。只见那门外的狗面朝院内，两眼一直望着里面的狗，含情脉脉，又有些黯然神伤。里面的狗则一副不以为意的样子。不管寒冬酷暑，门外的狗一直守在那里。许久之后，再也看不到卧在门前的那只狗了。偶尔听散步的人说起来，它已经死了。也许相思太深终于无望而死，也许它生病了，加上生活条件太差，无人照管，后来病死了。

## 五、狗与养狗的人

我怕狗，又特别关注狗，也顺带关注狗与它的主人的关系。有的狗主人带狗散步，会跟狗说话。听狗主人说话，可以了解其人，也可以了解其狗。有一天，狗的女主人牵着一只很大的狗，那只狗从长相到打扮，都像一个花花公子。它的确是一只多情的狗，路上见到一只母狗就走不动路了，拼命要挣开女主人的牵狗绳，朝那母狗靠近，欲与之亲近。这狗的块头大，女主人要花很大劲儿把它拉住，拖走。离开一段距离后，那狗还频频回头朝母狗看。

女主人对它说："那只狗不好看，脏兮兮的，一看就是没有修养的。不要再看了，我带你去认识一下詹妮。詹妮长得好看，又干净，又有修养。我们走吧，别理这只小脏狗。"这分明是狗歧视啊！但她的狗并不听她说话，它只对眼前的母狗（如果它有名字的话，应该叫小花、妞妞之类，女主人一定嫌它的名字太土气）感兴趣。女主人一直跟它讲詹妮，但是它一点儿都听不进去。它仍回头张望，但那只母狗已经走远了。

## 六、狗与文化

小时候，我读过一本小说，名字忘了，故事情节还记得，讲一个老人与他的狗。故事的结局是，老人为了救人而死，埋在了坟墓里。他的狗一直守在那里，眼望坟头，拒绝进食，一直到死。我读得泪流满面。

狗跟人类一直共同生活，简直共享一种文化，甚至一起创造文化。人了解狗，狗对人也十分了解，便是所谓的狗通人性。甚至跟人相比，狗比人更了解人，更亲近人，更真诚待人，更忠诚于人。特别是年迈的狗，简直达到人情练达的境界。我就遇到过这样一只狗。

有一次，我受邀到武汉上课，上完课我回宾馆。我可能是累了，或者是想体验一下武汉的小巷，便在巷边的台阶上坐了一会儿。我坐下来之后，才发现我跟一只很大、很老的狗靠得很近。它原本安详地卧在那里，我都没有注意到它。当我发现自己坐的地方靠它很近时，我内心开始有些不安，更确切地说，是害怕。我抑制住跳起来跑掉的冲动，怕这样的行为反而会刺激那只狗。我坐在那里没有动，看似无意地看了一眼狗，狗也看了一眼我。它似乎也有些不安，并且为了掩饰不安，还伸出舌头舔了一下嘴巴。我们各自保持着这种姿态、这种距离，双方都没有做任何变动。但我猜想，我们心里都有些不自在，都想移动一下。

算是强撑了好一会儿，狗几乎不让人注意地缓缓站起身来，然后伸了一个大大的懒腰，当它卧下来时，它的位置发生了一点变化，跟我拉开了一点距离，而这是一个让我们双方都会感到安然一些的距离。但它这样操作的过程几乎让我觉察不到。我把这个过程回放一下：它站起身来，长长地伸一个懒腰。这是一个多么得当的理由啊。它不是直接站起来走开，更不是威胁我让我走开，而是——它不动声色地站起身来，伸了一个懒腰，然后卧了下来，让你根本觉察不到它卧下来时，已经把跟你之间的距离调到最佳。它真是一只很通人情世故而考虑周全的客气的狗，它充分体谅和照顾到我的感受，仿佛是对我说：我卧久了，需要伸个懒腰。它把一切都做得得当而体面，它的行为简直是在教我如何更有修养地做人。我跟它坐在一起，从开始有些不安和害怕，到后来感到舒适和心意相随，简直觉得跟它坐在一起的时光挺好、挺美，甚至还想在这里多坐一会儿。如果它是一个人，我们简直会成为好朋友，我会邀请它从武汉到南京来玩。

我便想，人跟人的相处，最高的境界便是彼此都感到舒服，而这个境界，在我与一只陌生的狗之间达到了。

# 七、小白

我儿子在少年时期，很想有一只狗。我们工作忙，儿子要上学，没人照顾狗。家住一小套房，又在市中心，找个地方遛狗都不方便。但儿子喜欢，我们还是养了一只狗，给它起名叫小白。

这是儿子的狗。狗随人养，什么样的人就养什么样的狗。儿子太小，不会养狗。又因为太喜欢狗，对狗太宠，不管什么都由着它，小白被儿子惯得不成样子。真是一只小白，什么都不懂。从这里，我们也反思自己养育儿子的方式。我们对儿子也太宠爱，他太调皮，没有什么规矩。儿子养的狗跟他一模一样。我们便有些后悔了：本来养这个儿子已经很辛苦了，又养一只同样调皮的狗。小白跟儿子一样，跟人太亲近，动作粗大，有点张牙舞爪，见到人就激动，一激动就向人扑过去。它的本意是想跟人亲近一番，却让不熟悉的人以为它要咬人。即使跟熟悉的人在一起，它张大嘴巴，本意是跟人玩闹，却因太疯狂，用牙齿把人刮伤了。这样一来，我们就得赔钱，带人治疗。这小狗的做派正是我们儿子的做派，心里不大有数，动作粗大，疯疯癫癫，真没少给我们惹麻烦，它自己也没少吃亏。

小白很小的时候，我们带它去紫金山玩。在一个山谷里，有两个相邻的平台，它出来玩太激动，一个劲儿朝前冲，因为它矮小，看不见两个平台之间其实隔着很大的距离，或者它有些忘乎所以，以为自己可以从一个平台跳到另一个平台上去——那真是差得太远了。结果，它落空了，摔到平台下面的山谷中去了。当我们把它找回来时，它竟没摔死，甚至没有严重受伤，之后很快就恢复了。

但另一次它就没有这么幸运了。我们后来搬家，住在湖边。门前是一条环湖的路，人来人往，车来车往。小白依然冲动，四处跑来跑去，无所顾忌。有一次，大概是听到家人回来了，小白太激动，像箭一样从家门冲出去，赶上一辆汽车驶过，把它碾在轮下。小白的两条后腿被轧断了，但命算保住了。我家前院有一小片土地，我们把小白放在土地上，每天在它跟前放一些食物。它卧在那里吃一点食物，大多数时间就躺在那里。我看着它拖着两条腿挪移而行，一副天真烂漫又楚楚可怜的样子。大概过了个把月，它的两条后腿竟慢慢地好了起来，又开始走和跑了，虽然有点瘸。

## 八、狗与心理咨询

二十多年前，我到美国读书，学习心理学与咨询。我发现在西方社会，人们对狗的喜爱达到了极致。富人养狗更要花很多钱，不仅要买狗粮、为狗剪毛、给狗看病，甚至还有为狗做心理疏导的。我不由感慨，在当时的中国，许多人连心理咨询都没有听说过呢。

更让我惊讶的是，我选修的神学课上，有人表达一种非常奇特的神学观点，说在英文中，Dog（狗）的字母顺序颠倒过来，就成了God（神），因此狗是神圣的，狗也有灵魂，狗死后其灵魂也会得救。

又听到一个笑话：有一个女性提醒她的朋友，说她的狗很敏感，因此不要当着狗的面称它 dog，可以叫它 D-O-G，不然这会刺激狗的自尊。

　　还有一点，我信以为真。许多人喜欢狗，与孤独有关，需要有一个陪伴者。记得同学向我讲了一个故事：美国有一个老太太，因为感到太孤独，一直接受心理咨询。后来，她养了只狗，就不再接受心理咨询了。她说："我有了狗，不用找心理咨询师了。"咨询师听了这个，或许会不太高兴，怎么把狗与咨询师相提并论呢？但在中国心理咨询界，也的确有一个自我解嘲的说法，咨询师称自己为"咨询狗"。

# "运气"是怎样临到我头上的

我这一生，如果从"运气"这个视角来梳理一遍，是很有趣的。

我出生时，据说有女鬼来抓我。于是，父母每日轮流守夜，让灯不熄灭。我满月后躺在摇篮里，摇篮是用蘸血的渔网罩住，因为鬼怕血。

据说，这种女鬼叫偷子娘娘，是生前未生儿子的妇女死了之后变的。她生前有未解的缺憾，死后做鬼也来偷初生的男婴，做她的鬼儿子。这个女鬼，透露的是当地文化的愚昧与偏见。但我有自己的解读：在我出生的年代，又是在乡村，生存条件与医疗条件太差，婴孩存活率低，迷信的作用在于，它以一种人们虽然不懂却最有影响的方式提醒父母爱惜出生的婴儿。如果从埃里克森发展心理学来看，我在人生的第一个阶段（0-1岁）算是一个被照料良好的孩子，这有利于个体发展出一种基本信赖。

但我父母和我爷爷坚决相信，我就是一个没有被鬼抓走的孩子。许多年后，我让爷爷讲一讲那个女鬼的样子。我爷爷描述说："那一段时间，每天晚上，女鬼都在屋子周围跑来跑去，还发出尖利的叫声。"我又问爷爷："女鬼是怎么叫的？"我爷爷就学女鬼的叫声。我当时听了毛骨悚然。我觉得那女鬼其实是一种动物，是狐狸、狼，或者其他动物。这样说来，也是很令人恐惧的。我是在一个怎样恶劣的生存环境中活下来的啊！对我来说，活下来都是一种运气！

我出生的村庄叫徐桥，有一个邻村叫郭家。郭家有一陈姓人家，生养了五个儿子。我父母跟陈家结了交情，把我寄养在陈家。按我的年龄，我排行在陈家一群兄弟之间。父母的意愿是让我接上陈家的旺运，摆脱我被女鬼盯上的厄运。我从这里也看到一点命运的玄机：旺即运气，运气即安全。我加入一个兄弟众多的大家庭，既没有跟亲生父母中断关系，又与寄养父母建立了亲缘。我的幼年，拥有两个体魄强健的爸爸，又拥有两个爱我的妈妈，还与一帮兄弟相处，有了情感，受到保护，还被爱惜，这便是得到了关系的滋养。

我寄养的家庭本来有五个兄弟，加上我就成了六个，自然是旺。跟一大帮兄弟在一起，鬼祟便不敢上门。我自幼胆气壮一些，敢于跟同伴摔跤，敢于越过我生活的村庄四处走亲戚，敢于跟爷爷走南闯北，敢于尝试在一个不可能的环境里探索各种可能性，敢于异想天开，敢于用行动向爷爷证明，虽非龙凤所生，却也不甘做一只老鼠打洞……大概与此有某种关联。

人生中总有一些很好的东西，不是靠谋划得来，而是在无意之间得到，并且可能让人一生受益，堪称运气。我的人生是从这个地方出发，在后来的发展中越来越蓬勃，走出了有局限的甚至是被规定的格局，走到一个更大的局面中去。这是初运，是给我带来生命蓬勃的运气。我当初经历时并不知道，后来想起方才觉得如此。

我家在徐桥，徐桥虽称"徐"，也仅一户人家姓徐，主要成员是高姓人家，兄弟多，势力大。我爷爷把我小姑嫁给高姓人家，我的姑夫是高姓兄弟中最温和也最重情义的一位。他的其他几位兄弟的性情各不相同。在我的印象里，高家老大是县电力局局长，我偶尔会看到他回村。他很有派头，住着村里最高大的房子，房前有廊。老二与老四皆个性强悍，脾气暴烈。老三是我的姑父。高家后代也兄弟众多，其中年龄与我相当者有两个，皆是我幼时玩伴。高家老二是村干部，高大威猛。我父亲做会计，亦身强力壮，常常以与人摔跤为娱乐方式。

高家老二威风凛凛，声色俱厉，在村里喊一嗓子，如猛虎登高一吼，村里的人纷纷从家里出来，赶到田地里劳动，没有一个人敢有丝毫怠惰；而我父亲却单纯耿直，人们并不惧之。高家老二也知我父乃厚道之人，二人相处与合作很是相得益彰。到了"文革"，我小爹（父亲的弟弟）竟然做了造反派，与高家闹腾，我父亲不得不保护其弟，与高家产生一些嫌隙。我爷爷惧怕不已，听话听音，吃萝卜看缨，凑近高家老二说话，探出口气，便暗中与我父亲商量，欲搬离徐桥，回老家王庄。当时，我小爹做造反派劲头正旺，不识情势已危，不欲离去。但见我爷爷与我父亲要走，料想自己孤掌难鸣，也只好随之迁徙，心有不快。从徐桥搬家那年我四五岁，对我家在徐桥的房子还有印象。搬家那天，仿佛是从老家来了几辆牛车，拉着我们的全部家当，一路摇摇晃晃，而我也在摇晃中睡去了。醒来时，已经到了王庄。据说在几十年前，我爷爷带着全家从这里搬走，现在又搬回来了。搬回王庄对我个人的命运意味着什么，当时全然不知，一切都在后来展开。

我后来也常回徐桥，到小姑家住，我还给小姑家放牛。那里有我熟悉的伙伴。从小学、初中，甚至高中，我时常回徐桥过暑假。徐桥的人对我说，我家从徐桥搬回王庄，是我的运气。人们说这话是因为在我家搬回王庄十来年后，我竟然考上了枣阳师范学校。

追溯我的家庭谱系，世代都是农民，没有听说有读书人，即使有也是略通文墨。我考上枣阳师范学校，说小是我个人生活上碰到了好运气，说大是破了我家好几代人的天荒。为什么这事与搬回王庄有关呢？因为我在徐桥的同伴没有一个人考上大学。其中有一个很有希望，最终还是没有考上。而王庄呢？据说历来是虎头地，南村与北村相争，北村出秀才，南村出富人。从徐桥搬回王庄时，老村长安排我家住南村，后来宅基地选在北村。村里的人解释说，我考上大学是因为北村有这个地气。我考上枣阳师范学校之后，北村的许多孩子也一个个考上了大学。又过一些年，南村也有。王庄因为有众多的孩子考上大学，成了远近闻名的村庄。几十年后，时代变迁，王庄的人家大多搬进城里去住了，王庄人丁稀少，境况有些凋敝。

人生随处有得失，是幸运还是不幸，不能作一时观、一地观，从人生全景来看，便会产生祸福相倚之感慨。在我十四岁那年，村里来了一位招兵的军官。我渴望当兵，与之接近，向他表达我的愿望，展现我的身体素质。我几乎为自己争取到一种幸运，但最终还是因为年龄太小而失掉了机会。许多年后，我回想起这件事，对运气之说有了一种新的理解：如果一个人有识别机会的能力，有前去尝试的勇气，并且有表达的热忱，这就意味着他具备了与运气接通的条件。即使你会失掉人生中的某些机遇，但你会在后来的人生中不断遇到新的机遇。当你得到了，人们就说你运气好。渐渐地，你对运气熟悉了，当它来了，你对之便有感觉，哪怕它只在这里停留五秒，你也是那个抓住它的人。于是，你会相信自己是一个运气好的人，总会在生活中迎接好运，忽略运气不佳的情况。甚至在人生低落之时，也保持一种好运会来的心态。运气喜欢积极的心态，会被积极的心态吸引过来。当那个军官从球场边走过，那个向他投递篮球（邀他打球）的孩子，一定会在后来的生活中不断交上好运。意识模糊、表情漠然、行动懒散、自认是个倒霉蛋的人，当运气从身边走过时会熟视无睹，会失之交臂，还常常埋怨：为什么只有我这么倒霉？

我所说的运气跟别人说的有所不同。当然，别人说的也不算错。运气不仅在于个人的态度，在生活里也的确有一些被称为偶然的事情发生，它促成了一个机会。你在不知根由的情况下，碰到了那个机会，别人称之为运气。我父亲给我带来了一种运气。我初中毕业是在1977年，那年高考恢复。读高中本来需要考试，但我所在的乡村，整个二郎大队有八个村，那年有八个孩子读了高中，是选拔出来的。所谓选拔，便是"干部"子女优先。父亲正好是王庄的村干部，我便被"选拔"上了高中。这便是人们所说的运气。这对我是运气，但对别人是不公平，也让我的有些同学不服气。因为读了高中，我才有机会考上枣阳师范学校。我初中有一个同学对此耿耿于怀，许多年后，我们见面，他对我说："腊有，你上高中，是因为你爹当村干部。我成绩比你好，却没有这个机会。"我听此言，点头称是。他叫万一心，在人们眼中，便是一个运气差的人。其实，他是一个学习认真、为人认真、做事认真的人，很勤奋上进。他初中毕业后自己学医，开了一家小诊所，努力要过上好生活。又有一年我回老家，听说他去城里进药，骑着一辆摩托，被一辆汽车撞死了。听了之后，我唏嘘不已，至今也不知道怎样理解这件事，因为命运太复杂了。

其实我读高中，并不一定能考上大学。之所以考上大学，这也算是一种运气。我上高中读的是理科班。因为我的数理化不好，考大学毫无希望。我放弃了功课学习，心里暗怀一个文学梦：想成为一个作家。我读小说、读诗歌、抄古字典，还尝试写诗、写小说。其余时间，我就在操场上打篮球，偶尔也跟同学们讲一讲我听到的、读到的故事。我的高中生活就这样一天天过去，直到有一天，学校让我带一封信回家，请家长签字。我偷看了信的内容，又了解到，学校认为有二十个学生不用继续读书了，便写了一封信征求家长意见。如果家长同意，就可以回家了。但我还是想把高中读完，回到家中，我把信交给父亲，把这封征求意见的信解释成这样的：学校是要看家长是不是真心支持自己的孩子继续读书，完成高中学业。父亲一听，当即表示支持我把书读完。这就不是运气，而是人为。

就这样，我在高中只剩半学期的情况下，又回到学校，要把书读完。我没有料到，一堂化学课会改变我的人生轨迹。我的化学老师叫齐平远，也是学校教导主任。他的化学课讲得好，但我听不懂，且已放弃，考试只能背二十个化学元素符号，得二十分。齐老师很认真，很严肃，眼睛很大，生气时瞪得圆圆的，很吓人，同学们都怕他。这天，齐老师在台上讲化学，我在下面偷看一本闲书。正看得入迷，我的书被齐老师劈手夺去。他站在我面前，把我的书放在手里翻了几下，说了句："上化学课，竟看这个大部头啊！"所谓大部头，就是一本厚书。我不知怎么竟从齐老师的语气里听出一种赞赏的意味，便回应了一句："齐老师，我其实适合读文科。"齐老师把书朝我桌上一扔，转身朝讲台走去，听见我说的这句话，回头瞪了我一眼，呵斥了一声："是吗？"班上的同学都听得出这是反问，我却觉得齐老师有点相信我的话，便加了一句："要是读文科，我会考上大学。"班上有稀稀落落的笑声，这显然是在嘲笑我。齐老师没再理我，继续讲他的化学课。下课之后，齐老师便离开了。这件事情也便过去了。我继续混高中时期最后一段时日。有一天，我接到学校教务处的通知："王学富由普通理科四班调到重点文科二班。"那一年，在高中只剩半学期的时候，我开始用非常高强度的方式学习，并以全校文科最高分的成绩考入枣阳师范学校。

这个算是运气吗？当然算，因为我遇到一个贵人。我在齐老师的化学课堂上看小说，被他发现了。这本来是一件倒霉的事，后来却演变成我人生的一个机会。如果不是运气，我怎么可能会遇到这样一位化学老师呢？如果我们再细究一下，这仅仅是运气吗？运气如风，在一分钟之内就吹过了。如果我当时没有任何反应，它吹过之后就与我无关了，也不大会再度吹来。我的人生将朝另一个方向走去，后来会发生什么，现在的我全然不知。同理，那个以另外一种方式生活的我，对我跟幸运相遇而逆转的人生，也是无法想象的。

这件事情也让我对运气有了新的确认：幸运不只是一场偶遇，其中包含人的创造。毫无疑问，齐老师是一个给我带来运气的人。那天的课堂上，如果不是齐老师，而是其他任何一个老师，这个运气会不起一丝波澜地流失了。我们再朝前推演一步：那天的课堂上，虽然是齐老师发现了我在看小说，但当他说了一句"大部头"的话后，如果我没有对齐老师的话做出后来的回应，运气也就随风而散了。而且，我的回应听起来也很无厘头。如果我当时缺了那点无厘头的想法和说辞，运气也就从我身边悄无声息地溜走了。还有许多细微到我无法言说的因素，都在当时发生了各自的作用，推动了一些微妙的环节，凑成了让我人生发生转机的幸运。其中，最关键的因素与本质是我跟齐老师基于人生的渴望与信心共同完成的一次创造。

师范毕业后，我被分配到枣阳南部的山区教书。我从枣阳县城乘长途汽车来到山区的一个镇，然后独自挑着一捆书与一卷被子，走进了八角小学。同学们有分配在县城里的，也有分配到各个镇上的。我到了山区的一个小镇，在许多人眼里，颇为不顺。我当时还不到二十岁，似乎也不以为意。在八角小学教书期间，我交了几个朋友，其中一位天天在家写作，梦想成为一个作家。谁会想到，在这个深山的人家里，有这样一个青年，想成为一个作家。我像遇到知音，在他那里，我借了一本书，便是巴尔扎克的《海上劳工》。我被其中那个水手与大海搏斗的英雄气魄深深感染了，心中生出一种奋发的力量或冲动。我的作家梦再一次被点燃了。我想离开山区，仿佛山外有什么在召唤我。虽然山里有一个很美丽的女子，她住在八角镇上，她一直在等一个青年到这里。她家就住在学校旁边，她一定以为我是她要等的人，但我不是。她跑过来想挽留我的眼神与急促的呼吸，都没有留住我。像来的时候一样，那天我挑着担子，依然是一些书、被子、脸盆等，离开了八角小学。许多年后，我听说，那个女孩等来了她要等的人，是一个来那里采矿的地质队员，她跟着那个地质队员离开了山区的八角。而我，后来回到枣阳县城，在丁庄学校教书。那个到县教育局直接要求把我调回来的人，便是丁庄学校的校长，他的名字叫齐平志，正是我的高中化学老师齐平远的哥哥。

齐校长所在的丁庄学校缺英语老师，他听说我英语好，坚决向县教育局要人，直接点名要王学富。我本来可能在八角小学教一辈子书的，还很可能就在那里成家，娶家住学校旁边的那个女孩子。更可能的是，我后来喜欢上另一个女孩子，跟她在另外一个学校（李湾学校）结婚，从此在山里教一辈子书，这是命运的另一种可能。没想到因为齐校长，我接到县教育局的调令，从山里回到枣阳县城。我一边感谢齐校长，也一边对他心里有愧。他对我抱有期待，花了很大功夫把我调到丁庄学校，我在那里教了半年英语，也没有让学校的英语成绩提升多少。半年后，我还离开了丁庄学校，到南京读神学院。

当时是1983年，中国神学教育刚刚恢复。家乡的人不知道我去南京做什么，以为我去当和尚。那时，我的人生进入一种非常态时期。我的外婆是一个基督徒，她订了一份刊物叫《天风》，由中国基督教两会主办。我读《天风》，读到丁光训、汪维藩等人的文章，内心颇为敬佩。我自幼受外婆影响，读《圣经》，听她讲道、讲《圣经》。1982年，我去武汉参加湖北基督教两会举办的第一届基督教义务传道员培训班。后来出任湖北基督教协会会长的朱致国牧师，便是我那时的同届同学。我没有想到，我的人生跨度会变得这么大。1983年，我进入金陵协和神学院修读神学。这件事情不能用运气来说，应该被称为呼召。本来，接受神学训练，大多是要成为牧师的（不像我那个叔父所说的是做方丈）。但我觉得自己不够好，做不了牧师。那时文学梦还在我内心发酵，它像是缠住了我，我摆脱不了它。

1987年，我从金陵协和神学院毕业，竟考上了南京大学中文系，成为中国现代文学硕士研究生。我做这事，让神学院起了大风波。有人赞同，有人反对。赞同者如莫如喜老师、丁光训院长，还有驻金陵协和神学院的党代表,叫陈培真。不赞同者很多,还有人说我"不属灵",不过是拿神学院做跳板。我也解释不清,因为我自己都不清楚。我只是喜欢文学。我喜欢什么,就去做什么。这不算大错,其实也不算错,甚至到了后来,我觉得人选择做自己喜欢的事,不仅不算错,还算是对的。甚至,选择文学对我来说是一件幸运的事。至少在当时,我认为自己做牧师是做不好的,但我可能做好文学,至少我喜欢它。从这个角度来说,我把进入南京大学看作我人生之旅中遇到的又一个运气。它不是我的设计,我只是顺应运气而行。

写到这里,我略去中间十年(1987—1996)不表,直接跳到南大毕业后,我来到厦门大学教书。因为在这个时期,我的人生又发生了一个重大转变:从文学转向心理咨询,并出国修读心理学。这又何曾是我料到的事呢?它却发生了。当它发生了,再去回顾它之所以发生的各种因缘,又有一个新的感慨:不是幸运或不幸,而是命运本身。仿佛一切都是早已预备好的,只是在它没有发生的时候,你根本不知道。在它发生的时候,你猝不及防,以为太偶然。把事情看作偶然的人,总把事情称为幸运或不幸。而我知道,成为心理咨询师,是我人生命运的一个归结。或许,我这样说还为时尚早。因为我还不知道,下一步命运会把我带到什么地方。现在是心理咨询,下一个地方可能又是文学。它一直都在伴随着我。但在本质上,心理学与文学真的有什么区别吗?至少在我这里,我看不出什么区别,也不知道是它们选择了我,还是我选择了它们。

# 摆　　摊

我去南京读书了。父亲送我去火车站，临别时对我说了一句话。这句话就像种子一样种了下来，随着岁月流逝，沉淀在我的潜意识里，一直在暗中起作用，帮助我渡过了现实中的一道道难关，让我在人生路上跌倒时又爬起来。但我并没有觉得在人生艰难时曾听见这句话——在耳边没有响起，在脑海里也没有浮现。一直到许多年过去，当我像父亲当年那么老，甚至比父亲当年更老时，这句话才从我的记忆深处出现，或者，它基本上在暗中辅助我走过艰难，完成一件件事后，如同已经完成了它的使命，方才浮出水面。当父亲从我的记忆中露面，父亲已经离开人世了，他留下的这句话很简略："出门在外，离家又远，我们一点忙也帮不上，你自己去闯吧。就像摆摊，弄砸了，记得自己收摊子，换个地方再支个摊儿。"

父亲的这句话，仿佛预测了我后来几十年的人生。我一路走来，尝试了许多事情，如同不断摆摊——时而弄砸了，就换个地方再支个摊儿；或者觉得这个摊非我所愿，也会换个地方摆摊。人生就这样走过来了。我目前支的一个摊儿叫直面，摊子不小，可惜父亲看不到我的摊子了。

我也曾遇到有人来砸我的摊子，或奋战一通，能保就保；也有遇到势大的人，我说：算你狠，你把我的摊子砸了吧。直面的摊子砸了，我就去找一个地方再支个摊儿。我会开一家老王面店，照样做一个快乐的老王。

　　曾经，我的父亲是老王。说这话时，我已成了老王。老王总要支个摊子活下去，有时候也不只是为了活着。父亲一生摆了许多个摊，一个接一个。我也是。

　　如果将来灵魂能够与父亲相遇，我们父子下辈子就一起摆摊。如果还是姓王，那就真的叫老王摊子。

# 个人的神话

那年我大约五岁，奇怪的是，那个场景我竟然记得，而且这也是我妈难得记得的一个场景，它是我们共同的记忆——在村前水塘的堤岸上，一个深秋或冬天的日子，地上的草都干枯了，我妈用锄头把干草铲起来，收在柴筐里，用来烧饭。妈妈在那里干活的时候，她身边有一个小家伙，便是我，竟然也拿着一个小镢头，在地上刨呀刨。甚至，我清晰记得，我的小脸上有汗粒一滴滴落下来。

这件事情给我妈留下的印象太深了。仿佛从那个时候开始，我妈一直认为我是一个勤劳的人，用她的话说，是很会砍柴。

一些年后，我参加了高考。回到家里，我爷爷坚持认为我考不上大学，因为在他的理解里，"龙生龙，凤生凤，老鼠的儿子会打洞"。他便劝我去找城里的同学，因为他们的爸爸有本事，想看看他们能不能在城里为我找个事做。他担心我不好意思求人，还说了一句俗语："求不到大米有大麦，求不到粮食有布袋。"这意思是，凡事求求人，即使求不到个事，也不会失掉什么。

爷爷的话颇有道理，但不符合我的情况，因为我后来考上了大学，不用去求人找个事做。

但我妈对我爷爷的话是不满意的。我妈有很强的自尊，不大主张求人，因此她一生都在拼命干活，用她的行为表达她的人生态度：不求人。

每逢我爷爷对我说，去城里求同学的爸爸找个事做吧，我妈就会用她的咕叨表达抗议。有一天，她的抗议我听清楚了：人老几十岁，也讨不到你一个好口彩。腊有（我的小名）砍柴那么厉害，就不能考上大学?

现在想来，妈妈的道理很简单，但细想也很奇怪。在她看来，我会砍柴与我能考上大学之间一定有关系：因为会砍柴，就能考上学。结果，还真的被她说中了。那一年，我考上了枣阳师范学校！但这不大是因为我会砍柴，至少两者不是因果关系。在这个有几百人的高中里，会砍柴的孩子不知有多少，考上大学的却很少，而且考上大学的不见得是会砍柴的。

但我妈认准了这个理儿，她愿意这样相信。事实证明，她这样相信也没有什么坏处，反而有好处。

妈妈的这种信念，就是罗洛·梅所说的"神话"。每个人都需要有自己的"神话"，它代表着一个人对生活的基本理解，代表着一种态度、一种价值、一种信念、一种意义、一种目标……神话有很强的动力，虽然不可以证明，却是有意义的。

罗洛·梅说，现代社会正在失掉它的"神话"，这让人类变得无力、空虚，充满无价值感。但在我家里，还保留着神话。就像我妈一样，我每每想到王逸尘，我的儿子，他的许多故事便一个一个涌现出来。每一个故事里都隐含着他的个人神话。

那是儿子上小学的时候。那时我们住在上海路，从我家到小学很近。儿子放学回家，沿着马路一边走，大约会有一千米。这么短的一段路，儿子总会走上一两个小时。在这段路上，儿子创造了许多故事，也从中获得了许多乐趣。这些都是他的幼年神话。

举一个例子吧。在上海路的街边，有一片高于马路的地面，那里有几棵树，其中有一棵很大的树。树的周围是砌起来的一个圆台，圆台里有石头和砖块，那是我儿子时时流连的地方。

有一天，放学之后，儿子竟请他的一帮同学去吃饭。后来，据他的老师说，那天，她看到王逸尘的手里拿着一张一百元的钞票。

孙闻后来向儿子问起这事，他说，钱是他在一棵大树下的石头下面发现的。

接下来是他向妈妈讲述的神话：有一天，他在树下玩，搬开一块块砖块和石头，在一块石头下面发现了几十块钱。他觉得很奇怪。后来，他时常悄悄到这里玩，有时会发现在某个石头下压着数目不等的钱。这是他的私人秘密，他从不告诉别人。

听了这话，孙闻吃惊地看着儿子，并且相信他。

有时，儿子上学前会对妈妈说："我们一起去看看石头下面有没有压钱。"孙闻说："好呀好呀。"然后，他们一起去翻开一块又一块石头，没有在下面发现钱。有时，他们去那里翻石头，真的在石头下面找到了钱。这样一来，孙闻参与了儿子的神话。

对于儿子幼时的这件事，我们有许多猜测，甚至猜测了很多年，一直猜到儿子长大。后来，我们跟儿子提起这件事，连儿子自己都忘掉了，而我们到如今也没弄明白。

但不管怎样，我们觉得，这是儿子童年时期一段非同一般的经验。至少，儿子用这种方式在他的生活中寻找乐趣，还邀请妈妈参与其中。我想，如果一个人在生活中能够自得其乐（make fun），他也自然而然会在生活中创造意义（make meaning）。

这些年来，我在从事心理咨询中也有一个发现：症状背后是成长的无趣。如果一个人从小到大有充足的玩耍机会，有许多的乐趣，他哪里会有症状？他如果有个人的神话，哪里会找一个症状来折磨自己？

# 豪 爽 倾 向

霍妮曾经说过一句话：神经症者总是会压抑自己的豪爽倾向。

用我现在的眼光来看，我年轻的时候也有一定程度的神经症，但我后来慢慢走了出来。我想，可能是我身上没有被压抑的豪爽倾向帮助了我。甚至，回顾我的人生，我一直都是靠着自身长出来的豪爽之气，渐渐获得生活中各种成长的资源与机会，人生才有如今的丰盈与蓬勃。

我曾经写过文章，讲到父亲身上的豪爽倾向，这在不知不觉间影响了我。在我年轻的时候，我也继承了这种豪爽倾向。就在今天，孙闻和我谈起年轻时候的事，还说起我身上有一种富有感。即使在我很穷的时候，我的内心也有一种富有感，过着别人以为富有的生活。在我不穷的时候，我就更加觉得富有。那时候，我在南京大学读书。有一天，孙闻来找我，路过一个小饭店，我请她吃饭。她问："你有钱吗？"我一拍口袋："有钱。"朝桌前一坐，我把口袋里所有的钱都掏了出来，一大堆硬币、毛票，数了数，总共二十来块，正好够我们吃饭。孙闻瞪大眼睛："你这叫有钱啊？"我后来想到，我这不叫有钱，叫豪爽。到了下一代，我儿子身上也有豪爽倾向。我们并没有那么富，但他活得很富有。读小学时捐款，他总要捐很多。甚至写作文，他编了一个捡钱的故事，一捡就捡二十万。老师的评语说："你这钱捡的也太多了吧！"他对钱没个数。很重要的是，有一种富有感比富有本身更重要。

豪爽倾向也是我从事心理治疗的一个特别关注点。有一天，我跟一位来访者谈话。她内心有很多纠结，但我在她身上发现了一种豪爽倾向。虽然她的这种豪爽倾向受到她妈妈的压抑，但它一直暗自保留在那里。她自己都不知道，却被我发现了。

她对我说："只有你一个人发现我内心有一种豪爽，而别人看到的我却是天天在纠结一些琐碎的事情。"

我说："你本来就是个豪爽的人。"

她很惊讶："怎么会有人说我本来就是个豪爽的人呢？我那么纠结……"

现在她开始意识到，在她的成长中，她本来有豪爽倾向，但一直把它压抑在内心深处。她把豪爽藏了起来，每日收集各种琐碎繁杂的事务。当她发现自己的豪爽，确认了它，开启了它，再使用它，就在生活中建立了关系，拓展了经验，让自己渐渐摆脱那种神经症的琐碎。

的确，许多父母压抑了孩子的豪爽倾向，让孩子发挥不出自己的豪爽精神，以至于陷入神经症的各种顾虑中。因此，我最近有感而发，写了一个条幅：小气鬼父母，制造了孩子的症状！

# 用 心 者

清明节回老家，跟我弟弟和我女儿一路开车同行，我们有机会说说话。谈话中，我讲到小时候的一件事。

那时我读初中，家在农村，没有什么社会关系，这也几乎预示着我的人生不会有什么机会。现在想来，仿佛从很小的时候起，我就在为自己寻找机会。回头去看那个时候的我，小小年级，像一个动物一样在野外转悠，但眼睛里却流露出一种警觉。只要遇到机会，就会扑上去搏杀一番，看看有没有得到的可能。这样的心态，一般叫"用心"，或者按我老家的说法，叫"扒家"（大意是说一个孩子在外面看到什么有用的，就会往家里拖——"扒"就是把好东西揽到自己这里的意思）。

我讲起的一件事是这样的：有那么一段时间，似乎是在冬日的季节，村里来了一个军官。他穿着军装，在我们那很显眼。据说，他是一个团长，是来这里招兵的，而且是招航空兵。那个时候，对于一个农村的青少年来说，当兵是最好的一条人生出路。但这个机会往往轮不到一般家庭的孩子，而我很早就成了一个有心的孩子，比较"扒家"，大概也与此有关吧。我知道，如果我不争取，机会便跟我无关。

那一段日子，这位军官大概就住在我们学校。学校就在村头。有一天，我和村里的几个孩子在球场上打篮球。军官从球场边走过。在这群懵懂的少年中，只有我看到一个正在靠近的机会。我注意到，那位军官朝我们这些打球的孩子看了一眼，我的心立刻捕捉到他可能有兴致打球。于是，我把手中的篮球投给了他。他接到球，微微一怔，便举手投篮，投中了。我为之鼓掌。然后，他就很自然地过来跟我们一起打球，我便有机会与他说话。渐渐熟悉起来后，我开始向他表达我想当兵的愿望，并且向他现场展示我的各种身体技能，包括翻空心跟斗、倒立等。在这样一个乡村地带，我的热情和灵活立刻引起了他的兴趣。就这样，在我父母根本不知道的情况下，我为自己争取到了一个机会：这个团长决定招我去当兵！

这件事首先在学校老师中暗暗传开了，他们都羡慕不已。教我语文的郭光联老师有一次对我说："你这个娃子，好有福气，团长要招你当空军了。"讲完，他还加了一句："苟富贵，毋相忘！"那是我早年生活中最幸福的时光。我暗自欣喜，不跟人说。我的头脑里充满着对未来的想象。但结果是，我终究因为年龄太小未能去成，尽管团长试图"破格"招我。或许有其他因素，但我无从知晓。那年，我只有十三四岁吧。于是，这件事情还未张扬开来，就在暗中结束了。我的父母一直都不知道，其他人也不怎么知道。几十年后，在开车回老家的路上，我跟弟弟说起这件事，我弟弟十分惊讶，说我在那么年少的时候就如此用心。

弟弟的惊讶也让我反思自己的人生经历，联想到一路走来遇到的许多人和事，包括我后来从事心理工作的观察发现，于是对人生发展有了一个基本的理解：人与人的根本区别，就在用心与不用心之间！用心者，能看到一个个机会并争取获得一个个机会（有的机会虽然没有得到，但因为用心，他后来还会得到机会），他的人生就发展得越来越好。虽出身贫寒，他也会走向通达。对此，周围的人看不懂，就说这人有福气。或者说，他家祖坟冒青烟。说起来倒也是，这个用心的人会帮助他的孩子、他的亲友成为用心者。我做咨询师，就是帮助我的来访者成为有心的人，或叫用心者。

许多年后，我在我的儿子身上也看到了这份"用心"。时代不同了，处境不一样，事情也不一样，但儿子对机会的反应与我当时的反应是一样的：用心。

举一个例子，儿子读的小学以足球见长。学校有专门的教练训练足球队。这里的有些小足球运动员后来进入了市足球队、省足球队，甚至国家足球队。小学二年级的时候，我儿子迷上足球，一心想加入足球队。他自己去找教练，向教练表达踢足球的心愿，并且为了向教练展示他跑得很快，他围着足球场拼命跑，因此赢得了教练的认可，让他破格加入了足球队（由于学校常常要带足球队去外地训练和比赛，我们应接不暇，他妈妈只好到学校让儿子退出足球队。这是后话）。我由此知道，我的儿子也是一个用心的孩子。他有什么愿望，就会找机会实现它。因为儿子用心，我便坚信他会有一个发展得好的人生。

# 有那样一种清凉的甘甜

　　早晨起床，跟妻子在院子里打了一会乒乓球，然后绕湖散了会步，已是汗水浸衣。走进厨房，从冰箱里取出半个西瓜。伫立窗前，一边吃着清凉入脾的西瓜，一边观赏窗外的湖面，早已放空的头脑中飘来一个久远的记忆。

　　那时我大约十岁，一个人走在乡间的路上，去十几千米外的徐桥小姑家。徐桥是我的出生地。我家在这个村庄住了一些年，在我五岁左右搬回王庄。王庄是我的老家，一个大多是王姓人家居住的村庄。这天，我从王庄朝徐桥走去，走在一片岗坡地带，我迷了路。这时，我看见一个老人在那里放牛，便走过去向他问路。他问我去徐桥谁家，我说小姑家。他竟跟我拉起家常，说以前徐桥住着一个人，叫王长青，不知后来搬到哪里去了。我告诉他：王长青是我爷爷。这一说，他对我更加亲热，话也多了起来。他告诉我，他跟我爷爷是老伙计，曾一起在寨子林场护林。说起来，他还见过我，那时我才两三岁。他说："你爷对你好，带你到林场来，他到田里摸泥鳅，拿回来包在麻叶里烤了给你吃。"

　　回顾我后来的生活，爷爷带我走亲访友，我们一起走很远的路。我走累了，他陪我在路边的树荫下休息，在野外的井边用荷叶从井里打水喝，那水晶亮、清凉而甘甜。歇息一会儿，我爷爷指着远处一棵树，说："我们走到那里再歇一歇。"因为有了目标，我便起身跟爷爷继续赶路。有时，我爷爷带我去城里亲戚家住一阵子，我跟他一起坐火车跨省走亲戚。这些经验大大拓展了我幼年的乡村生活范畴，也让我长了许多见识，成为我生命中的文化积累。

回想起来，爷爷虽然生活在农村，却是一个广交朋友、见多识广的人。更重要的是，我是一个被爷爷珍爱、喜欢的孩子。许多年过去了，我也变老了，回忆一路走过来的生活，从乡村走到城市，从中国走向世界，我走了一条比同龄的乡村孩子更长、更宽的路，这与我自幼得到爷爷的爱、受到爷爷的影响一定存在某种隐秘的关联。我相信，被亲人珍爱的孩子，内心会有一种自信，因此敢于探索外面的世界，也对人有兴趣，会变得更成熟，走向一种生命蓬勃、事业旺盛的人生。这当中最重要的一个奥秘，就在于爱。那些在文化上封闭的父辈、祖辈，自己不敢闯世界，也不敞开心灵，就难以在后代身上培育出闯世界的自信与勇气，他们的孩子在人生旅途中遇到困难时，会选择退怯、保守，过着自我局限甚至自我封闭的生活。他们对他人没有兴趣，不会爱别人，不肯付出，也不敢探索外在世界和内心世界，过着严重受限的生活，甚至陷入病态。这时，不管他们有多聪明，也难以拓展自己的人生。有一句话是，爱里没有惧怕。这话反过来说便是，许多人有各种害怕，爱就变少了。在恐惧的土壤中，爱的花朵很难自然绽放。

这天早晨，我站在厨房窗前，看着窗外的湖面，品尝着清凉甘甜的西瓜，儿时的一个个夏日场景在我眼前浮现。在那些夏日里，我与我的爷爷一起度过了许多快乐的时光。他对我的爱是清凉甘甜的，如同他用荷叶汲取的井水，是那样的清凉甘甜。几十年后这一天，当我吃了一片清凉甘甜的西瓜，便想起了我的爷爷，也想到爷爷那份清凉甘甜的爱，以及我自己清凉甘甜的生活。这件事发生在我五十六岁这一年，便是我爷爷当年的年龄。

# 正　理

一些年前，我父亲在村上做会计。要过年了，村里人都在藕塘挖藕。有一家人私下把藕往自家拿，我父亲制止，这家几个兄弟便上来殴打我父亲。我父亲说："咋啦，难道就不讲个正理了吗？"

那天，那一家人对我父亲施暴，把他拖到了泥塘里。他从泥塘里爬出来，全身都是泥。父亲身材高大，孔武有力，站在那里像一尊黑铁塔。但他宁愿把自己的双臂抱于胸前，也不还手。

那是我幼年的一天，我看见父亲全身裹泥，只剩下牙齿白花花的，忽闪忽闪——他在跟人家讲理。

父亲讲的理，不是真理，而是正理。

好多年后，我才明白父亲说的这"正理"的意味——所谓"正"，表明一样东西是稳固的，有牢固的基础。所谓"理"，就是一套运作的公平法则。父亲相信：凡事都有个正理。而在这个世界上，许多人失掉了这个正理。

有人只有"理"，却没有"正"。有理而不正，即歪理。他们的理，是让自己得好处的理。如果得不到好处，他们就不讲这个理。打个比方：你家跟别人家吵架，你站在自家的立场上，讲的全是你家的理；如果是同样的事，而你是对方一家的人，你就会站在另一家的立场上，满口讲着另一家的理。这似乎也是个理，但不是正理。

"正"是根本，"理"是法则。有了正理，世界便公平而合理地运行，滋润万物，培育生命。失了正理，世界就混乱了，不知道要运行到哪里去了。

"正"就是公正，就是不仅考虑自己，也考虑别人，就是道，就是德，就是善，就是良知，就是不管你属于哪一方都不违背正理。不然的话，就成了"公说公有理，婆说婆有理""见人说人话，见鬼说鬼话"，失掉了正理。世界到处都是"理"，但"正"在哪里呢？这就是为什么我父亲一直在找正理。

父亲没有受过多少教育，却有自己的哲学，便是这正理，这是他生活的根基，是他人生的持守。我后来明白，就人类伟大的思想而言，最深的根基就是这个正理。我们首先是人，然后才是这家的人或那家的人、这国的人或那国的人。既然都是人，我们就有共同的人性，公正而不偏袒，自然而不违拗，此即正理。

在这个世界上，讲理的多，讲正的少。这正理，也是直面之道。道在里面运行，它创造了理，创造了滋养生命的资源。许多人靠头脑，靠知识，靠精明，而我父亲靠的就是这个正理，也用这个正理暗暗滋养和造就了我，只是我一直都不知道。

许多年前的那一天，父亲被人殴打，年幼的我不明白父亲嘴里讲的正理，我巴不得父亲伸出拳头还击。当时，我的手抓住一棵小树，小树跟我的身体一起颤抖，我向父亲哭喊："你打他们！你打呀，打呀！"但父亲在跟他们讲理，讲着他的正理。事实是小孩子都明白的：他家偷藕，还嚣张打人，不顾一切维护他们家的利益、他们家的面子，仗着人多势众，乘着父亲的几个儿子还没有长大，他们全家人一起攻击我的父亲。父亲厉声质问他们："难道就不讲个正理了吗？"

现在，父亲已经去世了。回顾父亲的一生，他仿佛一直都在找这样一个正理。许多人认为没有这样一个东西，他坚持说有。许多人只知道攫取利益，为此不择手段、胡搅蛮缠，他们口口声声称自己有理，心中却没有"正"，他们也不相信"正"。他们把自己当成"理"，甚至当成真理。

在我年轻的时候，我也不相信有这么个正理，甚至觉得父亲傻：他那么强健有力，却从不打人，甚至宁愿被人打，也不还手，跟不讲理的人讲理，跟只有歪理的人讲着正理。但现在，我相信父亲说的正理。因此，我为人处世，说话做事，都会反省其中有没有正理。面对世界的各种不公正，我也会问："怎么啦，就没个正理啦？"

# 偷 麻 籽

最近赶写一本书。那是答应人家出版社的事，拖了一年，不能再拖了。于是，我乘年假赶写，每天凌晨五点即醒，然后起床写作。虽然上了年纪，睡眠减少，但我还是想睡，眼睛发涩，不想起床，头脑醒来，睡意犹沉。就在这欲醒还睡之间，仿佛有声音说"起来吧"。我以为是我头脑里的声音，在提醒我起床写作，但接着细听，在"起来吧"后面还有一声"我儿"——合在一起，成了"起来吧，我儿"。原来，这是我妈妈的声音，来自五十年前的岁月。

我的记忆便回来了：

在我老家，有一些地带是岗地，有洼有坡，播庄稼收成不多，种麻比较适合。有一种麻，我已经记不起它的名字，只记得它结一种籽，在当时能卖好价钱，因此当地人种这个。麻籽成熟的时候，上面长出一种针一般的绒毛，落在身上，粘到衣服里，奇痒。

现在，回顾小时候发生的许多事，有点恍若隔世，觉得不可思议，那时候的人们怎么会做这样的事呢？人性如此粗俗，简直不见容于文明啊！当然，这是以现在的文化与眼光去看，当时看这一切，做这一切，竟浑然不觉，反觉有趣。

说到这种致痒的麻籽，便想起乡间闹洞房，竟有人把这麻籽上的绒毛撒在新郎、新娘的床上。对这种恶作剧，大家说起来还觉得有趣，哄笑一通，真是以虐人为乐啊！分析一下背后的心理动机，大概是忌妒，见不得别人快乐。

说起麻籽，我真正想说的是另一件事：村里有一个妇女出门走亲戚，路过一片岗洼地，发现那里种着麻，麻籽都成熟了。她回来跟人说闲话时提起这事，周围有几个妇女听。也不知说者是不是有意，但听者肯定有心。于是，这些妇女开始私下商量，要尽快去把那片地上的麻籽代为收割下来。说白了，就是去偷人家的麻籽。她们当时也没有说代为收割之类的话，她们直话直说：我们去偷麻籽。我们做孩子的是不知道这事的，直到有一天夜里，我正熟睡中，听见我妈轻声唤我："起来吧，我儿。知道你想睡，但没办法，起来吧，我儿，回来了再好好睡……"

我在迷迷糊糊中被妈妈从被窝拉起来，身子还软着，任由她帮我穿上衣服，然后与她一起走在夜晚的田野里。周围还有几个妇女，也有几个小孩子，都是被妈妈喊醒来做帮手的。

我记得我们走进一片麻地，把每一株麻秆上的籽倒着捋了下来，装进随身携带的麻袋里。我们在紧张之中，手脚无比麻溜。整个过程似乎只有很短的时间。当我们离开，背后已经是一片被收割过的麻地，那里的每一株麻秆上面不再有麻籽。

在我现存的记忆里，还有几个依稀的片段：麻籽都被整理出来了，放在我家的院子里晒。也仿佛记得，在那些日子里，我偶尔还会见到那几个曾经在那个夜晚一起工作的妇女，她们之间的关系变得比以往更亲近了，见面时一个个都笑眯眯的。

妈妈或许对我有一点愧疚，这愧疚或许是因为拉我入伙去偷了一次麻籽；或许是半夜叫醒我心有不忍；或许，她没有任何愧疚，因为她觉得在贫穷的日子，做这件事是迫不得已；也或许，她竟觉得，她豁出去做了一件好事——为了维持这个家的生计，也包括为了我读书。不管怎样，这件事在后来五十年里，我和妈妈都没再提起。又或许，妈妈早已记不起来。甚至有可能，这件事根本没有发生过，它是我的一个梦，是我的一个臆想，是我把发生在别人身上的事转移到自己身上，或许是我看到别人偷麻籽，自己想偷又不敢，就在漫长的记忆里组合出我妈带我偷麻籽，又或许是我想帮一次妈妈，因为她生活得太贫穷、太辛苦，而我作为小孩子，什么忙都帮不上……

现在，每天一大早，我欲起床，犹有困意，便听到一个声音对我说："起来吧，我儿……"偶尔，妻子也在这时醒来了，我便对她说："我去偷麻籽……"她听了我的话，觉得莫名其妙。而我，大概是想用这个表达方式洗白几十年前的那个夜晚，把其中的道德感洗掉，只留下情感，用来纪念一下我的妈妈——她绝不完美，却是真实的，且充满深情。

# 陪妈妈走过最后的日子

2016 年下半年，跟我们一起生活了十年的母亲坚决要回老家去，她的病已经相当严重了。我从南京回到枣阳，陪伴妈妈走过人生中最后的日子。最终，妈妈离开了我们，我心悲伤。我写下了一些纪念的文字，却不能表达我对母亲感情的万分之一。

妈妈躺在那里，我看着妈妈。
妈妈没有看我，知道我在流泪。
妈妈说：
"你站在这里看我，会难过。
去休息一会儿吧，
把灯关了，把门关上。"

我隐约知道，却不愿接受——
这是妈妈最后的日子。
我再也不能带妈妈回南京了，
只能把她留在这片土地上。

昨天，我们把父亲的坟迁到了东岗，
一些日子后，妈妈也会留在东岗的坟里，跟父亲在一起。

我家在东岗有一片新的墓地，
那里也为我预留了地方——
但我并不确定最终谁会葬我，
以及我是否会葬在这里。

外面的阳光灿烂，
空气变得洁净。
妈妈一直躺在这间小屋里，
闭着眼睛。

妈妈躺在床上，
我在床边看她。
虽然我已经做好了一切准备，
但我的心忍不住悲伤，
我就是忍不住，悲伤……

妈妈对我说：
"你去休息一会儿吧，我儿，
把灯关了，把门关上。"

# 我妈回到了南京

我妈已经去世了，这是千真万确的事。就在一个月前，就在我老家，我们为妈妈举办了葬礼。然后，我独自回到南京。我回老家，本以为妈妈的病不会致死，我还可以把妈妈带回南京来。岂料，我回老家去，把妈妈葬在枣阳，妈妈再也没有跟我回来——永远不会再回来了。

妈妈跟我在南京生活了十年，现在永远留在了枣阳。回南京后，我时而想起我妈，想到她时，内心总有不舍，一股悲怆涌上来，我忍不住流泪。

然而，这天我回到家，在家里见到了妈妈——她竟然回来了，回到了我南京的家！这是千真万确的事情，就在我眼前，就在此时此地。我跟妈妈还坐在一起闲聊。现场还有我的妹妹，她可以做证。像往常一样，我们坐在那里说话。我一边坐着，一边还移到妈妈身边，拥抱一下她，还在她脸上亲了一下。这是我过去从来没有做过的事。然后，我又移回来，坐在原处……

但我知道，这一切并不是说妈妈没有死，而是说，妈妈虽然死了，却回来了，就跟没死是一样的。生与死没有了阻隔。她还跟我们住在一起。你看，就在眼前，我们坐在一起。

我站起身来，上了趟卫生间。从卫生间出来，我看到妈妈在家里走动，帮忙做事情，把衣服放在洗衣机里。我便想到，我要写一篇文章，告诉人们，说我妈虽然死了，却又回来了。就像过去，她离开一段时间，回老家了，又回来了。她随时都可以回来。我还想告诉人们，关于田螺姑娘的传说是真的。因为，我亲眼看见妈妈在家里做事，像往常任何时候一样。这千真万确！我还揉了揉自己的眼睛，这分明不是梦！我还拿出一张纸来，在上面写下一段文字，这文字也是真的——我用这文字证明，这一切都是真的。我一边写还一边在想，人们看到我写的这段文字，肯定不会相信。那我就请他们到我家来看，让他们亲眼看到我妈在家里走来走去，忙这忙那。如果他们亲眼看到我妈，就不会相信我妈其实死了。那我就带他们一起回枣阳，去看我妈的坟墓。让他们知道，我妈的确死了。然后，我再带他们来我在南京的家，让他们再看到，我妈的确回来了。我想向所有人证明，死亡没有意义，坟墓无法阻隔。因为，我妈死了，但她回到了南京！

但结果竟是，这是一个梦，我刚从梦中醒来……

# 析　梦

　　昨天，我做了一个关于我妈回南京的梦，今天早晨，小于来我家，说她昨晚也做了梦，梦见我妈对她说："小于，你给我烧肉吃。"然后她说："好的。"答应得很清楚。醒来后，小于想到我妈已经死了，便流下眼泪。我对小于说，我清明节会回枣阳给我妈上坟。小于交代我说，替她带些肉回去，在我妈的老坟上拜拜。

　　我一下子想到许多年前，我奶奶死了。有一阵子，我奶奶托梦给我爷爷，说她的房子塌了，她没地方住了，阴雨天只能到处躲雨，冻得发抖，阴森森的，好可怜。我爷爷去找我的姑姑们，给她们讲了他的梦。姑姑们扎了纸房子，拿到我奶奶坟上烧了。从此以后，奶奶再没有托梦给爷爷，想来她在那边过得好，我爷爷心里也安然。

　　小于也讲到她以前做过一个类似的梦。有一个人走到她跟前来，对她说：我没有房子住了。小于不认识他，心里说：你没房子住，跟我有什么关系？那人提醒小于说：你跟我长得很像，不管什么地方都像。小于醒来才想到：这人莫非是我的爸爸？小于的爸爸早就死了，妈妈带着她改嫁。对爸爸的模样，她早已记忆模糊。第二天晚上，小于做了同样的梦，梦见上次那个人来对她说：我没有房子住了……小于赶忙回老家，找到她爸爸的坟，烧了一个纸房子。从此，小于再没有做过这样的梦。

　　这天早晨，小于一边给我做早餐，一边跟我谈她的梦。讲起我妈，小于说："不知道阿姨在那边过得好不好？有没有房子住？有没有肉吃？会不会被人欺负？"

我便理解了中国人常见的梦，其中大多反映的是生存的艰难——关于有没有房子住、会不会被人欺负、能不能吃上一顿肉……而我的那个关于妈妈回南京的梦，反映的则是我个人的潜意识——一种关于情感和陪伴的心理文化。我每天工作的意义，就是通过陪伴来疗愈人们情感的伤，而这些伤总关涉人生的丧失与伤悲。

# 为老黑正名

老黑是我弟弟，因为我的缘故，他遭到诸多误解，我得出面为他正名。

父母生养了四个子女，我是老大，下面是妹妹，然后是两个弟弟。老黑是最小的弟弟。

这次我与老黑一起回湖北枣阳老家，为父母修一个墓，因此来了不少亲友。其中在给爷爷上坟的路上，我的一个表弟与我闲聊，他悄声问我："老黑当年考大学，是你替考的吧？"我说："哪有这样的事？他的水平比我高……"我方知道，在老家，老黑被人误解之广、之深、之久。

说起来，这事大家想不明白啊！老黑本是一个初中毕业生（甚至有传言说他初中都没毕业），竟考上南京大学哲学系硕士研究生，毕业后又到上海公安系统工作，又考上复旦大学新闻系博士研究生，又进入上海财经大学人文学院做教授，又娶一上海本地姑娘，成家，生子，立业。这事谁听了会相信？亲戚不信，朋友不信，村里人不信，城里人不信，老黑同学、老师不信，家里人也不信，早年死去的爷爷不信，近年去世的父母不信，他姐不大相信，他小哥也不大相信，只有我（作为他大哥）真正相信。因此，也只有我出面来为老黑正名。

老黑本名王学成，今年四十多岁。说起来，他自出生之后就不断被人误解。所幸他不以为意。比如人们叫他老黑，而他并不黑。初见他的人和好久没见他的人都会说：一点都不黑嘛！但大家还是叫他老黑，他自己也向人介绍说：我叫老黑。

他落得"老黑"这名字，大概也与我有关。他比我小十岁，比他姐小八岁，比他小哥小五岁，小时候大多是他姐和我带他。我印象里是他姐带他更多，不管走到哪里，都背着他。但我贪玩，想让他多睡觉，于是将他抱到太阳下一晒，他便闭着眼睛，很快睡着了，但也因此晒黑了，还形成了后来的一个习惯：爱睡觉。有一天，村里有个妇女来我家串门，看到晒得黑黑的弟弟，就大呼小叫："这娃子咋恁黑？"她便一边逗他，一边叫他老黑。从那之后，大家就叫他老黑。我爷爷、我父母、我、他姐、他小哥，都叫他老黑。看来，他这个名字是改不过来了——虽然我说为他正名，却依然写的是"为老黑正名"，还是叫他老黑。

当然，我之所以说"正名"，非正"老黑"之名，而是为老黑正名，把他身上一些被人误解的地方纠正过来。而我最想为他"正名"的一点是，他考南大，考复旦，进上海公安专科学校和上海财经大学，全是靠他自己的能力所为，决非我做大哥的所能代劳！

为什么他能考进名牌大学读研呢？我把话从头来说，还得尽量说得清楚。不然怎么为他正名？

我1979年高中毕业后，考上了湖北枣阳师范学校。这在我家和我们村都算是一个大事件。虽然枣阳师范学校不过是一个中等专科学校，但在我们眼里，它就是枣阳的清华、北大。它的意义在于，这件事让村里的孩子们看见一条可行的路：考大学。紧随我后，我们村就有好几个孩子考上大学，后来更是源源不断。在当地，王庄是考上大学最多的村子，至少算是枣阳环城区的一个文化景观。我考上大学一事，自然对我弟弟、妹妹都有影响，这叫榜样的力量。虽然妹妹与大弟终因其他原因未考上大学，但小弟努力考上了。

我进枣阳师范学校时，老黑刚读小学。我不知道他怎么看我。但随着他渐渐长大，他内心一定有一个愿望：我要像大哥一样。师范毕业，我被分配到枣阳的一个学校教书，一度把老黑带到身边。他跟我一起生活和学习，住在我的宿舍里。那时，他还是一个小家伙，在他眼中，我很高大，我说的话他都相信。记得有一天，我对他说："老黑，语文是字词的功夫，如果从小认字多，知道字词的意思，语文便好。"然后，我随手给他一个小词典，说："你把这个背下来吧。"这话说完，我便忘了。记得一年暑假，就在我家院子里，老黑把那本小词典递给我，说："大哥，你考我吧。"那天，我逐条考老黑，一直考到七十多页，发现他全都会背。我便停了下来："好，都会了。"从此，我未再考过他。这听起来是一件小事，却是老黑自幼接受的一个特别训练，让他有了一个特别的优势——他的语文特别好，作文写出来总是范文。

那个时候，我正做着文学梦，每每回到村里，总喜欢听老人讲故事，向老学究借书来读，也随时坐在那里写呀写，写下许多文字。许多年后，老黑对我说："大哥，你年轻时特别喜欢写，但那时写的东西并不好。"原来，他小时候会悄悄看我写的东西。我写的虽然不好，却影响了他——可以说，他后来的"好"便是从我那时的"不好"里培育出来的。

我到南京读大学时，老黑在读初中，其间我给他寄过一些书让他读，现在还能记得的书有《约翰·克利斯朵夫》《梵高传》。当时，只要我读到喜欢的书，有了兴致，我便从图书馆借来，寄给老黑读，还写信给他。记得有一次读《梵高传》，我读得激动了，就在信中对老黑说：我和你就像文森特和提奥。寄书给他的事，大概不算多，但也影响了他。老黑有很好的悟性与叙事能力，是不是与此有些关联呢？每个假期，我都回老家，老黑跟我睡在一张床上，还睡在一头，他给我讲他在学校读书时的经历，讲得很生动，至今我还记得一些。他的叙事方式像小说。他后来还真的发表过几篇小说，南京《雨花》杂志社的编辑薛冰先生对他印象颇深。

跟老黑交往的同学、朋友都知道他有一个大哥，是在南京读书的。大概他在同学、朋友面前把我讲得很厉害，以至于他们见到我时总会大吃一惊——因为在他们心中，我的形象一定很高大，而在现实中一看，我的个子却不高，便很惊讶。

老黑初中毕业那年，我父母到北方打工，老黑一个人在家没人照顾，父母便不放心。虽然他考上了当地的一所高中，父母还是决定带他一起来北方生活。因为情况发生了变化，当时我对老黑说："现在你有两个选择：一、在这里找一个高中读，走高考的路；二、参加大学自学考试，争取获得一个大学学历，然后直接考研究生。"老黑选择了第二条路。他参加了山西师范大学自学考试，学的是汉语言文学专业。他的古典文学尤其强，我时而见他读古籍，没有标点符号的古文字，他竟读得进去。我在一旁颇为惊讶，也暗自欣喜。

我说的这些，别人都不知道，老黑也不与人说。误解之所以产生，大概也与此相关：村里人只看到老黑整天无所事事，对我前面讲的这些部分却一无所知。这个部分不仅村里人看不到，我见多识广的爷爷也看不到，父母也看不到。他简直就是一个让别人看不懂的孩子。甚至现在想来，当时老黑还太小，他对自己恐怕也看不懂。但有一点，他对我有很深的信任，愿意去走一条他本人并不确认的路——因为他大哥说行，他便以为这条路走得通。

一些年后，我选择从事心理咨询，从表面看来，这有点阴差阳错，甚至在别人眼中我脑子有点进水——好好的厦门大学老师不做，却选择走一条冒险和生僻之路！我渐渐明白，我之所以成为一个我自以为很出色的心理学家，是因为我能在别人身上看到他自己看不到的阻碍。更重要的是，我也能在别人身上看到他自己都看不到的资源或潜能。

当时，正是因为我看到了老黑身上他自己都看不到的某种天赋异禀，我才那样坚持。我相信我所看到的——在我的爷爷、父母都不相信时，我依然相信。甚至在老黑自己都不相信时，我也相信。

后来，父母从北方搬回老家，老黑也跟着回枣阳了。在别人眼中，他简直成了一个闲散人员——既没有学上，又不出去打工，也不事农活。那段日子里，老黑在一个废弃的屋子里架了几根木杆，吊着沙袋，天天在那里练拳脚。夏天看瓜园，一个人睡在野外坟场。白天里，人们偶尔见他拿着一本书在看，也是一副不以为意的样子。他那么喜欢睡觉，拿着一本书，看不了一会儿，就把书丢在一边，睡觉去了。我爷爷见他这样，就过来劝我道："老大，你的心也算操到了，我看老黑不行啊。这么多天来，他跟我睡在一张床上，我什么都看在眼里。白天不见他看书，晚上坐在床上看书，看不了几分钟，头一歪就睡过去了。这是装模作样啊，哪里是读书的料！我看你还是找找城里有用的同学，看看能不能帮他找个工打打，这样一年一年拖下去总不是事。"我听爷爷说话，心里其实不大相信他。我当年考大学时，他也说"龙生龙，凤生凤，老鼠的儿子会打洞"，意思就是，我生来是个老鼠，打打洞算了。但老黑在家里架不住我爷爷这么说，亲戚这么说，父母也渐渐动摇了，就让老黑出去打工。老黑便去找我当年的一个师范同学，他是跟我来往甚密的朋友，毕业后在政府部门工作。这个同学也劝老黑："不要学了，我给你找个事做吧，你哥这人我知道的，不切实际。"他这样说，是说的真心话，也是出于好意。

南大毕业，我来到北方一所大学（即山西财经大学，当时叫山西财经学院）教书。我对老黑说："你来跟着我。"老黑便来跟我生活。我们的决定是，他报考南京大学中文系古典文学研究生。我对老黑的学习状况并不清楚，但心里相信他在专业课上不会有问题，而英语会有些麻烦。他毕竟是初中生的英语水平。我试图教他英语，只教了一次，我俩都觉得不太自在。我是他哥，不是他老师。我便对他说："你自学吧。英语也是字词的功夫。认的单词多，英语也就好了。"他也相信我的话。

那一年，我返回南京大学攻读文学博士，老黑回到湖北老家参加研究生考试。考试结果果然如我所料，专业课全部通过了，英语分数不够。一些年后，我偶遇南大古典文学教授郭维森老师，跟他说起当年我弟弟考研的事，他竟然记得，说王学成（即老黑）的古典文学功底很好，只可惜英文未能通过。

这时，老黑还在老家，迫于压力，他决定不考了。但我劝他再考，又让他来南京跟我一起生活。那时我已结婚，住在家里。老黑住在我在南大的宿舍，天天跟一群中文系博士研究生在一起。我猜想他从跟他们的交往中耳濡目染，自然吸收了知识，增长了见识，提升了信心。像他小时候一样，他还会读一读我在南大时写的东西，包括我所学课程的作业论文，还提及我写的一篇哲学课小论文。第二年，他决定报考南京大学哲学系硕士研究生。结果是，他的三门专业课考了九十多分，英语也通过了！

但有一个问题我一直困惑不解，直到现在我才有所明白。那天考试结束后，老黑回到宿舍。我在那里等他，问他考得如何。他说："考砸了，一塌糊涂……"当时，他的情绪很低落，说话还带哭腔，说要把书全烧了，从此再也不考了！结果出来，他的三门专业课竟然分数最高！这一来我就不懂了。我以前考南京大学中文系研究生，从考场一出来，我的朋友彭兴海约我去打篮球，让我放松一下。他问我考得怎么样。我说应该能考上，专业课与英语都好，只是政治差点。彭兴海瞪大眼睛："你这么自信啊！"考试结果出来，与我的预估完全一致。而老黑的估计竟然与结果相去甚远，甚至完全相反，这让我瞠目结舌。

我现在所能猜想到的是，在老黑心里，可能有一个完美的标准，必须最好，才算是好，有一点不好，就是完全不好。完美主义是一种动力，也是一种毒素。追求完美的人会有一种异于常人的洞察力，但很少体验到把事情做好所带来的价值感和幸福感。完美主义者几乎可以做好任何事，但也难以对任何事产生真正的兴趣，会变来变去，也会很累。因为完美是不可能的，兴趣便不是可持续的。完美主义者能够最快看到事情的本质，但也很快看到了它的尽头。

在南大读博时，我开始做文学评论。记得那一年《小说家》举办小说大奖赛，邀请我给几篇参赛小说写评论。我顺便把参评小说拿给老黑看，听听他的看法。那天，我们在草地上散步，他跟我谈起他对那几篇小说的感受和理解，我又惊叹他的悟性和表达能力。老黑的确是一个很有天分的人，但他的动力似乎不太够，热忱不太足，也不肯冒险。他似乎需要一个发现者、一个激发者、一个催促者，才会让他的才干得到最好的发挥。他在南大读书期间，也曾写过几篇小说，随后放在那里不管了。我偶然看到，读来便觉得好，对之做了一些文字上的润色，拿去给《雨花》的编辑薛冰老师看，后来竟然在《雨花》上发表了。我一直想，以老黑的才华，在任何一个学科上做上十年，都会有非凡的成就。可惜的是，他在一个学科上驻留不了多久，就说这没什么意思，看到尽头了，要换新的学科。他最初学古典文学，后来转向哲学与宗教。他的硕士论文是做宗教比较研究的，后来扩充成一本书。我看过书稿，既有广泛的知识，又有很好的洞察，我极为赞叹。这本书后来在台湾出版。南大硕士毕业后，他又转而在复旦大学读新闻传播学。复旦毕业后，他进入上海财大，在人文学院教书。这些年来，他做出不少成果，但也因为他所说的"拖延症"而误了一些事情，失掉一些机会。他一度被抽调去政府挂职。当时我妈知道了，就很担忧，夜里睡不着觉，反复劝老黑不要做官，还是教书安稳。又过了一年，老黑真的回上海财大教书了。

近些年来，因为父母的病，以及父母去世之后，回去奔丧和为父母造坟，我和老黑时常一起开车回湖北老家，路上有许多时间谈话。我们一路谈学术，谈教育，谈社会，他时时有真知灼见。有时谈起心理学，他也有很深的见解。我们都是从生活经验中磨砺出洞察力的人，但不是家学渊源。我们都自以为读书少，学问底子薄，不会成为大学者，而一般学者又非我们所欲。但我们都是可以成"家"的类型，因为我们以洞察见长。虽然自觉不够，老黑却有一种与生俱来的傲气。虽然对生活有所妥协，却又保留着一种自然的冲动，不甘随俗。但说起来，他有时候又想经商。也就是在这个地方上，我意识到，完美主义其实是一种不成熟的情结。老黑总想做得最好，又想面面俱到，会消耗自己，会感到累，这影响了他兴趣的恒定性和动力的持续性。但不管怎样，他其实做得很好，比许多人都好，虽然永远都不会像他期待的那样好。

在枣阳，几乎没有人相信他会做得这么好，这怎么可能呢？老黑，在人们眼中，一个初中毕业生，读书时成绩也不是最好的，还大多跟一帮喜欢打架斗殴的同学在一起玩，这群孩子中的每一个人都认为老黑跟他是一样的，就是个胡混的孩子。有一天，老黑认真地对他的这帮朋友说他要考大学，他们就把这个当笑话，笑得停不下来，人仰马翻，肚子都笑疼了。后来，听说老黑真的读了南大硕士，读了复旦博士，又在上海财大任教，还做了系主任，还几次出国做访问教授……这些都远远超越了他们的想象力。私下里谈起老黑来，他们说："这是怎么一回事啊？"便有了各种猜测。

为此，我写了这篇"为老黑正名"。

# 吾 妹 命 苦

年岁大了，阅人既深，有时难免感慨人世与命运。

昨日接到消息，说妹妹患了肾病，便忆及妹妹的身世，内心涌出一句话来：吾妹命苦！

妹妹生来貌美，聪明，幽默，既性情爽朗，又多愁善感。初中时，我曾想助她考卫校，给她铺一条路，走向一个新的人生。此事竟然不济，只在偶然不料之间。至今记得我当时骑车狂奔于途，泪溅于风中。

当我于南京求学期间，在爷爷和父母的安排之下，妹妹早早嫁人了。并非出于情愿，却也做了人妻，成了人母。妹妹养育二子，勤勉务农。转眼之间，她已经五十五岁，成为两个孙儿的奶奶。儿子和媳妇外出打工，她在农村照料孙子，每日送孙子到城里上学，接来送往于城乡之间。

妹妹患了肾病，我心为之悲戚，深知她的病源自太累。妹妹嫁的人家，上辈人安土重迁，无法离开乡村，也不让儿女出去打工，一家人种七十亩土地，农忙之时累得直不起腰来。妹妹辛勤劳作，几十年如一日，终于积劳成疾。

在妹妹还算年轻时，也有几次和她的丈夫想到城里谋生，一度还来到南京打工，但终究不适应，加上她丈夫的父亲在老家催他们回去，甚至以卧床不起相挟，从此，他们就不再有出来的打算了。

现在，妹妹生了肾病。这被认为是一种"富贵病"，需要得到细心照料，好好休养，不能劳累。甚至，如果发展成肾衰竭，还需要长期透析。想到这些，我更是忧心。妹妹家在农村，环境不好，经济条件苦，家人护理条件也不够。她的两个儿子和媳妇皆在外地打工，上有八十多岁的老公公，下有一个孙儿在城里上小学，每日要接送，而她的丈夫六十岁了，还得忙于生计，稼穑劳作……想到妹妹的生活，便觉她命苦。

我又感慨这些年来我做心理咨询，遇到许多个人条件和生活条件极好的人，却也让自己活得很苦。相比之下，我妹妹没有他们那样的条件，生存太艰难，活不出她期待的样子，是为命苦。而我的有些来访者朋友，虽不为生存受苦，却遭受一种心理上的苦，他们苛求完美，执于一端，虽然有万般条件，却视而不见，也活得不成样子，甚至觉得活不下去，但求一死。也不知他们受的是什么样的苦，大概可以称为心苦吧。

但不管是如吾妹般命苦，还是如来访者般心苦，是不是就注定不可选择呢？

我不信注定，依然觉得，在任何境遇下总是尽可能奋力为自己拼杀出一条活路来，这条活路是从觉察里延伸出来的，从基本上说，就是在现有的条件下，尽力而为！

# 大 舅 走 了

一大早，小表弟打电话给我：大舅走了。

然后，我起床，开始了一天安排得很满的生活。从起床之后开始，一直到晚上十点回家，我累得不堪，上床睡觉。

在这一天里，"大舅走了"只在一些瞬间出现，我甚至没有一个时间仔细想一想他，更没有时间悲痛。

从一大早表弟告诉我"大舅走了"那一刻开始，我首先是惊讶——在我的印象中，大舅是很健康的，怎么突然走了？其实，这印象是将近两年前见到大舅时留下的，至于后来大舅的身体状况如何，我也是不知道的。

身边的妻子被表弟打来的这个电话惊醒了，问我发生了什么，我说："大舅走了。"对于大舅，她其实是模糊的。这是属于我个人生活与情感世界里的内容，几乎与妻子无关。

然后，我又打电话给在上海工作的弟弟，说大舅走了。弟弟的反应跟我一样："大舅身体很健康的，怎么突然走了？"我便知道，任何一个亲人去世都是"突然"的。我们商讨回老家参加葬礼的事，弟弟像我一样，也是被生活诸多事务牵住的人，我们都不能回去。

于是，就在接到"大舅走了"电话的这一天，从起床开始，生活中早就安排好的各种事务把我卷走了，我只得投身其中，一件一件做。其中偶尔有一个瞬间是关涉大舅的，但也只是：大舅走了。此情此景中，我的回忆都无法展开，哪里还有空隙表露哀伤之情。唉，生活如江河滔滔，而我是被大河顺便携带着的一条小鱼、一只小虾，或者一粒沙。

一天就这样过去了，晚上回家，躺在床上，几乎不过三十秒，我便睡去。直到凌晨三点半，当我醒来，"大舅走了"突兀地冒了出来，与我相对，孤冷而明显。这时，世界一片沉寂，只剩下我与回忆，往事如烟，关于大舅与我。

大舅"生于斯，死于斯"的地方叫古城。古城是一个很大的村庄。我的生命所能追溯的根源便在这里，朝最遥远处看去，源头站着的是我的外婆。古城是我的老娘家。我妈妈是在这里出生和从这里嫁到外面的，小时候——便是四五十年前——我时而跟妈来古城，这里便有许多舅舅、舅母、姨、表哥表弟、表姐表妹，每个人都对我说："腊有，回来了！"

大舅姓翟。翟姓是古城大姓，大舅家兄弟姐妹众多，家族最大。在我幼时的眼中，几个舅舅皆豪爽有力，说话胆气很大。我的胆子也跟着壮了起来，好像我是一个很有背景的人。记得父亲去世那年，我回老家给父亲料理后事，我家坟地竟被村里的一个人家种了地，不许在那里埋人。我们待之以礼，竟无果。原来在那家庭背后，有一个势力很大的家族在恶意唆使。这时，我的几个舅舅与他们各自的儿子，以及古城舅舅家的其他亲属便都来了。小舅问我："腊有，你说一句话，是文是武。文，与他们协商解决，不惹事端。武，我回古城拉几卡车人来。"这是我从舅舅们那里听到的最仗义的话。然后，我便带我的一个表弟来到了那家，与那个家族的强人协商。这是我有生以来所见所闻中印象最深刻的一个场景：我这位见多识广、勇气十足的表弟，用最强硬又最有头脑的态度和言辞跟这个背后操纵者进行了一场对决性的谈话，逼得对方无言以对，怯以应付。事情就这样解决了。从那个时刻开始，我对这个表弟肃然起敬。而对我舅舅家，我内心一直充满了一种无以言表的情愫。

师范毕业后，我在枣阳一个山区教书，每次回家都会路过舅舅家。因为与大舅家的小表姐和小表弟有特别的情感，我去大舅家最多。大舅平日话语不多，喜欢养蜂、养鱼，跟他在一起，有一种自然的亲近。大舅妈更是我在世界上看到的最知情识理又最美丽的女性，可惜她早早去世了。那时候，我与大舅家，与其他几个舅舅家，都有许多亲密接触。那里有外婆，有舅舅和舅妈们，有小表姐与小表弟，以及其他表兄弟、表姐妹们，皆是情感的记忆。我至今依然记得，大舅家的房子在高处，院前有一棵梨树，仿佛总是在它开满花的日子，我到舅舅家来了，留下的也大多是开满梨花的记忆。时光荏苒，回首往昔，生活也如同我的一本书的名字：花渐落去。

分别许多年，想起大舅，那仿佛是一个遥远的大舅。四十年时间里，我离开老家，在外面闯荡，古城在远方，大舅在远方。在我幼年与青年早期，我也算是一个能说会道、有胆气、豪爽的人。舅舅们也喜欢我这样。后来我出去求学，舅舅们也以为我有出息，在外面做大事。其实在这许多年里，我从一个粗糙的农村青少年渐渐变成了有些不谙世故的书生。这中间也记得在老家，舅舅遭遇生活中一些麻烦，想让我托关系帮忙解决，我其实无权无势，力所不及。小舅一度竟认为我"变了，跟过去不一样了"。我后来才明白，其实舅舅们所期待的也不是帮不帮忙的问题，而是关系，而是情感。这些永远重要的事，却因太久的分离被忽略了，变得荒疏了。他们可能不知道，在我内心里，有一个永远的故乡，便是古城，便是古城的外婆、舅舅、姨、小表姐、小表弟们的家。这些，在我平常的生活中是看不见的，而在夜深人静之时，从远方来的"大舅走了"便把它们一一带出来了，让我看到，也让我确认：原来它们一直都在，永远都会在。我也知道，这些在大舅那里也一直存在，并且会以某种非常特别的精神形式存在和表现出来。周围的人看不明白，我看得明白。

大舅活到九十来岁。在去世前的近两年里，他内心里发展出一个在别人看来很好笑的想法与行为：他坚决认为他本来是枣阳县财政局的职工，但财政局把他的档案弄丢了，以致许多年来没有给他发工资。他一趟又一趟到县财政局上访，要求落实政策。这事其实是有来由的。在早年，大舅被县财政局指定为养蜂项目的负责人，作为合同制职工。后来这个政府项目不了了之，大舅的职业也搁置在那里。这大概是大舅年轻时失掉的一次机会，给他留下了终生遗憾。在年老之后，这个遗憾从遥远的过去重新浮现，一直在他头脑中回旋，渐渐形成了一种执念。这恐怕也与他的孤独和他对情感的渴望有关。他时而到县财政局来，儿子们接到电话，就赶到城里把他带回去，反复告诉他根本没有这回事。他便找来各种证据，包括他过去养蜂得到的奖状，以及其他一些看似相关而实不相关的证据。

我也成了大舅精神臆想中的一个角色。他时而以为我在县城里跟他约好了见面，会帮他把这件事办理下来。他到县政府信访办上访时，也提到我的名字，竟然有一天真的遇到我往日的一个同学接待了他，对他的态度很好，他就更加相信我一直在为他的事奔走。我由此知道，虽然我离开老家三四十年，我也一直在大舅的记忆里，并且以他想象的方式参与着他的生活。这看上去是荒诞的，却饱含深情。最近几年，因为妈妈生病和病逝，我回老家多了一些，与大舅的接触也多一些。每次见面时，大舅都会那么真诚而信赖地跟我讲起陈年旧事，还拿出他出门时带在身上的"证据"，一一向我展示，详加说明……我坐在那里一直听他说下去，因为这里有我们共同的记忆、情感、故事。在一片贫瘠的现实里，舅舅创造着他与我之间一段具有情感意义的叙事。只是他说的事，我哪里帮得上忙呢？

就这样，大舅走了，我不能回去，只在深夜，写一段文字纪念他。

写下这段文字时，抬头望窗外，天渐渐亮了，有许多约定的事务在白天里排队等着我。我心里默默说：大舅，您走好！

# 第五章
## 我在关系里

# 当我们不正常时

有一个人来做心理咨询，讲到十年来一直进行的一场战斗——试图消除一切不正常的情绪和想法。结果是，不正常的情绪和想法没有被消除，反而越来越多、越来越可怕了，她担心自己会得精神病。她反思自己的生活，说很想做一些有意义的事情，活出价值来。但是，内心有这么多不正常的情绪，头脑里有这么多不正常的想法，怎么可能去好好做事、好好生活呢？因此，"攘外必先安内"，还是得先消除不正常的情绪和想法才好。于是，她投身于跟内心的情绪和头脑里的想法的战斗。

在生活中，还有许多人正在进行这样的战斗。然而，这是一场不会打赢的战斗。如果一定要打下去，只能导致持续的挣扎。这样的挣扎有另外一个名字，叫症状。本质上说，症状是一系列看似很有道理却没有意义的行为。

我知道，来访者是不会轻易接受这样说的，但还是得跟她说：是不是可以停止这场战斗，换一种新的态度和方式来应对？

她急问：什么？

我说：新的态度是，接受不正常的情绪和想法。新的方式是，对不正常的情绪和想法说"可以"。

她听了很惊讶：这怎么可能？

对她来说，战斗已成了习惯，难以改变。

为了说明这是可能的，我给她举了一个例子——对不起，又要用孙闻的例子，她是我接触最多的人，没有办法。

前天晚上，南京下大雨，一直下，电闪雷鸣。

儿子到城里去玩，在新街口跟同学混到很晚。孙闻担心，打电话给儿子，不通，更加担心。

又打，电话通了。儿子说，跟同学在一起躲雨，雨一直下，没有办法回家，今晚会就近去外婆家住。

到了半夜，电话又打不通了，可能没电了。孙闻只好打电话给她的妈妈，问儿子有没有到她那里去，对方回答说没有。

这时，孙闻的脑子里开始出现各种可怕的联想：首先想到在儿子读小学的时候，一天晚上下大雨，班上一个同学半夜还在外面玩，回家路上，街道淹了，电线杆倒了，漏电。那个同学从水里蹚过时，触电而亡。

孙闻想到这一幕，就仿佛这事发生在儿子身上，越想越担心，越想越信以为真，头脑里出现了很可怕的场景：儿子没了……

接下来的一幕是：儿子没了，她自己也不活了。然后，她又看到自己去跳楼的场景。她走到楼顶，朝楼下看，一片漆黑，她纵身跳了下去。然而，就在她跳下去的那一瞬间，她后悔了。她想到，儿子如果还活着呢？又想到丈夫、女儿，以及母亲和妹妹……她好后悔。但是晚了，她已经跳了下来，不管她怎样后悔，也没有机会了……

她掐了一下自己，还活着，躺在床上。原来这些不过是她内心里或头脑里不正常的情绪与想法。

接下来，她又开始了新的联想：在她从楼上跳下去的那一瞬间，她后悔了，巴不得这时从天上落下一根绳子，就在她眼前，她在绝望之中一把抓住绳子，然后从空中溜了下来，没有摔死，只是受了些擦伤……

当然这段联想反复进行，不断更换新的形式，如她从楼上跳下来的瞬间，有一根棍子出现，她一把抓住；或者，一块布从半空铺开，把她托住，帮她减缓了坠落的速度。总之，她从楼上跳下之时，就立刻后悔了，希望突然出现某个可以依凭之物，让她抓住存活的机会，最终没有死掉。

联想继续进行：世界上有那么多自杀的人，他们可能从楼上跳下的那一瞬间后悔了，后悔却晚了，一切都来不及了，许多人就在后悔中摔死了。这太惨了。

联想还在继续：那么，有没有可能设计一个装置，套在当事人身上，在当事人从楼上跳下的那一瞬间，在他感到后悔之时，按一下那个装置的按钮，就会立刻弹出一根绳子、一块布、一根棍子……使这个人在后悔之际，突然有了一线生机，而不至于死。

后来，孙闻睡着了。

早晨醒来，孙闻跟我讲起她的联想，特别是讲到她的那个设计，兀自兴奋，觉得那简直是一个天才的想法：如果有了这样一个发明，可以救下多少自杀时后悔的人们啊！

对她的奇思异想，我司空见惯，未做反应。她呢，对我本不抱什么指望，说要把这个设计告诉儿子，相信儿子一定会大加赞赏，并且会去实现它。

另一个晚上，我们一家人请塞巴斯蒂安（Sebastian）吃饭，大家在一起聊天。孙闻兴致勃勃地跟儿子谈了她的那个天才般的设想，讲完，她两眼放光看着儿子，期待他的回应，并指望儿子将来可以从事这样的研究发明。

儿子说：妈妈，你想想吧，一个人决定自杀，他先在自己身上装上一个可以弹出绳索的装置，然后跳下去，那叫自杀吗？那叫蹦极。一个人在自杀之前，在自己身上装上可以伸展出一块布的装置，那不叫自杀，那叫跳伞。

孙闻一听，恍然大悟，回头一想，才知道自己的设想有多荒诞、多不正常。于是她大笑不已，直到眼泪都笑出来了。

然而，就在这时，我从孙闻的荒诞想法里觉察出了另一番意味——这一点，我后面来说。

我想到另一件事，是我过去曾经讲过的。之所以这里再讲一遍，是因为我从这件事里体味出了另一番意味。

孙闻患了严重的肾病，近年来对自己能活多久有担忧，因为恋着这个世界，爱着这里的生活，她在情感上有不舍，不舍里有伤悲。

这天，她坐在我家门前的摇椅上，看湖与天，看湖边散步的人们，看路过的狗，看天上有鸟飞过，看地上有蚂蚁爬过，她心里生起了羡慕与感伤，独自落下泪来，心里默默地说：在这里散步的每一个人，你们知道自己有多好吗？你们都有一个健康的肾。又说：从这里走过的狗儿，你们也有一个健康的肾，我却没有……

接下来，孙闻又产生了一个新的联想：在这个世界上有许多的人，他们有好的肾，竟然要去自杀。在联想里，孙闻走到他们跟前去，对每一个人说：你有好好的肾，却不好好地活，反而要自杀，这多不该。最后又说：既然你要自杀，肾对你就没有意义了，把你的肾给我吧。

她继续联想，世界上有这么多自杀的人，或许有一个方式可以挽救他们。这个方式就是，去找到一个个要自杀的人，对他们说：如果你要自杀，请把你的肾给我。如果你不愿意把肾给我，那就请你好好活下来，尊重你的肾！

想到这里，孙闻又有些兴奋了，心里说：说不定这是一个最好的自杀干预方式，可以挽救许多企图自杀者的生命呢！如果把这种方式用一个口号来表达，可以是：珍惜你的生命，因为你有一个健康的肾！

这天，孙闻不再为自己没有健康的肾而继续伤悲，反而为自己找到一个可以救许多人的方式而高兴起来。

现在，我再来说我刚才从孙闻的胡思乱想里体会出来的"另一番意味"：原来，她不仅能够接受自己有不正常的情绪与想法，对它们说"可以"，她还在不正常的情绪与想法里播种一种"善意"，由对个人病痛的自怜延伸到对他人苦痛的悲悯，并生发出前去援救的美善意态。

有了这"接受"和"善意"，不管我们多么"不正常"，还会担心自己得精神病吗？

# 吹　牛

南京有一句话叫吹牛，意思是随便聊聊。两个朋友好久没见面了，就说约个时间，一起吹牛。

说起来，孙闻是个很会吹牛的人。

一个会吹牛的人，往往是生活中左右逢源的人，在生活中时时处处都有机会，总能接上缘分，遇到贵人，沾沾光。这样的人，不见得有多大本事，也没有多好的条件，但天下的好事都给她随意碰上了，天下的好处都被她轻易得到了。

孙闻就是这样一个人。

喜欢她的人会笑死，说：哪怕是一堆狗屎，别人踩上是狗屎，觉得倒霉，而她踩上就有了运气，叫狗屎运。

不喜欢她的人也会气死，好事来了，别人有本事，有条件，预备了很久，却没有得到。也不知道是怎么回事，好事就像跟她约好了一样，排着队冲她跑过来了。别人那个气呀，也没办法，又不是她争抢来的。不管怎样，这也让人无法理解啊！

我人生中遭遇了她，跑也跑不脱，简直像命运。年轻时，我有一个朋友很精明，他见了孙闻就说："你真有眼光，看上王学富这个潜力股！"说起来，孙闻谈不上有眼光，她只是有运气。她不遇到我，也会遇到别人，甚至会遇到比我潜力更大的人。

要认真说起来，她长得也不怎么样，细看还有些缺陷，但瑕不掩瑜啊。这瑜，就是她的运气。条件不够，运气照来。

在这个世界上，有一种人靠勤勉得来运气。还有一种人，本来也不是勤勉之人，只是在世界上随意走动，随处撞上了运气。前者是我，后者是孙闻。对此，一般人看不透，也搞不过，只好认了，只好服了。那得真服，不服不行。

她受的教育不高，按说也就是个大专，本科还没学到毕业就去工作了。最开始到厦门关怀心理辅导中心工作。那是二十世纪九十年代初，心理咨询在中国刚刚开始，她就接受了新加坡关怀国际请来的专业人士的训练，开始做心理咨询。后来，我去美国读书，她回南京，又有机会到南京大学做两年的兼职咨询师。再后来，她又得到一个机会去丹麦一个社工学院读社工和心理咨询。越到后来，她的运气越好，又到美国富勒心理学院读了一年心理学硕士课程，以她那让我实在不敢恭维的英文水平，居然读下来了。大概是她的理解力好，或者干脆就是歪打正着。她不仅修读了一个教授的健康家庭课程，还拿到了这个课程的指导师证书。我真不懂啊！后来，她生了场重病，也得到一个机会，把病治好了。本来是我的几个好同学，却赶来为她帮大忙。此后，她的身体比生病之前更好。现在呢，她又在申请去美国一所大学修读心理卫生临床硕士（后来，我把她劝阻了）。我想，她大概也是能够把这事办成的。我说过，不是因为她多有水平，她就是运气好。

平日里看到她，想到她，说到她，我不免会问：这个世界到底是怎么啦？孙闻常常听不懂别人说话，甚至总把别人的意思弄错，然后做出一些相当离奇的反应，简直让人哭笑不得（她的糗事可以编出一本笑话集，让人笑上几天几夜——其中有许多事在她自己弄明白之后，也笑得流泪，笑得肚子疼），怎么会随时随地撞上运气呢？难道在这个世界上，运道本身并不遵循常规，总被一个言行常常错位的孙闻撞个正着，一下子接通了？这样的事见多了，我就想，什么都是有可能的。

我开始回想，我是怎么被她撞上的？或者，我是怎么撞上她的？几十年前，我在自己的人生路上走得好好的，本来是走向另一个人，本来有可能走向任何一个人，怎么就不合情理地跟她撞上了呢？按我们的年龄，中间差了十年，完全是会错过的啊。但我们竟然撞上了。她十一岁的时候，我到南京读神学院，见过她。当时，我哪里会想到，这个小女孩后来会成为我的妻子呢？那时候，我在校园草地上读书，孙闻跟几个小女孩在草地上玩耍，我给她们讲过故事。谁能料到，其中有一个小女孩长大后竟然走进了我的生活，也可以说，我走进了她的生活。那是在一些年后，她长大了，来找我，又来找我……这一切都是我没法想到的，也仿佛是早就安排好的。就这样，运道在一个本是错位的地方出现，这种现象人们一般称作缘分。

至今我都在想，这是怎么回事呢？在我年轻之时，有跟我自然接通的人，却一个个错失了。孙闻本是跟我错失的人，却与我接通了。我想到这一点，就觉得是一个奥秘，值得好好探究一番。这奥秘是什么呢？我在前面已经点题了——她很会吹牛！大概就是这样，因为她会吹牛！

说起来，孙闻很小就会吹牛。她跟我讲她小时候的事：夏天，她坐在爷爷、奶奶在乡下的院子里，爷爷把门卸下来，架在两张板凳上，成了一张凉床。她坐在床上看星空，脑子里充满了各种各样的想象。大概是从那个时候起，她与现实开始发生错位。她的想象力也因此培育出来了。吹牛是需要想象力的。这个孙闻有，甚至她的想象力太多、太离谱。当然，吹牛不能太现实，那样就没趣了。孙闻是非现实的，也是非常规的。在一般人都知道的方面，她尽显一览无余的白痴。在一般人想不到的地方，她却是肆无忌惮的丰富——既能想到，也能说出来，做出来，而且说得和做得都很自然，时常让周围的人感到错愕，又在错愕之间来了兴致，不觉被她从现实中带走了，跟着她四周疯跑一场。

在我意识到她有吹牛的魔力之前，她已经在我身上使用了这种魔力，把我卷入她的运道之中去了。但她这样做，非为有意，实出无心。或者说，看似无心，实则有意。她本人也不知道，或者有所知道，但不说破。

我后来体验到她是怎样跟人吹牛的，那是一种自然状态，也是一种超常状态。她有一句没一句地跟人搭话，既能搭上很高的地方，也能搭到很低的地方。不管对方说什么，她都能与之接上话茬，一起高低起伏，延展到很开阔、很自由的地方。她就是这么会吹牛，一路过来，口吐莲花，也冒泡泡。

她跟同学相处，那叫如鱼得水。她跟妈妈和妹妹相处，那是疯得没边。但她跟她爸爸相处，会一下变傻——完全僵立，闷葫芦一个，像个呆子，说话冲人，情商为零。这时候，我心里说：啊，你孙闻也有这一天啊！

她之所以吸引我，说到根本处，大概是因为会吹牛。我跟她吹了一次牛，后来就还想跟她吹牛。想来倒也是，要跟一个人生活一辈子，双方不吹牛，怎么过下来啊！但话又说回来，会吹牛也不一定好过啊。有时候她吹得你心惊肉跳，一会儿上天，一会儿入地，那滋味也着实不好受。我的体会是，遇到一个太会吹牛的人，你至少得有一个强健的胃，消受得了才行。

孙闻时常对我说：我要是有你这样的本事，早飞天了。我说：你没有我这样的本事，也飞天了。

她又说："你本来是只老虎，却谦虚得很，把自己说成是一只猫。"而她自己呢，可能不算一只猫，但肯定不是一只老虎，却敢在老虎面前以一种比老虎更老虎的态度和方式走过，连从那里路过的老虎都向她致意。

让我惊讶不已的事常常发生，为我亲眼所见。

在我人生中有几年时间，我常带孙闻去拜访丁光训（他是金陵协和神学院院长，也是我的老师），我们一起坐在他的客厅里跟他谈话。谈话多了，彼此之间很熟悉和亲近了。有一天，丁院长对孙闻说："以后你就叫我 K. H. 好了。""K. H."是丁光训院长的英文名字，只有他的老朋友可以这样称呼他。我也不知怎么，孙闻竟被丁院长视为朋友了，而我，是他的学生，永远也不会有这份殊荣。孙闻跟丁院长说话，在我听来也常常是天一句、地一句，但二人却颇为相得。有一年，我们受到一个"坏人"（我不大用这个词的，这里用它，也是一种嘲谑的意味吧）的陷害。孙闻去找丁院长。他们之间有了一场很神奇的谈话——整个过程中没有一句话专门谈到这件事，但在不谈之间，两人都了然于心。最后，丁院长对孙闻说了一句："Wait and see！（等等看吧）"孙闻内心晓然。据孙闻回忆，这是她一生（其实这一生长着呢）中最微妙却又畅达的一场谈话。我心想，吹牛吹到这种境界，让人神往啊。

接下来要讲的一件事，发生在 2012 年，第二届存在主义心理学国际会议在上海举办的时候。有一位来自美国赛布鲁克大学的教授，叫史蒂文·普利茨克（Steven Pritzker）。他也是好莱坞的编剧。这位教授的专业领域是"创意写作"。孙闻偶然跟普利茨克在一起吹牛，两个人吹得高兴了，都不参加会议了，各自搬一张椅子，移到会议大厅外的一个场地上，专心致志吹牛去了。我无法想象的是，这场吹牛竟成了普利茨克教授中国之行中印象最深的经验之一。一年之后，我到赛布鲁克大学修读存在–人本–超个人心理学博士课程，跟这位教授再度相遇，他再一次跟我讲起他与孙闻之间的那场谈话，觉得非常美妙。我至今还拿这事跟孙闻开玩笑，以她那并不地道的英文，怎么会让这场吹牛达到如此境界呢？

还有一个方面，也让我感到无语。我勤于写作，她几乎什么都不写。而我写的东西，常常还不能达到她的要求。我写一篇文章，她看一眼，说写得不错，就发表了。她说写得不好，我就得改。改了之后，她点头说，可以发了，就真发表了。

我写书，也被她盯着，常常催我，说我怎么还没写出来。她的语气让我生气，好像写书就那么容易一样。我说：你一篇文章也写不出来，却催着我写书，还不满意我写的速度。她说：我是述而不作。这本来是我嘲笑她的话，她竟真这么认为。其实，她之所谓述，就是吹牛。所谓不作，就是从不写东西，用不着写东西。而我呢，境界就相对低一些，叫作而不达。因为不达，她还不满意。

孙闻得了严重的肾病，一病就是六年。每周到医院透析三次。她躺在病床上，依然吹牛，特别是跟邻床的老刘吹得欢，病痛都不算一回事了。看上去，去医院透析简直成了她的享受时光。有趣的是，隔壁床上还躺着一位牧师，常常向老刘传教，但老刘觉得那个牧师讲的没意思，就不想信；也觉得那个牧师为人无趣，更不想信。老刘转而问孙闻，孙闻讲的道理他听得进去，竟然缠着孙闻说他要受洗。孙闻对老刘说，她没有这个资格给他施洗，就把他带到医院的一个角落，避开闹哄哄的人群，给老刘做了一个决志祷告，也不知道她祷告了些什么，老刘还很感动。后来，孙闻又带老刘去教堂请一位牧师给他施洗了。说起来，这算是她结了一个果子。我问孙闻是怎么跟老刘说的，以我所受的多年神学教育，我知道她讲的东西很浅，但浅得有趣，人家老刘听得进去啊。

孙闻每次去医院做透析，往返都打出租车，路上会跟出租车司机吹牛。因为吹得好啊，出租车司机一个个都相信她，跟她讲自己的故事。孙闻回来又讲给我听，每一个故事在我听来都神奇无比。我对孙闻说：你把它们写下来吧，会是一本很好的书。但孙闻不写，还说了一句很牛的话：我说，你来写吧。

我前面讲到孙闻运气好，是因为她会吹牛。这话说得很表面，其实背后还有更深的层面。她做人没有分别心，不管是谁，身份高的，地位低的，都一样看待，都与之吹牛。真是吹起牛来，不关贫富，无问西东。也因这个缘故，她吹牛的经验来自四面八方，各色人等，吹牛的水平越来越高，悟性也越来越好。在这个世界上，许多人求知识，建人脉，聚金钱，拥有高的学历、好的资格、多的条件。但孙闻一直吹牛，一仍吹牛，一心吹牛，也让自己有了各种人生经验与悟性。有了经验与悟性，她更会吹牛了，缘分越来越多，运气纷至沓来，贵人来了，好事都来了。别人羡慕啊，却看不懂其中门道。

孙闻之会吹牛，背后有平常心，不受压抑，灵性被激活了，潜能也自然流淌出来。

我有时候觉得世界很神秘，万事万物是彼此关联的，生命是流动不息的。所谓"障碍"或"症状"，正好是失掉了神秘、关联和流动。当一个人盯着自己不放，盯着一件事情不放，便陷入一种"把自己卡在那里"的状态。我五十多岁了，这次来美国，发现自己的心态也变了。看人看事，有了平常心，放下分别心。分别心让我们不够坦然，平常心让我们更加自在。平常心的意思是，万事万物任何时候都在好起来或不好下去，都在流动中，载浮载沉，何必强求？分别心会刺激我们，让我们产生动力。但分别心也会抑制我们的潜能，让我们活在各种物象的差异、比较与对抗之中，又消解了我们的动力，让我们享受不到乐趣，活不出意义。有许多人不缺乏深度，却缺乏一种成熟的态度，这态度叫"不比较"，叫"允许"。我在症状中看到这样一个情形：周围的人都长大了，当事人试图继续待在知识里，躲在情绪里，一仍幼小……

除了平常心，还有一种东西叫勇气。孙闻有勇气，有跟人联结的勇气。这勇气让她放下顾虑，不受面子的阻挠。在她需要的时候，她会向人提出要求。当别人拒绝她的时候，她也能体谅，而不激愤。以她这般奇葩，一路过来，遇到的嘲讽也不会少，但她早已学会坦然走过。

在她小时候，有一件事磨炼了她，其实这是磨炼过她的万事之一。那时她读小学，坐在教室的第一排。有一天，班主任老师讲完课，发现钢笔不见了，随即宣布：任何学生都不准离开教室，现场搜查。结果是，老师的钢笔从孙闻的铅笔盒里搜了出来。证据当前，孙闻立刻成了小偷。老师把她带到办公室谈话，让她认错，她坚决不认错，说自己没偷钢笔。老师问："那为什么钢笔在你的铅笔盒里找到了？"她说："我不知道，但我没偷。"老师说她不诚实，偷钢笔还不承认，不准她上课，每天让她在办公室罚站。有一天，一个跟孙闻要好的同学告诉她，老师不让班上同学跟她玩，说她偷钢笔，不承认，爱说谎，是坏榜样。孙闻对这个同学说："没关系的，你可以不跟我玩。"但这个同学说："不会的，我还是会跟你玩。"这个女同学很仗义，她的名字叫陈芳，自幼练武术，还得过全国棍术冠军。

不知过了多久，又发生了另一件事：孙闻上学路上，拾到一个钱包，里面装着工资和粮票。孙闻捡到钱包，把它交给了警察。警察问她的名字，孙闻做好事不留名，坚决不肯说出自己的名字。后来，警察联系到了失主，原来是一个退休的职工。这对老夫妻感激万分，问警察是谁拾到的钱包。警察说，应该是附近小学的一个学生。本来，这件事就到此为止了，但这对老夫妻是认真的人，他们根据警察的描述，每天都来到附近的这个学校门口守候，终于有一天找到了孙闻，拉着她去学校报告了这件事。这天，学校的广播表扬了孙闻同学拾金不昧的事迹。因为这件事，那个班主任老师心里意识到，她可能误会了孙闻。虽然她没有直接跟孙闻说起这件事，但后来改变了对孙闻的态度。

"丢钢笔"这件事发生得如此蹊跷，老师的钢笔怎么会在孙闻的文具盒里呢？孙闻自己也百思不解，有口莫辩。许多年后的一天，孙闻想到这件事，她脑海里突然出现一个当时的模拟场景：那天，老师在讲台上讲课，孙闻坐在第一排，她的书桌紧靠讲台。她和老师都没有注意到，老师的钢笔从讲桌上滚了下来，正好滚进她那个敞开的文具盒里。下课铃响了，孙闻看也没看，随手把铅笔盒合上了，紧接着，老师发现自己的钢笔不见了……

# 高　　兴

早晨醒来的时候，我还有一点迷迷糊糊。

孙闻从另外一个房间走到我的床前，坐下来跟我说话，对我说："想不想听儿子的故事？"不等我回答，她便给我讲起儿子，讲起女儿——就在几天前，我们的朋友白慕仁（Myrrl Byler）和章林（Jeanette Hanson）来到高盛学院，跟那里的几个朋友聚会。我的老朋友殷宏韬也跟他们在一起。到了高盛，白慕仁和殷宏韬想起了王逸尘，本想叫他来见个面，一起吃个饭。说到这里，他们发现没有王逸尘的电话，没法联系他。他们几个人来到一个印度饭店吃饭。坐在那里交谈的时候，看到一个年轻人在饭店晃来晃去，也是来吃饭的。这个年轻人有几次靠近他们的餐桌，但并没在意他们。他们这才发现：这不就是王逸尘吗？一阵惊喜寒暄后，王逸尘加入了他们。这简直就是心理学上所说的共时性。

接下来的时光，殷宏韬大多在惊愕里，有点回不过神来。他惊叹王逸尘的英语讲得如此之好，见他跟这帮美国朋友谈笑风生，其中还夹杂美国人才熟悉的俚语，完全没有任何第二语言的痕迹，像一个地道的在美国长大的青年。这让二十年前来美国学习，跟外国人打了多年交道的殷宏韬自嘲地跟我说："跟他的英语相比，我们的英语都是半桶水。"

在今天早晨与孙闻的视频通话中，殷宏韬还惊叹："王逸尘已经

长成一个成熟的青年，说话自然得体，又真诚，幽默风趣。"殷宏韬
不知该怎么恰当形容王逸尘，就用了一个词，叫懂事。讲到懂事，我
便想到王逸尘一路成长的经历，他曾多淘气啊，然后走到了现在的懂
事！而这便是真实的懂事，是经历过不懂事而后形成的懂事，而不是
违背自己、为应付他人而装出来的懂事。本来，我是一个心理咨询师，
是不大乐意赞扬孩子懂事的。这些年来，我看到许多孩子压抑、隐忍，
总是违背自己去迎合别人，装得懂事，并因而受伤，以至于我一听到
"懂事"这两个字，都会产生怀疑，甚至反感，觉得"懂事"里有毒。
而现在，听到殷宏韬说（孙闻转述）王逸尘懂事，我竟然产生出一种
极深的欣慰和喜悦。细想起来，"此懂事，非彼懂事也"！

遂而想起一些年前读过一本书，讲的是皮亚杰的儿童心理学。书
中引用皮亚杰的话说，在法兰西大街上被树碑立像的人物，是在早年
成长中自然而然发展出听从与合作精神的人。这说的就是懂事。我所
欣慰的便在这里：我的儿子王逸尘经历了他少年时期的反叛，然后落
实于顺遂、听从、合作。对他来说，这绝不是一条自我压抑的路，却
是一条自我确认和自我实现的路。

接着，殷宏韬又说章林对我的女儿仪仙赞赏不已。目前，仪仙在
加拿大参与一个国际义工项目。在那里，她跟来自全世界的几十位义
工一同工作，她主要做老人护理、恢复性司法方面的工作，有时还到
监狱跟服刑人员交谈。有一天，我想女儿，便拨打视频电话，一接通，
女儿的笑脸便在视频里出现了，她笑言："爸爸，我刚从监狱出来呢。"
还颇幽默！仪仙本有踏实肯干的精神，到了那里，她勤勉工作，跟人
友好合作，充分展现自己。在章林眼中，她简直成了一个明星，在她
做义工的那个加拿大小镇里，所有人都认识她。她有一颗体谅的心，
乐于助人，又很会照顾别人，还做事认真，有耐心，又发展出与人联
结的能力，在表达上也充满自信。她平常喜欢做中国菜跟人分享。据

章林说，也有其他国际学生在她家厨房做菜，把厨房弄得像被炸弹炸过一样。仪仙在她家做过很多次饭菜，厨房从来都整整齐齐、干干净净。

我想起女儿在家的日子，她妈妈生了场严重的肾病，后来做了换肾手术，回家后也需要住在无菌空间里，按医生要求严格按时就餐。仪仙读大学时，由住读转为走读，每天从学校回家，起早为妈妈做早餐，而且常有不同花样，还连续三个月，每天如此！

仪仙是一个很好的照料者、服务者，她的这种品质在做国际义工中充分体现出来。章林谈起我们的女儿，真叫赞不绝口。她还问过仪仙想不想留在加拿大工作，仪仙说："我要回去完成大学学业。妈妈明年还要出国读书，我回去陪爸爸。"这便是仪仙，我的女儿。听了这话，我的心哪能不受触动！

事情是这样的：女儿在国内读大学，儿子到美国留学。女儿读大二的时候，我们便从白慕仁和章林那里了解到他们在北美开展的国际义工项目，跟女儿一讲，女儿很乐意到加拿大做义工，我们支持她提出申请。但这意味着她将延迟一年大学毕业。虽然如此，我们还是想让女儿争取这个锻炼的机会，跟来自不同文化的人交往，开阔视野，训练能力，而这正是她需要的。一直以来，女儿像一朵小花，总在一个安静的地方悄悄开放。我曾经说她像画中的田螺姑娘，家里没人的时候，她从画里出来，把家里的事全都做了，然后又回到画中，悄然无声。这当然很好。但我们又觉得，仪仙的人际影响力太弱，在群体中很容易被忽略。跟我们在一起生活，女儿的延展能力一直得到培育，但要发生真正的转化，需要她到一个新的环境得到全面的促成。机会就这样来了！

在女儿出国之前，我和孙闻想到，要跟女儿做一场严肃的、激发性的谈话，让她在意识上做好准备，去迎接这段人生新经验的挑战。这时正好家里发生了一件事，仪仙对之做出了惯常性的被动反应。赶上第二天我们要到外地出差，女儿第三天就要离开，我和孙闻决定借此给仪仙一个强烈的冲击，打破她的旧模式，提醒她以全新的姿态和反应去承担新的工作，完成一次生命的转化。那天晚上，我们一家三口（儿子已去美国）坐在客厅里，我们针对仪仙前一天对一件事反应不力提出批评，并由此延伸到相关的事情上，几乎是"新账旧账一起算"。女儿被我和孙闻轮番训了两个小时，她从头到尾一直默默流泪。第二天起床，看到女儿眼睛哭得红红的、肿肿的，我们心里好是不忍，但也不便说安慰的话，怕软化了我们前面的工作，还是坚定地做了一次"残忍"的父母。这天，我们留下女儿一人在家，去山东出差。出差途中，我给女儿打了个电话："爸爸妈妈出差在外，没法送你，你独自去加拿大。到一个新的环境里，你呈现什么样子，别人看到的就是你的样子。我们相信，这对你是一个更新、拓展、转化的经验。"女儿这一走，大半年过去了。现在，我们听到章林对仪仙的赞叹（殷宏韬转述给孙闻），便知道女儿在新的环境里，其生命发生了何等大的变化。

一大早，孙闻跟殷宏韬做了一场视频谈话，讲起儿子，讲起女儿。然后，孙闻来到书房跟我讲了一遍。我躺在书房的床上听完了，神情有点司空见惯。然后，孙闻离开书房，下楼吃饭去了。我在床上又睡了一个回笼觉，然后把孙闻和殷宏韬通电话并向我转述的内容似乎忘掉了。

八点钟，我醒来，起床，洗漱，下楼吃饭，在家里晃荡晃荡，嘴里不觉唱出一首歌。

# 令人羡慕的两种人

我妻生病，自此在家休养。闲来读一些书，把她觉得有趣的段落跟我分享。

今天，她跟我分享的一段文字，来自中里巴人的《求医不如求己》，如下：

生活中，有两种人是有福的：一种是有能力做事，又有事情可做的；一种是没有能力做事，也可以不做的。前一种人很顺利，愿意做很多事情，又总有事情可做，最后还能凭借自己的努力取得成果，这种人有福。后一种是没能力，或者根本就不想做事情的，那也没关系，只要他有那个条件，比如说，祖上给他留下了一大笔财富，后院跟科威特、阿联酋这些国家到处是石油似的，随便一挖就是装满黄金的宝箱。碰到这两种人，咱们都只能羡慕，因为他们不管是想做事，还是不想做事，都有老天照顾。

但是生活中，大多数人是介乎这两者之间的，比如说想做事，但总是没那个条件或那种能力，还有一种是没那个福分，不想做事但偏偏还得去操劳。这时候，我们应该怎么办呢？其实，我们只要仔细想一想前面那两种人，就会发现，他们都是在"顺乎天意"。怎么理解这个"顺乎天意"呢？也就是他们所做的都是老天给他们界定的范围之内的事情。这是一个大原则，谁也不能违背。否则，一个人费了半

270

天劲，最后又回到原点，吃力不讨好。

什么是太极呢？太极其实就是找位置。那些觉得自己活得很累的朋友，不是生活太苦，也不是你能力不行，很可能只是你还没找到自己的位置。人活一世，难就难在找到适合自己的地方。找着了，你就能活得轻松，过得快活。

读了上面这几段话，我妻子的感受是："文中所说的那两种人，一个是你，一个是我。"

我是那做事的人，我也喜欢做事。

她是那不做事的人，也安然于不做事。

我一直做事，并且还想着做更多的事。

她一直在想，什么时候可以不做事了，去过一种"剪剪玫瑰花"的日子——其实就是现在的日子：她每天睡睡觉，打打坐，练练气功，跟人闲聊，在湖边散步，坐在前院晒晒太阳，偶尔去医院跟医生谈谈，再就是读一读书……我们的小院子里真的种了一丛玫瑰花，但也有其他果树、蔬菜等。

于是，有许多人羡慕我，也有许多人羡慕她。

再有一点感受就是，我们各自真的按自己的天性在生活，就是所谓"顺乎天意"吧。这很好。

如果你觉得可以，就坐下来想一想，你是累，还是不累？如果你累，原因是什么？你找到了自己的位置吗？

有一天，有一个人问我："我到底怎样才能做到顺其自然呀？"

我说不出来，就让他去学做鸡——庄子说的，看那鸡，"十步一啄，百步一饮"，却是何等逍遥自在！

# 小汉斯和他的朋友拉斯得

1999 年底，我去美国读书。2002 年回到南京。我跟儿子分离了两年，回来后又创办直面心理咨询研究所。由于我跟孙闻忙于工作，有些忽略儿子，儿子一度对我们有抵触情绪，在学校跟老师对抗，不做作业，考试故意得 0 分。我们意识到，需要多跟儿子在一起，多关心他。2008 年，我和孙闻来美国富勒心理学院做访问学者，带儿子和女儿前往，我们一家人在帕萨迪纳住了一年。这期间我们有很多时间跟孩子们在一起。当时儿子 11 岁，在学校读书，能交朋友，学习也挺好，但他有一个最大的麻烦：缺乏自律。他的老师对他的社交能力很赞赏，但在老师的评语里有一条：Lack of self-discipline（缺乏自律）。

在这一点上，我想尽办法帮助儿子，包括杜撰一篇小说：*Little Hans and His Partner Lasd*（《小汉斯和他的伙伴拉斯得》）。我故意隐藏自己，假设这是一个叫 Friendly Outsider 的外国作者所写。小说中的 Little Hans（小汉斯），影射的是我的儿子。Lasd（拉斯得）便是 lack of self-discipline 的缩写。

写了这篇小说之后，我拿给儿子看，说这是我翻译的。儿子看了，也没作声，至于他有什么感受和理解，我也没有问，只把这当成我为儿子成长而做的一种努力吧。孙闻对我说："你做爸爸，也算用心了。"

功夫不负有心人，看到儿子后来成长得越来越好，心里很欣慰。

下面便是当时（2008 年）写的这篇小说。

# 小汉斯和他的伙伴拉斯得

作者：Friendly Outsider

译者：王学富

有一个小东西叫拉斯得（Lasd），说它是人，它不是人，说它是物品，它又不是物品。我们就称它小怪物吧——它的样子有时倒真的像是一个怪物。

有这样一个小家伙，他的名字叫小汉斯（Little Hans），在他的性格里就住着这样一个贪嘴的家伙，就是拉斯得。但小汉斯自己并不知道，反而跟拉斯得做了朋友，把这个吃个不休的小怪物当成他每天的玩伴。

拉斯得居住在人内部的一个地方，这个地方叫性格，它每天吃的食物就是人的性格中那些最好的东西。它想吃什么，就吃什么。它在一个人的性格里搭起一间小屋，在里面居住久了，就会把性格里好的东西——吃光。一个人的性格里没有了这些东西，他就生活得不好了——在被拉斯得咬过的地方会留下伤，那伤里就会长出一样东西，叫恐惧（Fear）。恐惧会跟在拉斯得后面，劝小汉斯不要做这个，不要做那个。恐惧常常说的话是：好可怕啊。

有一天，小汉斯的父母发现了这个小讨厌鬼，就想把它赶走，但小汉斯不同意，对父母叫嚷道："这是我的好朋友。"特别是，这个小怪物还在小汉斯面前装出一副可怜相来，小汉斯便觉得父母对他的小伙伴太狠心，不近人情，就生父母的气，反抗父母，要保护这个小怪物。

前面说过，这个小怪物的名字叫拉斯得，它的口头禅有"我不在乎""那又怎么样？""我就是不想好""你们不要管我"，等等。它不停重复这些话，而小汉斯——这个傻乎乎的孩子啊（父母常这样说）——竟然跟在它后面学，不管父母说什么，他都说"我不在乎"。日复一日，拉斯得一边大量吞吃小汉斯性格中那些好的东西，一边不停教小汉斯说着"我不在乎"这样的话。它很乐意居住在小汉斯的内部，因为在小汉斯的性格里有许多好吃的东西。它暗自高兴着呢！

小汉斯的父母看到这种情况，内心难受，只是无奈地摇头。他们知道，小汉斯的性格里有许多好的品质，如：诚实（Honesty）、正直（Integrity）、勤勉（Industry）、爱（Love）、耐心（Patience）、友情（Friendship）、聪慧（Intelligence）……它们是小汉斯的生命里宝贵的资源。这些好的品质现在还住在小汉斯的性格里，但它们每天都会受到威胁，常常被拉斯得咬掉一块下来，很疼的。在吃掉一块之后，它们就忍着痛继续长出来，长出来之后又会被吃掉。它们很担心，这个拉斯得最终会把它们一个一个吃掉的。它们有时候想，干脆离开小汉斯算了。但它们实在很喜欢小汉斯。话说回来，它们虽然喜欢小汉斯，但小汉斯似乎不太在乎它们，不珍惜它们，因此，它们时而还是想离开。然而，小汉斯的父母却很在乎它们，总会劝慰说："不要走啊，陪着小汉斯吧，你们才是小汉斯真正的朋友，他从小就跟你们在一起。只是他现在还不太知道，他会长大的，长大了就知道了。"又说："再说，要走的也不应该是你们啊，是那个叫拉斯得的讨厌鬼。"

它们就留下来了。它们真的很喜欢小汉斯，有时会牵着手一起来跟小汉斯玩。如果小汉斯善待它们，它们会一直在小汉斯的性格里住下去，小汉斯就会在它们的帮助下过上最快乐和丰富的生活。但是，它们看到小汉斯总是跟那个拉斯得在一起，而且，这个小怪物看到它们来的时候，还朝它们龇牙咧嘴，它们就被吓得赶忙跑掉了，躲到各个角落去了。只要小汉斯叫它们一声，它们就会出来。

举个例子吧，看看拉斯得是怎样把很可爱的友情（Friendship）吓跑的。有一天，友情跟小汉斯约好一起玩，还说要送给他一些礼物。这天，小汉斯躺在床上，脑子里想到要去跟友情见面，但拉斯得来了，对小汉斯一刻不停地说话："那又怎样呢？你根本就不在乎它。何况你现在这么累，睡一觉吧。这个叫友情的家伙也真是的，约这样一个不适当的时间跟你见面，我们不必理睬它。再说，它的名字好怪啊……"这天，小汉斯没有按约定时间去跟友情见面，他也没有得到友情的礼物。他相信了拉斯得对他说的话："我才不在乎它呢！"

这样的事情在小汉斯的生活里发生了许多遍。于是，那些可爱的小精灵们，如勤勉（Industry）、诚实（Honesty）、热情（Passion）、善良（Kindness）、爱（Love）以及会变花样的机遇（Opportunity）……都对小汉斯会变成这样感到很不理解，说小汉斯本来不是这样子的啊。

这还涉及小汉斯跟学习（Study）的关系。小汉斯自幼跟学习在一起，他的爸爸和妈妈对此感到很高兴，小汉斯很自然地跟学习成了好朋友。在他跟学习在一起的时候，乐趣（Fun）也来到这里跟他们一起玩。在小汉斯还不怎么会说话的时候，他时而会坐在那里看书，比如他喜欢看《小鹿斑比》。说起来，在小汉斯还在妈妈的肚子里的时候，妈妈就给他读了许多童话故事，还对小汉斯说：你爸爸跟学习是最亲密的老朋友。当然啦，小汉斯那时还不懂，他的意识还很模糊，却似乎喜欢妈妈给他读书，跟他说话，他在妈妈的身体里活动起来，似乎感到很放松、很舒服。

小汉斯慢慢长大一些了，妈妈肚子里的空间就不够了，他必须生出来，到这个世界上来。其实，从这个时候起，拉斯得就出现了，它跟小汉斯说话，只是他不知道这个小讨厌鬼叫拉斯得。拉斯得对小汉斯说："在你妈妈的肚子里待下去吧，那里多舒服呀，何必出去呢？到世界上来很辛苦的。"

但是，小汉斯必须出生，而且，他若要在这个世界上长大，他必须接受一些训练，如接受爱（Love）的训练，还要接受规则（Rule）的训练，然后他才能够慢慢长大，最终成为他自己。

小汉斯到这个世界上来的第一天，真是很不舒服呀。有一个穿着白衣的护士拎着他的小腿，还在他的屁股上拍了一巴掌，小汉斯感到难受，"哇"的一声大哭起来："我有错吗？"当时，他的妈妈躺在床上，把他接过来，拥抱一下，他的内心得到了安慰，止住了哭声。他后来知道，这个受许多苦把他生出来的人，是他的妈妈。而且，在他的成长过程中，他还要受许多的苦。

在产房外面，有一个人徘徊不定，已经几个时辰了，他在等待一个有关生命的消息，那是他的爸爸。已经是深夜，有一个人从门缝里把小汉斯出生的消息告诉了他，他兴奋不已，不知所措，就地翻了一个跟斗。这个动作可能是跟动物学来的吧，意思是说：我有了孩子！在这个时刻，他把生命的一切意义都集中在这个刚刚出生的孩子——小汉斯——身上了。

小汉斯出生之后，他的父母立刻把他介绍给了爱，每天让爱照看他，然后又把他介绍给了规则。爱和规则常常跟小汉斯在一起，训练他；爱和规则之间有时候也会有不同的意见，但它们总会达成一致。它们的合作对小汉斯的成长很重要。但是，拉斯得有时候会来找小汉斯。爱和规则都不喜欢拉斯得，而拉斯得也常常跟它们对着干。爱和规则必须合作才能应对拉斯得。有时候规则不在，小汉斯就从爱那里跑开了，爱望着小汉斯跟拉斯得混在一起，心里着急，却也没有什么好的办法。它就去请规则来帮忙。规则来了，小汉斯只好离开拉斯得，但一脸不情愿。慢慢地，小汉斯越来越不喜欢规则，觉得它总是板着面孔，于是他反抗规则，更要跟拉斯得混在一起，到了难舍难分的地步了。看到这些，规则很伤心，也很后悔，觉得自己有一段时间离开小汉斯是不应该的。规则本来是小汉斯的师傅，拉斯得也有些害怕它，心里嫉恨它，就常常在小汉斯面前讲规则的坏话。于是，有时候规则来找小汉斯的时候，小汉斯就会翻白眼，简直不想认这个师傅了，经常拒绝接受规则的训练。规则也感到无奈，又去请爱帮忙。看到小汉斯受到拉斯得的诱惑，整天疯疯傻傻到处跑，爱和规则心里都觉得太可惜，就常常跟小汉斯的父母在一起商讨怎么办。小汉斯的父母还邀请了耐心（Patience）。耐心对规则说："我们一起跟着小汉斯，他到哪里，我们就到哪里。"这时，信任（Trust）和希望（Hope）也来了，它们一起说："这个小家伙总有一天会醒悟过来的，等着瞧吧。"

# 女儿，做好事要说一声

我的女儿是一个很有意思的人。

我怎么来描述她呢？

她是一个几乎让你感受不到她的存在的存在，而她的存在又是那么好，这好就弥漫和渗透在你的周围，你可以感受到她的好，却不大能够感受到她的存在。也可以说，她是以自己的好而存在，却从不声张。她只有好，没有声张。她的好有很多，却一句声张也没有。你跟她在一起，不觉就享受到了她一切的"好"（偶尔也有意外的不好，我后面点题），却几乎看不到她这个"人"。她的"人"有些虚，就如同山水画中虚的部分，而她的"好"却在任何一个空间里着墨，几乎是无处不在、无微不至。

哎呀，我应该怎么说我的女儿呢？

你跟她在一起，她默默为你做许多事，她所做的都是你所需要的，甚至你还没有感到这个需求，她已经为你备好了。等你享受到了，才发现自己原来有这个需要。

我曾经讲过一个故事，就是我在国外读书的时候，学校里有一个"扮天使"的活动，即一个人为别人做好事，却不说出来，让别人不知道是谁，以为是"天使"做的。对，我的女儿就是我们身边的一个天使，她只做好事，却几乎从不说出来。

我又想到中国有一个传统故事，讲的是一个人的家里墙壁上有一

278

幅画，画里有一个姑娘，叫田螺姑娘。平常，她就在画里，家里没人的时候，她就从画里下来，悄悄把家里的一切事情（如清扫房子、洗衣服、做饭等）都做了。家里的人回来，只看到所有这些事情都做好了，而田螺姑娘还是静静地在画里。这，说的就是我的女儿。我女儿就是一个田螺姑娘！

在这个世界上，有许多人不做事，却说自己做了。做了一点点，却说自己做了许多。多做了一点事，就把自己吹到天上去了。像这样的人就需要跟我女儿学习默默做事，不要声张。这样的人应该去听花开的声音。我女儿也是一朵花，她静静开放，从不喧哗。

但今天早晨发生了这样一件事：故事的前因是，我每天晚上睡觉的时候，会在床边放一个保温杯，早晨起来口渴，就会喝几口水。这天回老家，住在宾馆里，女儿早晨竟然悄悄烧了壶开水，悄无声息地装在我的水杯里。这下，大家就可以预料到后果了：像往常一样，我拿起水杯就朝嘴里倒水，喝上几大口，然后，我发出一声惨叫……

这样的事情，时而也会在我们家里发生。我们的女儿就像影子一样，走路都是悄无声息的，如猫，如微风。她妈妈生病期间，不能下床，还要很早（五点半）按时吃饭。二十岁的女儿正读大学，连续三个月从住校生变成走读生。她早早为妈妈做好饭，悄悄放在妈妈枕边，妈妈一睁开眼，就看到了饭食，多样而可口。妈妈心里好欣慰：我有一个多么体贴的女儿！

但有趣的是，有时候，在你根本不知道之际，她就来到了你身边，这会把你吓一跳。有时候，你以为她不在，蓦然回首，原来她在最不显眼处。这就是我们的女儿！她真是一个很特别的人，我们需要慢慢去发现她。她充满了神秘感。看表面，你根本就看不到她有多么丰富的内容，看到了，你也会吓一跳，原来她还有这个本领啊！比如，我一直以为她不大说话，但有一次参加工作坊，让我大跌眼镜的是，她竟然很会演戏。还有一次，我又发现，她竟然会跳舞，跳得还很优雅。我又惊叹。我有时看着我的女儿，心里想，你还有什么内容和姿态没有呈现出来？

发生了今天早晨的事，我提醒女儿：做好事，要说一声。一个人做好事，要说出来。不要多说，也不要少说，要说得正好。一个人内心有善，也要表达出来，要表达得正好。这叫合乎中道。

我有时也想，女儿这么好，却从不声张，别人就不知道。我们做父母，都是在跟女儿亲近的接触中才一点一点地发现她这个"人"到底有多好，到底有多美。那她周围的人哪能知道她有多好、多美呢？而且，在这个时代，粗心的小伙子有那么多，他们就更看不到了，也就没有福分娶到我的女儿了。

哈哈，此文非为招亲。

# 愿你的表达像春天

我让女儿帮我整理一些面谈记录的资料，她做得很好，而且效率也高。

女儿是聪明的，有能力的，也踏实肯干。因此，我对孙闻说："放心，女儿将来有饭吃。"

所谓"有饭吃"，是说女儿将来可以靠自身能力和特质立身。

女儿读书，一路过来是独立的，也是一个有效的学习者。本来，按她当初的"狠劲儿"，是可以考个名校的。但在我们家的文化里，不在学业上太要求孩子，反而太轻松，她也就考了个一般大学。但她是一个有实力的学生。

孙闻生病，手术后需要照料。有几个月的时间，女儿从住校转成走读，每天回家来照料妈妈。她一大早起床给妈妈做饭，还不断变换花样，然后再去上学。

我永远对人说，仪仙是人类中最好的照料者，这是她身上最值得赞赏的特质。

但我对女儿也有担忧，便写出来，让她有意识在这些方面成长。

我做了一个比喻：仪仙是一片小小的土地，幽而美，在文化上却有一种贫瘠。这贫瘠主要表现在她的情感表达不足，缺少一些意趣。（说起来，当我写这些文字的时候，是在过去。现在呢，女儿的表达也开始生动而风趣了。）

女儿会照料别人，愿意为别人服务，勤恳做事，是一个最好的合作者。但我总觉得，女儿做得很多，说得太少。这是一种潜隐的品质，但我们作为父母，也担心女儿的品质隐而不现，不为人知。作为父母，我们知道女儿有多好。但进入社会上，你不说，别人不知道。因此，我作为父亲，在这一点上也难以脱俗，就对女儿有了一个提醒：女儿，你总要说点什么。

每一个人都携带着自己的文化前行，但对自己的文化，需要有一种意识，或者一种敏感，才会不断经历文化更新。说到底，人的成长，就是经历一个文化更新的过程。直面取向的心理咨询有什么意义？就是帮助人有一种文化意识，让他看到自身的旧文化造成的阻碍，也开启新文化让它创造更多的资源。对自己的文化有觉察的人，才会选择过更好的生活。

女儿跟我们共同走过了十几年的文化路，其中有许多的惊讶，惊讶里有欢喜，也有担忧。

回想起来，女儿很听话，相对而言不太爱表达。但她有自己的想法，有自己的个性，甚至有自己的脾气。她需要一个更及时的出口，而不是让情绪累积起来，来一次爆发。当然，我们很少看到女儿的爆发。女儿偶尔也会急起来，那时我就赶快按她的意思做了，不会再拖延。

女儿读小学时，给自己起了一个网名，叫"冰"。我们没有跟她聊过这事，但心里想，大概是出口不畅，内部积蓄了许多情绪，凝结成冰。

过了一段时间，我们发现，她的冰已经化掉了许多。不再是冰，而成了水，开始了流淌。

有颇长一段时间，女儿看起来像冬季。因为她的情感表达较少，有点冷，花不大开，绿草少，也不大有鸟叫，总有点小小的萧瑟。女儿并不是不高兴，但她的脸有点像冬季，说话也像冬季，偶尔笑一笑，也像是花开错了季节，总有点迟疑。

又过了一段时间，女儿的脸开春了。

她的妈妈高兴起来，常常是活蹦乱跳的样子，为女儿化冰和开春而开心。

女儿小时，我曾经对她说："每天放学回来，给我们带回一个故事。"

我又对女儿说："哪里人多，你就朝哪里凑，打探一下他们在说什么，在做什么。"

所有这些，都是邀请女儿走向春天。

我时而让她整理一些面谈资料，其中皆是有丰富的情感表达的内容，如同给她还逗留在冬季的地方送去一些花朵，或者播下一些花种，过上一阵子就会开花。

不管让她做什么，她总是做得很好，我便赞赏她。

她做了一件事，本来颇让我赞赏，但她只是很简单地说："爸爸，我整理完了。附件发给你。请查收。"

这就是女儿的表达。

我不是说女儿没有情感。事实上，她的情感很丰富，却不大呈现。春天在她的内心里，外面总有点寒冷，如冬，如秋。

她有点口涩，不大叫人。（现在也变了。）

她跟人打交道时，内容不多，特别是其中情感的内容不多。

或许是她胆小，内心有一种怯。或许是她太单纯，对人情世故还不太明白，做好孩子做久了，总让自己留在一个安全距离之内，不大冒险。

我们对女儿进行的文化培育，就是要在她心怯的地方培育出一股勇气。

我们相信的是，在勇气出现的地方，冰化了，水流动了，花开了，鸟鸣了……我们便知道，春天来了。

说起来，我们家形成了一种对照：孙闻的名字叫春天，女儿的特质却是冬季，王逸尘火热如夏，甚至有点疯疯癫癫，而我大概是饱满如秋的。

看吧，我们一家人，春夏秋冬，全矣。

只是我总觉得，更自然的排序可以是：女儿需要的是春天；孙闻可以成秋季；儿子当然可以在夏日；而我宁愿自己是冬天，内心里还洋溢着春之花，秋之实，夏之热忱。

女儿自幼朋友不多，故事不多。与此相反，儿子一直朋友很多，故事很多。

在女儿读小学的时候，她给自己起名为"冰"。我当时想，如果她有朋友，有故事，冰早就自行融化了。

现在，女儿的冰早已融化了，融化在跟我们的关系里，跟亲戚的关系里，跟同学和朋友的关系里。

女儿其实是标准化的孩子。学校教育最喜欢这样的孩子——只要一心学习，不要有那么多的朋友和故事。在小学读书，女儿自然是好学生。到美国读了一段时间书，儿子和女儿在同一个学校，女儿总是被老师赞赏，儿子总是受同学欢迎。女儿得了好多奖，却因为什么事不高兴。儿子得了一个奖，高兴得欢天喜地。从国外回来，他们直接读初中。我们把两个孩子带去跟校长见面，校长一眼就看出女儿是专心学习的人，儿子则太活跃。于是，校长把女儿放进重点班，儿子上了普通班。女儿一直是好学生，却没有发展出特别的兴趣与方向，儿子则早有了自己的兴趣和方向。人与人不同，成长的方面有所不同，成长的季节也有所不同。高考之后，儿子按自己的兴趣出国读书去了。女儿在国内读大学，并慢慢找到适合自己的专业方向。

为了帮助女儿拓展自己的文化经验，我建议女儿申请去加拿大做一年的国际义工。这个项目的负责人是我的老朋友，叫章林。她跟仪仙联系，终于把签证办下来了。仪仙对章林的回复非常简单，包括做义工的期限有了一个变化，她虽有疑问，却未加过问。我便建议女儿给章林写信，至少要表达这样几个方面的内容：第一，接到对方办理好签证的消息，表达自己欣喜的心情；第二，感谢对方为此付出的努力；第三，对其中有疑问的地方，可以先表达对对方的理解，再表达自己的愿望，如"如果你们需要的话，我很乐意延长实习期限"之类的。

如果女儿有了这样丰富一些的表达，她在表达上就走出了冬季，进入了春天。

所谓春天，就是关系、情感、感受、理解、生动、流动、丰富多样、变化万千……

春天在人的内心里。一个人要活出春天一般的生活，就得培育内心里的春意，不仅内部要有丰盈的文化资源，还得有表达的勇气。

女儿，我们的生命是在春天里相遇和联结的，我看到你的自然、聪颖、用心、沉静。我只愿你在春天的年龄，按生命的节令开花，不只开几朵静静的小花，还可以呈现自己的满园春色。不是为了强求，乃是出于自然。你是什么，就呈现什么，让人看到什么。不必炫示，也不要总是隐身。不要显摆，但也不是毫无影响。我们是深植于大地的树，不是大地上漂浮而过的影子。

女儿，愿你的表达像春天。

# 万 花 筒

我们一家人去台湾访亲旅行，在台北故宫博物院的商店看到各种万花筒，便买了几个，作为礼物送给直面同事的孩子们。当然，他们都不知道我的起意。

我想到我的幼年时期，关于万花筒。那时，我像同事们的小孩子一样大，或许大一点。至于我当时是怎么得到一个万花筒的，已经记不清了，但那个万花筒伴随我度过了童年时光中许多个寂寞的日子，时至今日，记忆栩栩。我现在也能清晰看见我幼年生活中的一个场景：我站在自家院子里，拿着万花筒朝天空举起，不停转动，观看里面呈现出来的多姿多彩的图案。它成了一个谜，让我感到无限神奇，它的美丽图案怎么会是无穷无尽的呢？我一直无法揭开它的谜底。或许，万花筒中那多姿多彩的图案，慰藉和滋润了我有些干涩的幼年。万花筒里组合起来的奇幻世界，让我幻想在生活之外可能会有的另一种样子、另一番色彩。它们不在我此时的生活场景之中，但一定在某一个地方，或许我有一天可以走到那个地方去。

时光转换，到了五十来年之后，我立身于如今的现实，回头观望过去的生活，便产生了一种在幼年观看万花筒一般的感觉。那时，我观望万花筒，或许是在憧憬那个现实之外我可能过上的生活。或许，我的心灵有一个疑问：如果我朝前探寻，我的生活会变成万花筒那般吗？立身于现在，我回顾从五十来年前一路走过来的生活，那一幕幕场景转换，也真如这万花筒一般。于是，我有了一个新的询问：如果从生活或命运的全视角去看，是谁在背后转动万花筒，让我观望到这一幕又一幕？是谁在万花筒转动之时，组合成这神奇美妙的一景又一景？我不真正知道。但有一点是我可以想到的：在我幼年观看万花筒时，我有一颗好奇的心，它暗中引导我在生活中一步一步去追寻，以为可以找到一种万花筒里的生活。

当五十来年之后，我回头观望过往的生活时，我有一双欣赏的眼睛，看见后来的生活如同幼年的万花筒。我也仿佛看见了万花筒幕后那位神奇的组合者，它的名字叫成全者。

# 谈 运 气

中国人最喜欢讲运气，但运气又是说不清、道不明的，神秘莫测。而神秘莫测的东西，总会很吸引人。

最近读到一个大学生写的文章，她用很吸引人的生花妙笔写她的一个个故事，证明她在生活中一路走过来"全靠运气"。她这样一说，身边的人都接近她，想从她身上沾点运气。我读了文章哈哈一笑，如果她去创立一个运气教，自封教主，一定会有不少信徒。

在我的心理学工作中，时而遇到这样的情形，当孩子出现心理问题，父母在无奈之下会朝两个相反的方向跑：一个是命定的方向，一个是碰运气的方向。前者把孩子关在家里，不做任何行动，说是上代遗传，或者含糊其辞，说命该如此。在我看来，基因说大多是一种命定说。后者相信孩子遭了霉运，便想到去找各种方式化凶转吉，这方式包括求仙拜佛、算命、移祖坟、改名字，等等。

那么，这个女大学生所说的运气是什么呢？简单来说，便是她的心态好。人们听了，会不太信服，心态好就会交好运吗？我的意思是说，一个心态好的人，会把自己的人生看成一连串的运气；而一个心态不好的人，看自己的人生全是倒霉。心态好的人有一双眼睛，看到的都是人生中的好事，得到了什么，视之为运气。这叫乐观。我们没办法永远快乐，但我们可以保持乐观。而一个心态不好的人，他的眼睛总看见自己的不好，失掉了什么，视之为倒霉。人生本来就是好与坏混杂在一起的，你找到什么来串联成你的人生呢？心态好的人选取了好的，心态不好的人专挑坏的。

运气好的人心态好，不仅表现在他们以好的心态看待自己的生活，还表现在他们以好的心态过自己的生活，这便成了他们时常遇见好人与好事的秘密，不懂这个秘密的人称之为运气。要说起来，人生有许多机会，如同运气的风在人世间吹拂，它可能吹到所有人，但不会在所有人那里留下。遇到一个愁眉苦脸的人，机会便从他身边吹过去了，这个愁眉苦脸的人浑然不觉；遇到一个喜笑颜开的人，机会便留下来了，那个抓住了机会的人也不知道，只是说：我有好运气。这样的情形多了，他便觉得自己是走运之人，更加以一种喜笑颜开的态度来生活。一个人要成为机会的朋友，他需要成为一个有心的人，一个主动把生命四处伸展的人，他伸展出去的部分就可能撞上正好路过的运气之风。

关于运气，它也的确有其神秘之处，我也不能讲得透彻。人生最深的奥秘，可能真是天机，我安能参透。即使有人参透，也不可泄露。我不可能参透，但我知道为什么不可泄露。人太有限，如同幼童，在他承受不了时强加给他，反而给他造成损害。人类活在时空的限制之下，或许在时空之外，有我们理解不了也承受不了的大奥秘。我们有时候需要谦逊，尽量去听能听懂的，对于不能参透的大奥秘，也不必妄求。

说起来，我们每个人都在各种因素的影响之下，有些影响是我们知道的，便是前因后果；有些影响并非前因后果，可能是因果同步，这便是荣格从《易经》中体会到的共时性。这种在人生中总以"偶然"的形式发生的现象，在荣格看来便是共时性，它的影响在因果律的逻辑之外。它发生即发生，有点像《圣经》中所说的创造：说有就有，命立就立。或叫无中生有。它是一种你不知其影响源的影响，对它，我们只能惊叹：它就那样发生了！说到这里，我仿佛看到许多人在皱眉头，心里在说，这是怎么回事？让我继续来说，这是一种我们无法参透的影响力。我们能感受到它的存在，却无法理解它，更无法说明它。这有点像老子讲的"道"，有点像孔子遇到老子，回来后三日闭口不语。三天后，他才开口对弟子们说：水中有鱼，潜游极深，我们可下深网捕捉它们。空中有鸟，飞得极高，我们可设高网捕捉它们。猛兽在林中潜伏，轻易不见，也不可近前，我们可设陷阱捕捉它们。但天上有一种飞龙，它腾云驾雾，我们偶见其一鳞半爪，哪里有什么办法捕捉它呢？孔子这里讲的飞龙，便是老子。老子在一个我们的理解力达不到的地方！

对于运气，也是如此。虽然我们无法捕捉它，却可见其一鳞半爪，亦可浅显描述之。虽不见全豹，亦可见一斑，足矣。说我之所知，安于我所不知。这便是我看运气的态度。这种态度也是一种向所有可能性敞开，而不执着于一端，更不自以为真理的态度。

# 本质与自由
## ——直面医者答客问

直面访客：你曾说过，症状是一个牢狱。因为不知道本质，执着于形式，就没有自由。我的问题是，如何把自己从形式中释放出来，得到本质，进入自由呢？

直面医者：我头脑里出现了一个场景——卡夫卡《城堡》里的人物 K，他尝试了各种途径，城堡就在眼前，却不得其门而入。

直面访客：这样看来，城堡是本质与自由的象征。

直面医者：当你知道本质，你应对自如。当你忠实于本质去做应对，你能够做得恰到好处。

直面访客：所有事物背后似乎都包含这样一种东西，叫本质。卡夫卡称之为城堡，你会怎么描述它呢？

直面医者：本质是艺术的精髓，是创造的根源，是根本，是原型，是"然"背后的"所以然"，是事物呈现的样子背后的原因，是事物讲述自己的核心话语，是隐含在事物最深处的本性，是你要使用它所必须把握的尺度。

直面访客：我关心的是，我怎么才能得到它？

直面医者：在你不明白它之时，你可能已经得到了它。在你明白它时，你可能反而失掉了它。你求之而不得，你不求它自来。你到知识里找，它不在那里。你到经验中做，它尾随而来。它不是知识的成果，它是经验的启示。

直面访客（眼神依然透露出惶惑和急切）：听起来很玄妙啊！

直面医者：那我用比喻来说吧。比如有种东西叫游泳的本质，游泳的本质在哪里呢？在知识里吗？在书本里吗？在头脑里吗？你花一辈子思考游泳，你读了一百本游泳的书，你还是得不到游泳的本质，享受不到游泳的自由。水不能让你感到快乐，反而让你感到恐惧。水不会给你带来自由，反而给你造成阻碍。甚至，水会成为你的死亡陷阱。但是，当你跟水打交道，当你投身于水，当你跟水有了交集，你就了解水的特性，你就慢慢跟水达成了一种相得的关系，水就向你显露了它的本质，你不用伸手抓住它，你对它已经心领神会，开始享受它带给你的自由。

直面访客：我明白一些了。我一直想要得到本质与自由，但我过去不是在经验里找，而是在头脑里找，在设计里找，在知识里找。每次我找到的都不是本质与自由，而是自作聪明的傲慢和自以为是的"真理"。比如，我现在一直很想恋爱，一路却有许多的错失，就是抓不住恋爱的本质，这可怎么办？

直面医者：从前有个砍柴人，他到山里砍柴的时候，看到了一个非常奇怪的动物，他很好奇，问那个动物："你叫什么名字？"动物回答说："我叫晓得。"砍柴人问："你为什么会叫这个名字？"动物回答："因为我什么都晓得呀。"砍柴人心想："我要抓住它，有了它，我岂不是什么都晓得了吗？"他刚生出这个念头，那动物立刻就晓得了，说："你想抓住我。"这样被说破了，砍柴人有些不好意思，但心里也暗自高兴："它真的是什么都晓得啊！"于是，砍柴人一边装作干活，一边靠近那动物，想趁它不备一下子把它抓住。动物又看出来了，说："你想装砍柴，趁我不备，一下子抓住我。"砍柴人一听就泄气了，心里想："算了吧。不管我怎么想，它都晓得，我哪能抓住它呢？"于是，他不再打这个主意了，只是一门心思砍柴。这时，一根树枝从树上掉下来，正好压住了那个动物，使它动弹不得。砍柴人走了过去，轻而易举抓住了这个叫"晓得"的动物。

直面访客（还沉浸在故事里，眨巴眼睛）：真是一个很有意思的故事啊！

直面医者：你在头脑中想得到恋爱，却得不到它。它隐藏在一个地方，你的思考会惊扰它，使它逃离。你试图去说明它，它又不在你的语言里。你的思考和语言就像一张延伸出去的网，延伸到哪里，它都能逃离，你无法网住它。当你内心生发了自然的情感，你就沿着情感投身于恋爱，你自然得到恋爱的本质。恋爱的本质，如同晓得。

直面访客：你曾经又说，一个人的心灵中毒了，其中有四种毒素——忌妒、猜忌、骄傲、幼稚。我中了其中的两种毒。过去，我是骄傲而幼稚的，现在我知道了，人一骄傲，就变得幼稚了。我头脑快，说话快，总觉得别人不够聪明，我不给别人说话的机会，总想显示自己比他们更聪明。后来，我才发现，别人说出来的话，是实在而有力的，因为那话语是从他们内心和经验长出来的。而我说话，只是逞能，显得我比别人聪明。我的领导对我说："不要反应太快，不要瞎逞能。"当时我听不懂，现在知道了，那是因为我的骄傲遮蔽了我。我如何解毒，让自己更切近本质与自由？

直面医者：所谓条条道路通罗马，通往本质的路也有许多条。沿着每一条路都可能接近本质，然而任何一条路都有阻碍，也有迷失，甚至会走到岔路上去，最后到达不了目的地。卡夫卡的"城堡"看似可以到达，却总未到达，甚至可能永远都在那里，成为一种不可能实现的可能性。有人走在求知的路上，以为可以到达，却是趋近。有时竟远离了，因为头脑有遮蔽。也有人走在一条实践的路上，反复练习，也可以到达一个地方，熟能生巧，如庖丁解牛，也可能与本质相遇，达致自由。也有人走在情感的路上，在关系里，在经验里，在体验里，在爱里，培育出一种对本质的体悟，获得了一定的自由。但本质在不同的地方，自由也有不同的层面。有些最深最高的本质与自由，则非常人所能及，它是人类最伟大的心灵可臻之境。当他们达到了，便回头来向世人讲述，世人也听不大懂。于是，就有这样一些伟大的心灵，他们生活在我们中间，做给我们看，活给我们看，时而也说给我们听。在我们中间，有人能得其一二三四；也有人始终听不明白，十不得一。这里所说的本质，是对人、对世界、对宇宙的参透，能够参透的人被称为人类中的"觉者"。他们的境界被称为"道"，是"道可道，非常道"，是大道至简。

# 释 自 由

《圣经》里有一句话说："你们若认识真理，真理就让你们得自由。"这句话还有一个比较古典的翻译："尔识真理，真理释尔。"

原来，认识真理的目标是得到自由。

我想到一个孔子和弟子的故事。

有人问孔子：跟你相比，你的弟子是怎样的人？

孔子说：颜回爱人，我不如他。子贡有口才，我不如他。子路勇敢，我不如他。

听了孔子的话，那人觉得好奇怪，又问：他们都比你优秀，为什么还跟随你，做你的学生呢？

孔子（这里应该有"呵呵一笑"）说：我既爱人又严酷待人，我既有口才又言语钝拙，我既勇敢又胆怯。拿他们三人的才能，换我的这个本领，我也是不换的。

我估计，问者听了孔子的解释，还是不懂：三个弟子的"才能"多好啊，而这个孔老先生不过是在弟子的三个"好"后面加了他的三个"不好"，怎么就成了他的"本领"呢？而且还说不肯跟弟子换呢！

不懂。这让人绞尽脑汁也弄不懂。

活到五十岁之后，我懂了：弟子们的"才能"可称为好，孔子的"本领"可称为自由。

我用武侠中的一种功夫来作比喻，可能更接近点儿。

传说有一种功夫叫降龙十八掌，其中前十七道掌法都是可教的，但最后的第十八道掌法却教不了。弟子勤学苦练，可以掌握前十七道掌法，甚至能把某些掌法练得比师傅还好。但那第十八道掌法是什么呢？就是孔子说他不肯跟弟子换的那个"本领"，便是把前十七道掌法全部融通之后而达到的自由之境。

这个自由之境，孔子能达到，他的弟子们还没有达到，而且孔子也教不了，这叫只可意会，不可言传，万金不换，也无法换。

我在面谈中，遇到许多来访者，他们身上的好，远胜于我。我以什么来"治疗"他们呢？用我的好吗？他们比我更好。用我的不好吗？这不像话，说出来别人都害怕。这里我要透露，治疗的奥秘即在自由。我解释一下：他们好，却无自由，那好便成了被迫的，成了限制的，甚至成了损害性的。最后，这诸般的"好"上面反而长出了"病"——其表现是：只能好，不能不好；只敢好，不敢不好。有一点不好，就怕得要死，觉得一切都完了，就拼命去掩藏不好，还装好。结果不能光影交错，导致光影隔绝。这便是病。

回过头来说，你当然可以好，也可以尽力去好，但你不能为了好而牺牲你的自由。即使是上帝或佛陀，他期待你好，但不会强求你好，他等待你自觉自愿地好，不会剥夺你的自由意志而让你别无选择地好。这说明，"自由"比"好"更重要、更高、更宝贵。因此我要说：以我的"自由"换你的"好"，我不为也！既自由又好，才是真好，才是人生的最高境界，那叫"从心所欲不逾矩"，那叫"野地里的百合花"。

孔子不肯与弟子换的，便是这"可以好，也可以不好"的自由，它是自由意志的最佳实现，是人类最难理解的超越道德之上的奥秘。当耶稣说"尔识真理，真理释尔"时，他的门徒几人能识？当孔子说"以三子之能易丘一道，丘弗为也"时，他的弟子几人能识？不管是门徒，还是弟子，跟师傅最终学到的，便是这比"好"更高的"自由"。这，也是直面医者治疗的奥秘所在！

我又想起年轻时读的一首外国诗，这首诗的作者叫裴多菲。诗人写道：

> 生命诚可贵，
> 爱情价更高。
> 若为自由故，
> 二者皆可抛。

在过去的年代，这首诗只是用作政治意义的阐释，而它的寓意又何止是革命或解放的意义，它表达的是生命达到最高本质的那种自由。这自由在如此高的地方，以至于真理都不过是通向它的一条途径。